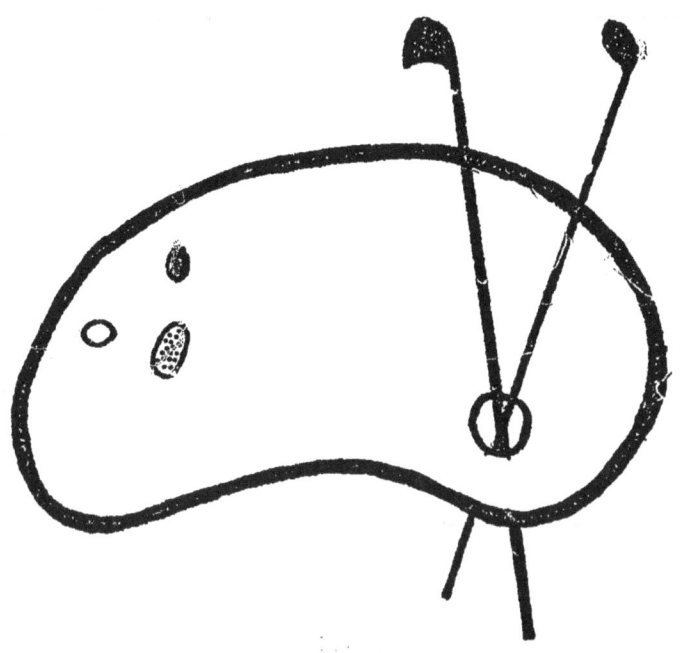

DEBUT D'UNE SERIE DE DOCUMENTS
EN COULEUR

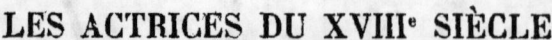

LES ACTRICES DU XVIIIe SIÈCLE

MADEMOISELLE CLAIRON

D'APRÈS SES CORRESPONDANCES

ET LES

RAPPORTS DE POLICE DU TEMPS

PAR

EDMOND DE GONCOURT

DEUXIÈME MILLE

PARIS

G. CHARPENTIER ET Cie, ÉDITEURS

11, RUE DE GRENELLE, 11

1890

BIBLIOTHÈQUE-CHARPENTIER

11, RUE DE GRENELLE 11,

LES ACTRICES DU XVIIIME SIÈCLE

Mlle LECOUVREUR. — Mlle CLAIRON
SOPHIE ARNOULD — Mme SAINT-HUBERTY — CAMARGO
LA GUIMARD — Mlle CONTAT — Mme FAVART

Parus :

SOPHIE ARNOULD. — MME SAINT-HUBERTY. — CLAIRON

En préparation :

LA GUIMARD

La collection, ainsi composée, comprend les deux plus illustres tragédiennes, les deux plus célèbres chanteuses, les deux plus triomphantes danseuses, la plus renommée comédienne, la plus populaire actrice de genre, et la biographie de ces huit femmes est presque l'histoire de notre théâtre dramatique, comique, *opéradique*, ainsi qu'on disait au siècle passé.

Ces biographies ont été et seront écrites à l'aide des lettres autographes, des actes de notaires, des pièces des archives privées et publiques, documents qui permettent à un auteur de ce temps de reconstituer l'existence de ces femmes d'un autre siècle, comme s'il écrivait la vie de contemporaines qu'il aurait connues et fréquentées.

Et ces vies retentissantes avec leur entour de personnages éminents, avec les hauts et les bas de leur fortune, avec leurs amours changeantes, avec leurs scandales, avec les procès-verbaux des commissaires du Châtelet, avec les rapports des inspecteurs de police, tout nouvellement mis en lumière et introduits dans les études historiques, ces vies ne sont pas que des biographies d'actrices : ce sont de grands et intimes fragments de l'histoire des mœurs d'un temps.

Ici, M. Edmond de Goncourt fait un appel à tous les *dévots* du XVIIIe siècle pour lui communiquer les documents ou biographiques ou plastiques que les collectionneurs peuvent posséder sur Mlle Lecouvreur, sur la Camargo, sur Mlle Contat, sur Mme Favart, sur Mlle Guimard : les biographies en préparation.

Chaque volume formant un tout, et ne portant de titre général que sur la couverture, peut être acheté séparément.

Paris. — Typ. G. Chamerot, 19, rue des Saints-Pères. — 25078.

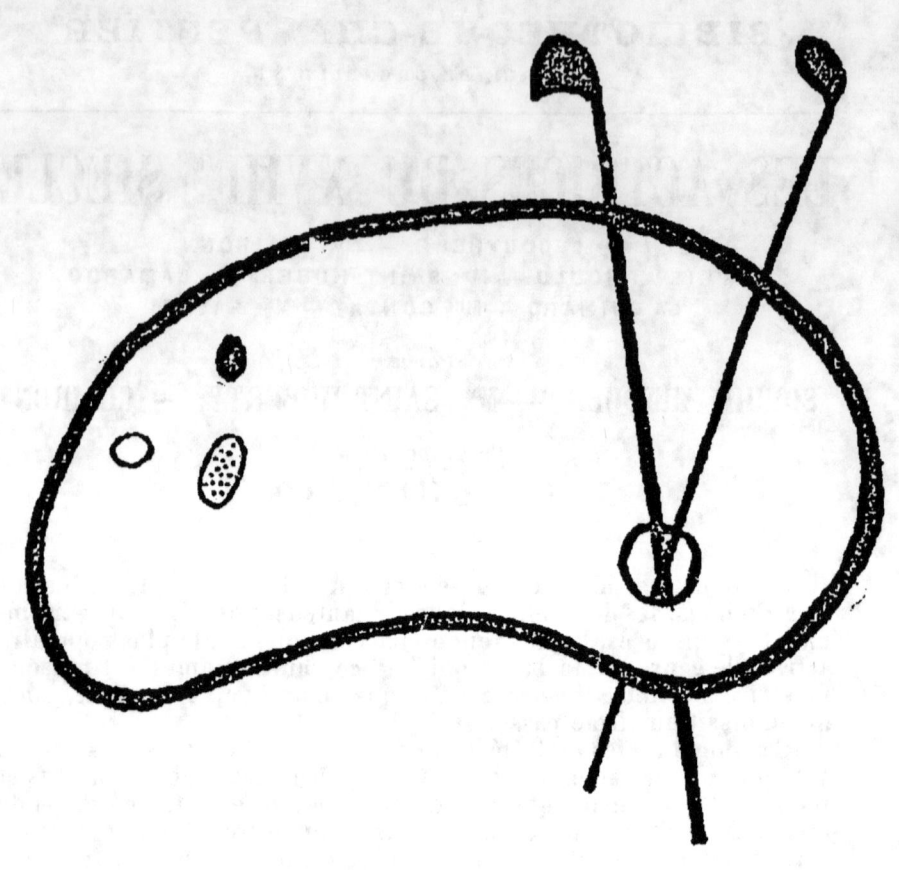

FIN D'UNE SERIE DE DOCUMENTS
EN COULEUR

MADEMOISELLE CLAIRON

IL A ÉTÉ TIRÉ :

Cinquante exemplaires numérotés sur papier de Hollande.

Prix : 7 francs

EDMOND DE GONCOURT

MADEMOISELLE

CLAIRON

D'APRÈS SES CORRESPONDANCES

ET LES

RAPPORTS DE POLICE DU TEMPS

DEUXIÈME MILLE

PARIS

G. CHARPENTIER ET Cⁱᵉ, ÉDITEURS

11, RUE DE GRENELLE, 11

1890

Tous droits réservés.

PRÉFACE

Voici une biographie écrite au moyen du secret des correspondances intimes de Mlle Clairon, à l'aide des divulgations des rapports de
police du temps sur sa vie privée ; voici une
biographie qui restitue le personnage de la
femme dans sa réalité crue, en le terre-à-terre
inconnu de son existence d'illustre tragédienne et de quasi-princesse allemande, qui
la peint, cette originale figure du xviiie siècle,
avec les jalousies, les intolérances, les tyran-
nies de son caractère, et les faiblesses, et les

vices, et les côtés terriblement humains de
la femme, au lieu et place de l'être conven-
tionnel, de la créature idéalement accomplie,
et toujours *en vedette*, que nous rencontrons
dans le roman de ses Mémoires.

EDMOND DE GONCOURT.

Auteuil, 1889.

MADEMOISELLE CLAIRON

I

Au dix-huitième siècle, deux tragédiennes, de natures diverses et opposées, se disputent le sceptre dramatique sur la scène de la Comédie-Française et des théâtres de la Cour.

L'une : une actrice, toute d'étude et d'art ; l'autre : une actrice, toute de tempérament.

L'une, abordant les planches, les effets de son jeu et de sa déclamation arrêtés d'avance ; l'autre montant sur les tréteaux, sans savoir, les trois quarts du temps, comment *elle allait s'en tirer*, et jouant d'inspiration — et d'une inspiration quelquefois chauffée d'un *coup de vin*.

L'une, ayant un jeu toujours continûment

1

parfait; l'autre, en nombre de passages, ne *valant pas le diable*, mais se montrant dans tout le reste, sublime.

L'une, possédant toutes les sciences de la comédie consommée; l'autre, enfermant en elle, comme on disait alors : *de la machine à Corneille*.

L'une, jouant le beau, le noble, le majestueux; l'autre, le grand, le furieux, le *téméraire*.

L'une, la première tragédienne qui se soit risquée à rire dans une tragédie [1], et la tragédienne cherchant à doter le théâtre dramatique d'un *vrai* relatif; l'autre habitant obstinément l'empyrée de la vieille et grandiose tragédie, et la tragédienne des coups de foudre.

L'une, avec un talent plus moderne, plus nouveau, plus prescient de l'avenir; l'autre, peut-être avec plus de génie.

L'une : c'est Mlle Clairon; l'autre, c'est Mlle Dumesnil.

---

1. *Lettres à Eugénie* (d'Hannetaire) *sur les spectacles* (par le prince de Ligne). Bruxelles et Paris, 1774.

II

Condé, une petite ville du Hainaut, la senti-
nelle avancée et comme perdue de la France, à
l'extrême frontière du Nord; une petite ville
autrefois réputée imprenable, grâce à ses forti-
fications de Vauban, à sa position au milieu de
marais impraticables; une petite ville à la popu-
lation travailleuse, d'esprit tenace, enrichie par
la *batellerie* de l'Escaut; une sombre petite ville
rappelant la domination espagnole avec ses
façades de maisons revêtues, comme ses toits
pointus, de noires ardoises.

Dans cette ville, une unique grande rue,
qu'animait seulement le silencieux glissement
de bateaux chargés, et dont le passage était in-
tercepté, à tout moment, pour les piétons, par
le barrage d'un pont tournant, dont on devait
attendre la rentrée dans ses gonds. Et au bout
de cette étroite et tortueuse rue de l'Escaut, une

place, ayant au fond son Hôtel de Ville, surmonté d'un beffroi aux résonnants carillons, et à
l'entrée, à gauche, une petite rue en forme de **S**,
montant jusqu'à Saint-Wanon,— et au pied du
colossal clocher, une pauvre maisonnette.

Il y a une dizaine d'années, les gens de
Condé vous montraient avec orgueil cette maisonnette encore intacte, et qui n'existe plus.

Une porte, et une large fenêtre à petits carreaux verdâtres, occupaient toute la largeur de
la façade. On entrait de plain-pied dans une
pièce basse, assez vaste, qui s'ouvrait au fond
sur une petite cour, à côté d'un escalier droit,
sorte d'échelle qui conduisait à l'étage supérieur.
Une cloison le divisait en deux. Dans la chambre de gauche était née Mlle Clairon[1].

L'illustre tragédienne qui porte sur son acte
de naissance les prénoms et nom de Claire-Joseph Lerys, naissait le 25 janvier 1723.

La Providence ne l'avait pas déposée, ainsi
qu'elle le dit, en ses Mémoires, dans le sein d'une
bourgeoise... elle était tout bonnement la fille
illégitime d'une ouvrière appelée Scanapiecq et
d'un sergent de la mestre de camp de Mailly[2].

---

1. Note communiquée par M. A. Delzant.
2. « 25 janvier 1723. — Claire-Joseph Lerys, fille illégitime de François-Joseph Désiré, sergent de la mestre de

Née à sept mois, elle gardait toute sa vie, de
cette venue au monde avant terme, une constitution faible et un état de santé perpétuellement
maladif. On la trouvait, à sa naissance, si chétive, si faible, si peu destinée à vivre, qu'on la

camp au régiment de Mailly, et de Marie-Claire Scanapiecq,
de cette paroisse, laquelle a déclaré par serment à Marie De-
lierre, sage-femme, jure être des œuvres de François-Joseph-
Désiré Lerys, né le vingt-cinq à cinq heures du soir, fut baptisée le même jour dudit mois. Le parrain, Jean-François
Auvray, sergent des grenadiers au régiment de Mailly ; la
marraine, Marie-Élisabeth Bury, de la paroisse ; lesquels ont
signé, le père présent :

F.-J. Le Rjs ;
Jean-François Auvray ;
Marie-Élisabeth Bury ;
P.-J. Du Chasteau, *vicarius.* »

Le nom de la mère de Clairon a été surchargé, mais c'est
sûrement Scanapiecq. Ce nom se trouve répété dans un acte
mortuaire du 4 décembre 1744. Antoine Scanapiecq, décédé
à l'âge de 84 ans, à Condé, où il était maître-tailleur, était
probablement le grand-père de Clairon.

Cet acte est extrait d'un volume in-folio, ayant pour titre :
« Registre de baptême de la ville et paroisse de Condé en Hay-
naut, commençant en 1697 », folio 183, verso. — Dans le même
registre se trouve, à la date du 1er avril 1694, l'acte de naissance de Claire-Joseph Scanapiec (*sic*), fille d'Antoine et de
Christine Duivez. Parrain, Nicolas Martin ; marraine, Claire-
Françoise Paillard. Ce serait sans doute la mère de Clairon.

Dans un morceau de ses Mémoires, imprimé seulement dans
l'édition allemande, et portant pour titre : *Sur les bâtards*,
Mlle Clairon avoue sa bâtardise, disant qu'elle est née dans la
malheureuse classe, que les lois et l'opinion publique privaient
autrefois de toute existence civile.

1.

baptisait dans la soirée du jour, où elle était née. Et ce baptême, voici comment elle le raconte : Ma grand'mère, femme d'une piété vraiment respectable, voulut qu'on me portât sur-le-champ même à l'église, recevoir au moins mon passeport pour le Ciel. Mon grand-père et la sage-femme me conduisirent à l'église, le bedeau même n'y était pas, et ce fut inutilement qu'on fut aussi au presbytère. L'usage de la petite ville... était de se rassembler, au temps de carnaval, chez les plus riches bourgeois, pour y passer tout le jour en danses et festins. Loin de désapprouver ce plaisir, le curé le doublait en le partageant et en se travestissant comme les autres. Une voisine dit que tout le monde était à l'assemblée chez M***, on m'y porta. Le curé, habillé en Arlequin, et son vicaire en Gille, trouvèrent mon danger si pressant, qu'ils jugèrent n'avoir pas un moment à perdre. On prit promptement sur le buffet ce qui pouvait être nécessaire. On fit taire un moment le violon, on dit les paroles requises et l'on me ramena à la maison [1].

Le malheur de l'anecdote, qui voue si joliment l'enfant au théâtre, c'est que Clairon

---

[1]. *Mémoires de* Mlle *Clairon.* Collection des *Mémoires sur l'Art dramatique.* Paris, Ponthieu, 1822.

naquit un 25 janvier, et jamais le carnaval,
jamais les jours gras ne tombèrent dans ce mois.
Peut-être bien la grande tragédienne fut-elle
baptisée hors de l'église, dans une salle à manger,
au dessert d'un plantureux repas des Flandres,
mais par un curé qui n'était pas en Arlequin,
mais par un vicaire qui n'était pas en Gille.

III

Une répugnance invincible pour le travail à l'aiguille, et, dès l'enfance, un curieux éloignement de l'esprit à n'être dans la vie qu'une ouvrière : c'est là le caractère original de la fille de la Scanapiecq, pendant les années, où encore enfant, elle est *couturière en blanc* dans sa ville natale, et travaille avec la mère de Louis Lebrun, dans la maison où est mort M. Sapin, *le petit capiau*, une maison bien connue de Condé [1].

Et la délicate et dégoûtée fillette a pour mère, une femme brutale qui ne sait que la faire trembler sous les cris de ses colères, et même sous les coups.

Mais la mère, et la petite aux abords de l'âge de douze ans, quittent Condé, puis Valen-

1. Renseignements fournis à M. Delzant père par M. Louis Lebrun, en 1852.

ciennes [1], où les deux femmes font un court séjour, et viennent habiter Paris.

Dans le petit logis de Paris, la mère, pour se débarrasser de sa fille, souvent l'enferme dans une chambre donnant sur la rue, où la fillette sans aucun moyen de s'occuper, et n'ayant pas même la possibilité d'ouvrir la fenêtre et de regarder les passants, monte sur une chaise pour apercevoir au moins quelque chose dans les maisons du voisinage. Et une des premières fois où la petite prisonnière monte ainsi sur une chaise, elle se trouve avoir, devant elle, Mlle Dangeville prenant une leçon de danse, sa fenêtre toute grande ouverte.

Au spectacle charmant, donné par la gracieuse artiste, tout le petit être de la future Clairon, selon l'expression des Mémoires, se rassemblait dans ses yeux, et elle ne perdait pas un mouvement de la comédienne pendant toute la leçon.

Puis, la répétition finie, la jeune Claire se met à singer toutes les jolies mines qu'elle avait vu faire à l'actrice, se promettant bien de ne rien dire de ce qu'elle avait vu, de peur qu'on la prive à l'avenir de l'attrayant spectacle. Et quand on lui demande à quoi elle a passé son temps,

1. *Annuaire du département du Nord, an XII.*

elle répond : « N'ayant rien à faire, j'ai dormi. »
Et ce mensonge en amène d'autres chez la
fillette, devenue cachotière, dissimulée, et avec
une pointe de dédain dans sa dissimulation pour
sa mère.

Dès lors, la jeune fille n'eut qu'un désir :
c'était d'être mise en pénitence ; et les mauvaises humeurs et les affaires au dehors de sa
mère l'y condamnaient souvent. Alors elle courait vite à la fenêtre, et jusqu'à la fin du gentil
travail de l'actrice, elle tenait ses yeux fixés sur
elle. Enfin, Mlle Dangeville enfuie, et, ainsi qu'elle
l'appelait, sa *divinité disparue*, la voilà qui se
mettait à répéter tout ce qu'elle lui avait vu
faire.

Et cette imitation, appliquée et persistante,
profitait autant à Claire que si sa mère lui eût
donné des maîtres. Sa façon de se présenter, de
s'asseoir, de saluer, était toute nouvelle, et en
même temps que son petit corps prenait des
grâces, son intelligence se développait, ses
idées se débrouillaient, et d'amusants petits
raisonnements et de drôlettes émancipations de
son jeune cerveau étonnaient ceux qui la sa-
vaient à peine lire, obtenaient même le succès
de désarmer, un moment, les rudesses de sa mère.

Enfin, son secret lui pesant trop, elle le con-

fiait à un familier de la maison, qui l'avait toujours traitée un peu moins en enfant que les
autres hommes venant chez sa mère. Il apprenait en gros à l'intelligente fillette ce que c'était
que la Comédie-Française, ce qu'y faisait Dangeville, et obtenait à grand'peine de la mère de
mener Claire à cette bienheureuse comédie, où
elle assistait à une représentation du COMTE
D'ESSEX et des FOLIES AMOUREUSES.

Ce qui se passa au fond d'elle, ce soir-là, il ne
fut jamais possible à Clairon de le décrire bien
nettement. Elle se rappelait seulement que pendant tout le temps du spectacle et le reste de la
soirée, elle n'avait pu articuler une parole, et
son absorption était telle qu'elle lui valut cette
mise à la porte de sa mère : « Allez vous coucher, grosse bête! » Elle courut à son lit, mais
au lieu de dormir, elle fut occupée, la nuit entière, à retrouver, à dire tout haut ce qui avait
été déclamé sur les planches. Et le lendemain il
y eut une stupéfaction universelle chez les gens
de la maison, en l'entendant répéter plus de
deux cents vers de la tragédie, et les deux tiers
de la petite pièce. Mais ce tour de force de mémoire n'était encore rien auprès de l'extraordinaire assimilation par la petite, du jeu de chaque
acteur, du grasseyement de Grandval, du bre-

douillement de Poisson, de la mimique nuancée
de Mlle Dangeville, de l'air froid et compassé de
la Balicourt.

Dans le petit monde de la femme Scanapiecq,
on se mettait à regarder Claire, comme un pro-
dige, quand la mère, le sourcil froncé, déclara
qu'elle aimerait bien mieux que sa fille sût cou-
dre une chemise ou faire une robe que de s'amuser à toutes ces sottises-là. Sur ce blasphème,
la petite se sentant soutenue par l'admiration
de la chambrée, de s'écrier qu'elle n'apprendrait
jamais un métier et qu'elle jouerait la comédie :
— profession de foi que les soufflets de la mère
firent rentrer dans la bouche de Claire.

Puis au lendemain de cette scène, la mère déclarait froidement à sa fille qu'elle la laisserait
mourir de faim, qu'elle lui casserait les bras et
les jambes, si elle se refusait à travailler à des
ouvrages de couture. La jeune fille trouvant
déjà en sa petite nature dramatique une de ces
phrases de tragédie, une de ces *claironades*[1]
qu'elle apportera plus tard, si souvent, dans les
événements de la vie privée, s'écriait, en rete-
nant ses larmes d'enfant : « Eh bien, tuez-moi
donc, car sans cela, je jouerai la comédie ! »

1. Mot créé par Voltaire. (Napoléon Landais, *Grand Dictionnaire des Dictionnaires français*.)

Les traitements les plus rigoureux, pendant deux mois qu'ils durèrent, ne purent faire renoncer la fillette à sa vocation. Au fond la jeune fille dépérissait visiblement, et sa mère qui n'était que violente, et non foncièrement méchante, et dont l'horreur du théâtre venait, sans moralité aucune, de ses idées de peuple, de l'appréhension pour son enfant de la damnation éternelle, était travaillée au fond d'elle, et comme prise de remords de ses inhumaines sévérités. Elle s'ouvrait à une femme d'intelligence, chez laquelle elle travaillait, et qui venait à bout de ses préventions. De retour à la maison, après une scène d'attendrissement, où elle redemandait à sa fille son petit cœur d'enfant, elle lui annonçait qu'elle consentait à son désir, et la menait, à quelques jours de là, chez la dame qui s'était intéressée à sa vocation.

La dame faisait entendre la fillette à Deshays, acteur de la Comédie Italienne, qui était assez content de l'audition de Claire Scanapiecq, pour la présenter à la troupe, et obtenir qu'on lui donnât des maîtres d'écriture, de danse, de musique, de langue italienne, afin d'être mise bientôt en état de débuter à la Comédie Italienne.

IV

Enfin la jeune Claire obtenait un ordre de début à la Comédie Italienne, et le 8 janvier 1736, elle débutait par le rôle de suivante dans l'ISLE DES ESCLAVES, rôle qu'elle remplissait avec intelligence, d'après les *Annales du Théâtre-Italien,* quoiqu'elle n'eût pas encore treize ans accomplis. « Mon application, mon ardeur, ma mémoire, dit l'actrice, dans ses *Mémoires,* confondaient mes instituteurs : je retenais tout, je dévorais tout. » Mais la trop grande jeunesse de la fillette, sa petite stature, et peut-être la crainte qu'eut Thomassin que le talent de la petite actrice ne portât préjudice à ses filles, dont la réputation n'était point encore faite, forcèrent la jeune Claire, au bout d'une année, à chercher fortune en province[1].

1. *Annales du Théâtre-Italien,* par M. d'Origny. Paris, Vᵛᵉ Duchesne, 1778.

V

L'actrice de quatorze ans s'engageait dans la troupe formée pour l'exploitation du théâtre de Rouen, pendant cinq ans, par Mlle Gautier[1], qui s'était associé l'auteur et l'acteur La Noùe, venant tout justement de faire jouer, sur le Théâtre-Italien, LE RETOUR DE MARS, quelques jours avant les débuts de la petite recrue de la troupe de Rouen.

Rouen était une ville habitée par une noblesse, une magistrature, un corps de négoce, à la vie fastueuse, sensuelle, dépensière, et se plaisant à la fréquentation du théâtre et de son *chauffoir* des actrices. Lorsque Clairon y arrivait, il n'était encore bruit, dans les coulisses rouennaises, que du procès entre le marquis de Cany et du pré-

---

1. Plus tard Mlle Gautier devint Mme Drouin, qui tint l'emploi des *caractères* d'une manière si remarquable à la Comédie-Française.

sident de Folleville. Un procès au sujet des at-
touchements et des caresses que le président
de Folleville, un soir de mardi gras, s'était permis à l'endroit d'une actrice. Sur quoi le marquis avait dit au président qu'il n'était qu'un
poilou, et le président avait mis le poing sous
le nez du marquis : ce qui amenait les deux
hommes à se jeter l'un sur l'autre, et le président, deux fois terrassé, tombait dans la cheminée, où il se faisait un trou à la tête, contre
un des chenêts. Un gros scandale qui avait
amusé toute la Normandie, avec les dépositions,
dans le procès, de la danseuse Carville et de la
danseuse Clélie Ticheborne[1]. Et à côté de ces
amours séniles sentant le vice, l'on s'entrete-
nait aussi d'amours locales, tendrement pas-
sionnées pour les comédiennes, et semblables
à celles du jeune marquis d'Argens pour la
Sylvie du théâtre d'Aix.

Rouen avait encore pour les actrices un charme
exceptionnel : si les hommes aimaient le théâtre et ses séduisantes créatures, les femmes de

1. *Mémoire contenant les réflexions de M. le marquis de
Cany sur la querelle qu'il a eue avec M. le Président de Folleville, le 29 du mois de février 1724, jour de mardi gras, à
l'Opéra de Rouen et l'examen des dépositions des témoins
entendus, tant en l'information faite à sa requête qu'à celle
faite à la requête de M. le président de Folleville.....*

la société ne les rejetaient pas loin d'elles, avec
l'horreur des autres femmes de province. Elles
accueillaient les actrices à talent, et la petite
Claire, dont le diminutif de son nom de baptême
devenait son vrai nom de guerre et des planches :
la Clairon[1], et qui chantait d'une manière très
agréable, se vit invitée aux soupers de femmes
distinguées, noua d'aimables relations qui ne
se refroidirent pas à son égard, le temps qu'elle
resta à Rouen.

Elle cite même, dans ses Mémoires, presque
comme une amie, la présidente Bimorel, restée
pendant quarante ans fidèle à l'estime, à la confiance, à l'affection par elle accordée à la toute
jeune actrice[2].

1. Ce nom de Clairon est souvent écrit dans les commen-
cements Cleron.
2. J'ai écrit à M. de Folleville de Bimorel, doyen de la
Faculté de droit, dont la grand'mère, la baronne de Bimorel,
morte à quatre-vingt-neuf ans, l'année dernière, lui a souvent
parlé des relations de leur arrière-grand'mère avec Mlle Clairon, mais en dépit des obligeantes recherches qu'il a bien
voulu faire dans ses papiers de famille, il n'a trouvé aucune
lettre se rapportant à cette relation.

2.

VI

La débutante à la Comédie Italienne se serait
vue engagée au Théâtre de Rouen [1] à raison de
la somme de cent pistoles par année ; et l'engagement portait l'obligation pour la jeune actrice
de jouer les rôles convenables à son âge, de
chanter dans l'opéra-comique, et de danser dans

1. Sur ces années passées par Mlle Clairon à Rouen, et pour
l'histoire desquelles nous n'avons que le passage des mémoires
de l'actrice ou le pamphlet de Frétillon, j'ai fait faire des
recherches, à l'effet de découvrir un document historique quelconque, un traité, une lettre, enfin un bout de papier vraiment
vrai, mais mes correspondants n'ont absolument rien, rien
trouvé, et dans un article de la *Chronique de Rouen*, sur le
début de la Clairon à Rouen, du 26 novembre 1885, M. G. D...
avoue qu'on ne sait même plus sur quelle scène la jeune débutante a joué, et si c'est dans la salle du jeu de paume de la
Cornière, rue de la Dinanderie, ou dans la salle du jeu de
paume de la Poissonnerie, où se trouve aujourd'hui le Théâtre-
Français, ou dans la salle des deux Maures, ou plus vraisemblablement dans la salle de la rue des Charrettes, à ce théâtre
du Pont-Aritaine, dont l'emplacement n'est plus marqué aujourd'hui que par un égout puant.

les ballets. Comme supplément à ce pauvre traitement, la mère de la débutante aurait eu, en
outre, la direction du bureau établi pour la distribution des billets de théâtre : amphithéâtre,
premières et secondes loges.

Tout cela réuni formait un assez maigre revenu pour l'entretien des deux femmes, et la
mère Scanapiecq ne fit que suivre l'exemple de
toutes les mères d'actrices du temps, en faisant
de son logis une espèce de pension, où l'on sou-
pait, où l'on jouait, et où se louaient des chambres pour passades. Et vraiment le tableau que
fait un roman-pamphlet de la vie des deux
femmes, n'est pas trop en désaccord avec l'aveu,
légèrement voilé, que l'actrice fera plus tard des
désordres de sa mère, et des habitudes pas mal
relâchées de leur intérieur : « Une de mes camarades vint loger dans la même maison que
nous : elle sut gagner ma mère et l'engager à la
prendre en pension ; elle obtint que, de temps à
autre, on vînt souper avec nous, et la compagnie devint de jour en jour plus nombreuse.
Ma mère substitua des plaisirs à sa rigidité...
On put, on dut croire que j'avais ma part au
gâteau. »

VII

Le directeur La Noue joignait aux talents de l'auteur dramatique les qualités d'un honnête homme, et la jeune directrice, qui montrait un certain talent théâtral, avait la conduite et les mœurs d'une fille qui a de la naissance et de l'éducation [1]. Il y avait aussi dans la troupe quelques sujets distingués, entre autres une actrice, une ancienne femme de chambre de la Lecouvreur, dont le souvenir revenait, bien des années après, à Mᶦˡᵉ Clairon, dans une lettre de la tragédienne adressée à Larive : *Sa femme de chambre* (de Mᶦˡᵉ Lecouvreur) *retint d'elle tout ce qu'elle put, et devint, à la faveur de la copie de*

1. Mᶦˡᵉ Gautier, devenue plus tard, comme nous l'avons dit, Mᵐᵉ Drouin, était bonne, excellente, et il se formait, entre la directrice et la débutante, des relations qui se changeaient en une véritable amitié, ainsi que le témoigne cette pièce de vers publiée en novembre 1787, où, en dépit des fausses rimes de la grande tragédienne, c'est un curieux témoignage de la persi- .

cette grande actrice, une des premières et des plus recherchées de la province. Elle se nommoit

stance de l'intimité entre ces deux femmes, à l'existence si différente :

AIR : *N'en demandez pas davantage.*

L'amitié depuis cinquante ans
Fait de nos cœurs un doux usage ;
Elle a réglé nos sentiments,
Ils s'accroissent avec notre âge.
De notre lien
Sentons tout le bien,
Et serrons-le encore davantage (*bis*).

Quoique rivales de talents,
Nous avons méconnu l'*outrage* ;
Et plus nos succès étaient grands,
Plus nous comptions sur nos *suffrages*,
De notre lien, etc.

Au temple glissant des hasards,
Tant qu'a duré notre voyage,
Tu me pardonnas mes écarts :
Je te pardonnai d'être sage.
De notre lien, etc.

Contente d'un peu plus que rien,
Et fière de ton esclavage,
Tu cherchas le suprême bien
Dans ton âme et dans ton ménage ;
Mais notre lien
N'en souffrit en rien,
Ah ! serrons-le encore davantage.

Moi, condamnée à plus d'éclat,
A l'amour, au faste, au *tapage*,
Je n'ai vu dans mon célibat,
Que des tourbillons, des *orages*,
Mais notre lien, etc.

En vain nous cherchions le bonheur,
Il fuit l'âme sensible et sage ;
Des hommes ingrats et trompeurs
Que l'amitié nous dédommage.
De notre lien
Sentons tout le bien
Et serrons-le encore davantage. (*bis*).

(*Correspondance littéraire de Grimm*, vol. XV.)

Mlle *Vallière, et j'ai joué avec elle dans mes pre-miers essais*[1].

Eh bien, en dépit de sujets si dignes de la curiosité du public, l'amour du jeu faisait une cruelle concurrence aux représentations, et l'auteur de *Frétillon* dit avoir souvent vu les *gratis* composer le plus grand nombre des spectateurs. Et la troupe de La Noue et de Mlle Gautier était obligée d'abandonner Rouen, pour mettre la main sur des spectateurs payants, dans d'autres villes de Normandie.

C'était tantôt à Caen, où l'Académie et l'Université rassemblaient toute la jeunesse de la province, mêlée à une nombreuse jeunesse étrangère, en grande partie anglaise. C'était tantôt au Havre-de-Grâce, en cette région du plat pays de la Normandie, où le goût villageois bannissait tout ce qui n'était pas de la farce, où Mme la Baillive et Mme l'Élue n'applaudissaient que Monsieur de Pourceaugnac ou les Fourberies de Scapin, où toute la salle bâillait au Misanthrope, au Tartuffe, et où enfin la femme du dernier huissier de campagne se croyait déshonorée, si

1. *Correspondance de Clairon* de la collection d'autographes Dubrunfaut. — Serait-ce l'actrice, promettant d'être une excellente actrice tragique, et qui mourait, d'après Gaillard, dans l'automne de 1773, et au moment où Clairon commençait à prendre une importance dans la troupe?

elle eût seulement parlé à une comédienne. En dépit de tout cela, la troupe était forcée de donner quelques représentations, remplies avec le corps des officiers de marine et les riches négociants de la ville[1].

1. Tout en n'employant pas comme autorité historique l'*Histoire de Mlle Fretillon*, pour les aventures de la jeune Clairon, je crois que l'auteur du pamphlet donne des détails assez véridiques sur le théâtre en province, et je me sers de ces détails.

VIII

En une de ces tournées de la troupe de La Noue au Havre, la jeune Clairon apprenait la publication d'un cruel petit livre écrit contre elle, d'un petit livre portant ce titre :

HISTOIRE

De

MADEMOISELLE

CRONEL

Dite

FRETILLON

Actrice de la Comédie de Rouen

Écrite par elle-même [1].

Cette chronique romanesque, assez mal informée, et mentionnant des scandales peut-être un

1. Je cite le titre d'après l'édition de La Haye, 1757 (quatre parties). Mais la première édition serait de 1739, en trois parties

peu par approximation, a vraiment tout l'air, —
toutefois avec des erreurs sur les amoureux, —
de la biographie amoureuse de la première étape
de cette existence, dont, à quelques années de
là, les rapports de police vont nous donner à
Paris une continuation, en tout point semblable
à l'histoire de Mlle Frétillon à Rouen. Peut-être
ne sont-elles pas absolument authentiques les
liaisons de Mlle Clairon avec le jeune sujet de
la troupe, avec les *académistes* de Rouen, avec
mylord Lope, avec Ridhilles, avec son frère
Bageria, avec le négociant Bioche, gendre de
Coignard, le libraire², mais je suppose déjà la
jeune comédienne entraînée par une foule de
galants, et prête à se livrer à qui lui plaisait ou
la payait, et je la vois entremêlant les passades
de Rouen avec les passades de Paris, pendant
les congés de carême, et menant enfin une vie

avec figures. Un exemplaire de cette édition, annotée par Gueulette, contient cette note : « Cette troisième partie de l'*Histoire
de Mlle Frétillon* ne doit être regardée que comme la seconde ;
elle est de l'auteur de la première partie qui l'a intitulée troisième partie, pour qu'on ne la confondît pas avec une seconde
partie (imprimée en gros caractères beaucoup plus gros et
reliée ci-dessus) et qui n'est pas du même auteur.

L'édition de 1741, ornée du portrait de l'actrice, que je possède, ne contient que deux parties.

1. Je ne sais sur quelle autorité Groubental dit, dans IMIRCE,
en parlant des débuts de Mlle Clairon dans la capitale de la
Normandie : « rassasiant les horlogers de Rouen ».

3

si libertine, si polissonne, si scandaleuse, qu'elle lui attirait un affront public des plus désagréables, — et que je croirais non une invention de Gaillard, mais une chose arrivée.

Il y avait à Rouen un petit théâtre de marionnettes, près du Cours. Un jeune homme de la ville racontait à l'homme, qui faisait parler le *Polichinel,* les aventures amoureuses de la jeune Clairon, et lui donnait quelque argent pour en divertir le public. Et un soir que l'assemblée était nombreuse, Polichinel, supposé l'amant de l'actrice, et s'adressant à une marionnette femelle portant son nom, lui disait toutes les injures imaginables, en lui reprochant une kyrielle d'infidélités, et racontait tout au long une drolatique aventure d'amour, arrivée dans un escalier.

Chez la jeune actrice, aux oreilles de laquelle était déjà venu, peut-être, le bruit du guignol satirique, on conçoit, lors de l'apparition du livre de Gaillard, l'indignation et la colère de se voir ainsi imprimée toute vive, — et cela en province, dans ces années, où la province était encore très peu faite aux indiscrétions de l'imprimerie.

Mais laissons parler la diffamée : « J'étais au Havre-de-Grâce avec la troupe, lorsqu'il parut

(le libelle) : ma douleur fut au delà de toute
expression. Loin de mes protecteurs, ignorant
ce que je devais faire, n'osant, ne devant pas
me confier à l'ignorance, la bêtise et l'insouciance, je ne fis aucune démarche pour tirer raison de cet outrage ; ma candeur me permit
même de croire que je devais compter sur la justice des hommes. Mais avec plus de lumières
qu'aurais-je fait?... Quelques mois de prison,
où j'aurais fait condamner ce malheureux,
n'auraient pas empêché la publicité du livre ; ma
honte prétendue n'en aurait pas moins couru le
monde, et la réparation serait restée dans l'oubli. »

Et la comédienne, dans le récit qui suit,
met sur le compte d'un dépit et d'une vengeance d'amour blessé, la rédaction de cette
calomnieuse chronique de sa jeunesse.

« Un pauvre diable (il se nommait Gaillard),
assez plaisant, faisant des vers et cherchant partout à souper, obtint de ces dames de les venir
amuser quelquefois. J'avais, tous les jours, ou
mon petit couplet de chanson ou mon quatrain,
dans lesquels Vénus et Vesta n'étaient rien en
comparaison de moi : mais, tout en louant mes
charmes et ma vertu, il lui passa dans la tête de
jouir des uns, et de chasser l'autre. Connaissant

bien les êtres de la maison, sachant un jour que
ma mère devait sortir pour affaires, il obtint
d'une vieille servante, que nous avions, de le
laisser pénétrer jusqu'à ma chambre. Il n'était
que neuf heures du matin, j'étais encore couchée,
j'étudiais. Il faisait chaud; nul bruit ne m'aver-
tit de réparer mon désordre; je n'avais pas
encore quinze ans, et ma chemise et mes cheveux étaient ma seule couverture. Cette vue ne
lui permit pas de rester longtemps maître de lui-
même : il accourut, voulut me prendre dans ses
bras; j'eus le bonheur de m'échapper. Mes cris
firent entrer la servante et une voisine qui
logeait sur le même carré que moi. Nous
prîmes alors les balais, les pelles, et nous chas-
sâmes ce malheureux. Ma mère rentrée, il fut
décidé que nous rendrions plainte; il fut répri-
mandé par le magistrat, chansonné par la ville et
chassé pour jamais de chez nous. Mais la rage
succédant à son amour et à ses désirs, il fit sur
moi ce dégoûtant libelle qu'on a lu dans toute
l'Europe[1]. »

1. L'histoire de Mlle Frétillon a été successivement attribuée à Gaillard de la Bataille, au comte de Caylus, à un certain Baraguier. La paternité du livre semble définitivement
devoir demeurer à Gaillard de la Bataille. Je donne toutefois
ces notes manuscrites qui se trouvent sur le feuillet de garde
d'un exemplaire, ayant appartenu à Gueulette : « L'auteur de

ce roman est le sieur Baraguier, qui, après avoir été le héros
et le témoin des exploits de l'enfance de la dite demoiselle
Clairon, en voulut être l'historien. Il avait été aussi l'amant
de la mère. C'était un homme de finance. » Et à cette phrase
du roman : « Ridhilles avait un frère aîné arrivé depuis peu
d'Espagne ; on le nommait Bagerria... » se trouve au bas le
renvoi suivant : Baragué (*sic*) fils d'un gros négociant de
Rouen. » Maintenant ce Baragué ou Baraguier serait-il le
Baraguier qu'en 1769 mentionne la *France littéraire* : « On le
dit né à Rouen, et mort en 1755 ; on le donne comme l'auteur
d'une pièce nommée Aphos, comédie en un acte et en vers,
représentée à la Comédie-Française le 3 septembre 1747. »
(*L'Intermédiaire*, année 1775.)

3.

IX

Certes l'inconduite fort peu douteuse de la
préposée au bureau de la location du théâtre
de Rouen, et les désordres et les scandales de
sa vie crapuleuse, aidèrent grandement au succès du livre satirique, près de ceux qui connais-
saient la mère de l'actrice. Dans le roman de
Gaillard, vous rappelez-vous une certaine bergère, au fond de laquelle la Scanapiecq apaisait
« la révolte des sens d'une jeunesse bouillante »
soudainement enflammée par l'excitation irri-
tante du spectacle? Eh bien, cette bergère me
fait l'effet d'être bien plutôt un ressouvenir
d'observateur que d'une imagination de romancier. Il se trouve encore dans le petit bouquin
un concubinage de la mère avec un quidam, condamné aux galères, qui me paraît assez vraisemblable. Enfin certains autres détails de la vie
commune de la mère et de la fille offrent de

sérieuses apparences de réalité. Je citerai,
entre autres, le récit d'une fuite de la fille, chassée par les mauvais traitements de la mère,
fuite suivie d'une batterie homérique dans la
loge de la danseuse Tonton chez laquelle elle
s'était réfugiée, et qui ressemble beaucoup au
pugilat entre la Saint-Huberty et Rosalie Levas-
seur, à une répétition d'Arys, à l'Académie
lyrique.

Mais vraiment ce Gaillard serait-il un aussi
noir calomniateur que Clairon le déclare, quand
à propos de la conduite de sa mère à Rouen, la
comédienne dit dans ses Mémoires, au moment
du bruit fait en Normandie par la publication du
libelle : « Cette dame respectable qui m'aimait
tant (la présidente Bimorel sans doute) m'ou-
vrit les yeux sur la cause de mon malheur, je
vis que je le devais tout entier à l'inconduite de
ma mère, et cette lumière me la fit prendre en si
grande aversion, et il m'en a tant coûté pour
rester avec elle jusqu'à son dernier soupir... »
Est-ce que, par hasard, la fille n'aurait été guère
plus calomniée que la mère, par le comédien
Gaillard?

X

La troupe de La Noue et de Mlle Gautier,
chassée peut-être de Rouen par la concurrence
d'une troupe lyrique, avait été tenter la fortune
dans les Flandres[1], en cette terre de forteresses
et de villes de garnison, où les théâtres, tous les
soirs, étaient remplis d'une jeunesse militaire.

A Lille, la mère de Clairon voulait la forcer à
épouser un comédien de la troupe, dont elle
s'était follement engouée. C'était, au dire de la
comédienne, le plus sot, le plus grossier, le plus
plat des hommes, en un mot le type du triste personnage de Thibaudois, de l'ESPRIT DE CONTRADIC-

1. « Dans le premier voyage que Garrick fit en France, il vit
Mlle Clairon à Lille. Elle chantoit bien, elle dansoit agréablement, jouoit les soubrettes avec beaucoup d'agrément. Garrick, qui s'y connoissoit et qui avoit un pressentiment exquis,
lui trouva plus d'une disposition à se distinguer un jour, et
s'imagina qu'elle se perfectionneroit dans l'emploi des soubrettes, en voyant un modèle aussi parfait que Mlle Dangeville. » (*Lettre sur les Arts imitateurs*, par Noverre, Collin, 1807.)

TION. Depuis deux ans, la jeune fille résistait à
ses empressements, à ses sollicitations, à ses
demandes; mais à Lille, l'insistance du malotru
prenait le caractère d'une persécution qu'en-
courageait la mère.

Ici, il faut donner la parole à Frétillon, et
place à l'invraisemblable historiette que l'invraisemblable vierge du théâtre de Rouen a le
sang-froid d'offrir au public :

« Les ordres de ma mère, sa violence poussée
au point de me présenter un pistolet pour obtenir mon aveu, me firent enfin sentir que j'avais
besoin d'un protecteur, qui, sans armer les lois,
pût contenir mes entours et me défendre. Conduite par le seul désespoir, sans idée d'aucun
vil intérêt, sans amour, sans désirs, je fus
m'offrir et me livrer moi-même, sous la seule
condition qu'on me sauverait du mariage et de
la mort dont j'étais également menacée. Ce
moment qui ne présente au premier aspect que
l'idée du libertinage, est peut-être le plus noble,
le plus intéressant, le plus frappant de ma vie. »

Malheureusement cette immolation *sans aucune idée de vil intérêt, sans amour, sans désirs*,
n'est pas précisément l'immolation journalière,
dont parlent les rapports de police, nous représentant la jeune actrice de la troupe de Lille,

comme la maîtresse à la fois du comte de
Bergheic, colonel du régiment de Royal-Wallon,
du chevalier de By, lieutenant-colonel du même
régiment, de M. Desplaces, major du commissaire général de cavalerie. Et le rapport ajoute :
« On est d'abord alarmé de voir trois rivaux
guerriers se disputer le cœur de cette fille ; mais
qu'on se rassure, tout se passera dans la tranquillité. La Clairon était fille d'arrangement, et
d'ailleurs assez habile pour en amuser une demi-
douzaine. Ainsi tout se passa dans l'ordre et
tout le monde fut content [1]. »

---

[1]. Rapport de la Janière, du 10 décembre 1750, à Berryer.
Archives de la Bastille, publiées par François Ravaisson,
vol. XII. — Ce rapport, excessivement curieux, qui est l'histoire
complète des amours de l'actrice, pendant les premières années
de ses débuts, contient bien quelques erreurs sur sa famille
et le lieu de sa naissance, mais semble parfaitement renseigné
sur les faits de l'existence galante de la femme.

XI

La Noue, qui n'avait pas gagné d'argent dans
l'exploitation du théâtre de Rouen, et qui en
avait beaucoup perdu, en montant une troupe
pour le théâtre de Berlin, que la guerre de 1741
empêcha de jouer; La Noue complètement dégoûté des directions théâtrales, revenait à Paris
et débutait dans le principal rôle du COMTE D'ES-
SEX, joué à Fontainebleau, le 14 mai 1742 [1].

La troupe de La Noue ainsi *rompue*, Clairon
s'engageait dans une autre troupe, demandée
par le quartier général du roi d'Angleterre, pour
donner des représentations à Gand. Là, au dire
de l'actrice, elle n'était ni flattée des suffrages
qu'elle obtenait, ni tentée de la fortune immense
que lui offrait mylord Malborough [2]. Et même

---

1. *Galerie historique des acteurs du .Théâtre-Français*, par
Lemazurier. Paris, 1810.
2. Le nom est écrit tout entier dans l'édition allemande.

le mépris qu'affichait la nation anglaise pour la nôtre, lui en rendait tous les individus antipathiques, et elle ne pouvait ni les voir ni les entendre, sans un petit sentiment de colère. Et dans son besoin de mettre toujours sa personne en scène, elle raconte que la troupe ne pouvait se soutenir sans l'aide de son talent, et, s'apercevant de sa répugnance à demeurer dans ce monde ennemi, la faisait garder à vue, mais, en dépit de toutes les consignes données aux portes de la ville, elle parvenait à s'échapper et gagnait Dunkerque.

XII

Sortie de la troupe de Gand, rebutée par les
fatigues que lui causaient les caravanes continuelles, auxquelles l'assujettissait son état de
comédienne de campagne, et fixée à Paris, —
la jeune femme se trouvait dans une situation
précaire. Elle eut quelques mois, très durs à passer, des mois, toutefois, pendant lesquels M. Dubreuil, frère du marquis de Cindré, fut de quelque secours à l'actrice sans emploi [1], mais on ne
le garda que le temps qu'il fallut pour trouver
mieux. Et M. de la Popelinière, dont les propositions étaient acceptées, M. de la Popelinière,
ce *découvreur* de talents, s'imaginant avoir
trouvé une voix admirable chez sa maîtresse,

1. Une note manuscrite, insérée dans le « Recueil sur les
femmes » de Jamet de la Bibliothèque nationale (vol. 15e) dit :
« Cronel vint à Paris sous le nom de Clairon, l'abbé de Vougny
l'entretint secrètement, Armand se chargea de la perfectionner. »

4

s'intrigua [1] tant, qu'il la fit entrer à l'Opéra, où
elle débuta dans le rôle de *Vénus,* de l'opéra
d'HÉSIONE, au mois de mars 1743.

Ce début lui valut ces mauvais vers, avec fautes
d'orthographe, dans le *Mercure :*

> Hier, à leur gré, tes sons mélodieux,
> Chère Cleron, moissonnaient le suffrage,
> Et tes attraits, toujours victorieux,
> Montraient Vénus, et frappaient davantage ;
> Tous les amours venaient te rendre hommage.
> L'âme de tous, quoique d'humeur volage,
> S'est pour jamais établi dans tes yeux.
> Qui l'a fixé ? C'est ton air gracieux :
> Oui, je l'ai vu ; j'étais dans le parterre,
> Lorsqu'à sa mère, il a fait ses adieux :
> Tant que Cleron restera sur terre.
> Je veux, dit-il, abandonner les cieux [2].

On dit que la Vénus, ainsi chantée, redes-
cendue de son Olympe, et rentrée dans la cou-
lisse, signifiait aux demoiselles des chœurs
qu'elle entendait dorénavant être appelée Clairon, — et non plus Frétillon. Et elle signifiait son
désir en ces termes : « Quiconque m'appellera
encore Frétillon, peut compter que je lui f... le

---

1. Rapport de la Janière à Berryer. *Archives de la Bastille*
vol. XII.
2. *Mercure de France,* mai 1743.

meilleur soufflet qu'elle ait peut-être encore reçu de sa vie [1] ! »

1. *Mémoires pour servir de suite à l'histoire de Mlle CRONEL dite FRÉTILLON, ci-devant actrice de la Comédie à Rouen et présentement à la Comédie de Paris.* A la Haye, aux dépens de la Compagnie, MDCCL. — La menace d'un soufflet dans ce langage énergique est peut-être le seul trait vrai du petit livre, au milieu d'un ramassis et d'un retapage de vieux pamphlets et de vieilles brochurettes sur l'Opéra. Et tout y èst faux, faux comme ce mariage auquel on se laisse prendre, un moment, par la forme judiciaire de l'en-tête : *Mémoire de la demoiselle* CRONEL *dite* FRÉTILLON, *aujourd'hui* CLERON, *ci-devant comédienne de campagne, ensuite chanteuse de l'Opéra, et présentement actrice de la Comédie-Française de la même ville, mariée avec le sieur Chanterel, demanderesse en dissolution pour cause d'impuissance.* Et le mémoire dit qu'elle a été mariée avec le sieur Chanterel l'espace de six mois, pendant lesquels il ne s'est pas montré, une seule fois, mari, non qu'il ait manqué de volonté, mais de puissance. A quoi, le prétendu mari, accusé de *frigidité*, répond qu'il a consommé son mariage deu. ou trois cents fois.

XIII

A peine Clairon eut-elle paru sur la scène de
l'Opéra qu'elle vécut dans la plus haute société
d'hommes de Paris. Comment cette petite actrice de province, inconnue, se trouva-t-elle
aussi soudainement lancée? Cela ne peut s'expliquer que par ses relations antérieures dans
les villes de garnison, par ses amours avec les
officiers, — les officiers qui portaient alors
les plus grands noms de la noblesse de
France.

Donc Clairon vivait en pleine intimité avec
les Vintimille, les Rochechouart, les Dillon, les
Custine, le comte de Lorge, le duc d'Antin,
ainsi que le témoigne ce fragment de lettre :
« ... *Je soupe fort souvent avec M. de Custine,*
mais ses mauvais airs et mon cœur sont tou-
jours le même... Je suis assez liée avec le duc
d'Antin... Il ne tiendrait pas à lui de l'être

davantage [1]. » Et la lettre de Clairon est en tout point confirmée par le rapport de police de la Janière, qui déclare que la foule de ses illustres amants fut si grande, que, malgré l'appétit de la belle, elle fut embarrassée de choisir.

Et M. de la Popelinière tout d'abord sacrifié, le prince de Soubise, le duc de Luxembourg, le marquis de Bissy prirent la place, soupant presque tous les jours chez la chanteuse, avec un abonnement à tant par souper : — l'abonnement du trio dépassant de beaucoup les gages d'un fermier général. M. le duc de Bouteville se fourrait quelquefois, comme quatrième, dans ce souper, mais c'était par-dessus le marché : on lui faisait crédit.

La communauté de vie de l'actrice avec ces quatre seigneurs, dont trois étaient fort à la mode, lui acquirent une espèce de popularité, la firent passer pour une fille d'esprit. Mais le prince de Soubise, le duc de Luxembourg, le

---

1. La lettre se termine ainsi : « ...*Tu connais ma mère, elle s'oppose toujours à ce qui me fait plaisir, il ne tient pas à elle que je ne te fasse l'infidélité la plus complète, mais rien ne saurait m'y déterminer.* »

Cette lettre de six pages, adressée à *son cher amant*, le baron de Besenval, a été communiquée par M. Després, son secrétaire, à Andrieux, qui a seulement donné ce petit extrait. On trouvera plus loin quelques lettres et billets, ayant fait partie de cette correspondance.

4.

marquis de Bissy l'abandonnèrent bientôt pour
de nouvelles amours ; elle se trouva réduite à
Bouteville, dont elle se défit bientôt, n'en pouvant que faire.

Bouteville était avantageusement remplacé
par le président de Rieux, qui ne gardait l'actrice, ainsi que ses autres maîtresses, que le
temps nécessaire pour l'enrichir.

Après la retraite du président de Rieux, toute
une succession de soupirants payants et d'anciens amoureux, repris d'un sentiment mal
éteint, et de nouveaux, tout nouvellement en-
flammés. D'abord en tête, la Boixière, Neuville,
Cazes, trois fermiers généraux, s'il vous plaît.
Puis à leur suite, pêle-mêle, la noblesse, le parlement, l'armée, et même les illustres étrangers
de passage à Paris. Ce sont : le prince de Tu-
renne, le prince Camille, le comte de Lannoy,
capitaine-lieutenant de gendarmerie, le marquis
de Saint-Chaumont, colonel d'un régiment d'in -
fanterie portant son nom, le chevalier de Polignac, le comte de Morse, aide-major des gardes-
françaises, le comte d'Egmont de Bauche,
conseiller au parlement, Lansac, également
conseiller au parlement, le président Dupuy, le
baron de Kervert, un riche Anglais. Enfin, dit
le rapport de police, elle épuisa si fort la matière,

et devint si commune, qu'on n'en voulait plus...
et ses bonnes fortunes aboutirent au baron de
Besenval, capitaine aux gardes-suisses, dont
elle devint folle.

Et de ce coup de cœur pour le capitaine aux
gardes-suisses, nous avons le curieux témoignage autographe, dans quelques lettres et
billets qui ont été conservés. Seulement la relation ne date pas de Paris, et comme le dit
l'homme de la police, au moment où Mlle Clairon entre à la Comédie-Française; elle remonte,
cette relation, au temps où l'actrice courait les
Flandres, ainsi que le prouve ce premier billet,
où elle parle de finir son année à Dunkerque :

« *Cher ami, je compte avoir le plaisir de te voir
vendredi. J'ai rompu avec M. de Fierville, je t'en
dirai les raisons, lorsque je te verrai. J'irai finir
mon année à Dunkerque, où je pourrai peut-être
avoir le plaisir de te voir. Je te prie de me garder
le secret. Je n'ai pas le temps de t'en écrire davantage. Adieu jusqu'à vendredi, je te conjure de
m'aimer toujours.*

« CLAIRON [1]. »

1. La lettre autographe signée, adressée au baron de Besenval, capitaine dans le régiment des gardes-suisses à Douai,
fait partie de la collection de M. Morrison, de Londres.

.. Et voici un fragment d'une autre lettre,
adressée à Pesenval, se trouvant encore à Douai,
et qui nous donne une note intéressante sur la
vivacité du sentiment de l'actrice pour le capitaine aux gardes-suisses :

« *Cher ami, tu m'as rendu la vie par la lettre
que tu m'as écrite. Je n'espérais plus recevoir de
tes nouvelles, tu dois l'avoir vu par ma dernière.
Je compte aller te remercier dans peu, de ne m'a-
voir donné que la peur de ton changement. Au
nom de Dieu, ne me mets plus à de pareilles
épreuves, je t'aime trop pour ne pas en être alar-
mée. Je te charge de bien des choses, mais quelque obligation que je te puisse avoir, nous serons
toujours en reste, car ton amour est bien infé-
rieur au mien* [1]. »

Enfin, donnons une dernière lettre où l'on
remarquera de la sévère et pudibonde rédac-
trice des Mémoires cette phrase caractéristique : « J'ai plus de plaisir, maintenant, à t'être
fidèle, sans même que tu le désires, que je n'en
avais autrefois à te faire une infidélité. »

« *Tu ne dois pas être étonné, si je cherche à te
prouver à quel point tu m'es cher et tu me le*

---

1. C'est un extrait de la lettre de Clairon, vendue en 1843, à
la vente Dolomieu, lettre qui avait trois pages in-4°.

*deviens de plus en plus. Je suis au désespoir que
tu n'aies pas voulu me permettre d'aller te voir à
Lille. Quelque plaisir que l'on se force à me faire
goûter, je sens bien qu'il me manque quelque
chose. Je suis persécutée, mais je te promets que
c'est inutilement, aucun de ceux que je vois ne
me revient et il est très certain que tu m'as gâté
le goût. Je suis très liée avec M. de Gustine (Custine), et cependant je le trouve plus maussade, de
jour en jour. Je compte aller à Paris dans peu,
j'en ressens un plaisir extrême, puisque je suis
sûre de te voir ; si tu veux encore le redoubler,
mande-moi que ton impatience est égale à la
mienne. Mais je crains de te demander plus que
tu ne peux promettre ; mais n'importe, le moindre désir de ta part fait plus pour moi que tout
le reste du monde. Je suis au désespoir que tu ne
te portes pas mieux. Ménage-toi, je te le demande
en grâce ; pour moi, cela va assez bien. Adieu,
cher ami, donne-moi souvent de tes nouvelles,
elles me font un plaisir que je ne puis t'exprimer.
Je ne sais pas comment cela se fait, j'ai plus de
plaisir maintenant à t'être fidèle, sans même que
tu le désires, que je n'en avais autrefois à te faire
une infidélité.*

« CLAIRON [1]. »

1. Lettre autographe signée, adressée à Besenval, en gar-

Mais comment finit cette liaison si tendre, si
passionnée et, disons-le, si libertine, entre la
femme ardente, que peignent les rapports de
police, et l'homme célèbre par ses bonnes fortunes, dont la réputation de galanterie compromettra plus tard la reine de France.

... Au dire de l'historien de la police des
amours de Mlle Clairon, la comédienne fut à la
fin si peu satisfaite de la vigueur du capitaine
aux gardes-suisses, qu'elle le baptisa du nom de
Baise-c..

nison à Lille, et faisant partie de la collection Morrison. Les
deux lettres de la collection Morrison portent un cachet de
cire rouge, où sont représentées deux colombes qui se bec-
quètent, avec l'exergue : *Vivons unis.*
Les lettres de Mlle Clairon de ce temps ne manquent pas
seulement de l'orthographe la plus élémentaire, mais, ainsi
qu'en fait justement la remarque M. Charavay, elles sont
écrites d'une écriture d'enfant, d'une écriture non formée, qui
change et s'améliore avec le temps, et prend, en les dernières
années de la femme, le caractère d'une écriture un peu mas-
culine. On sent, dans les lettres de la jeune Clairon, la femme
qui, en 1764, citant à sa barre l'imprimeur de la Comédie-
Française, ayant imprimé Idoménée dans une affiche par
un Y, et comme il s'en défendait sur la note remise par le
semainier, la femme qui disait : « Cela n'est pas possible, il
n'y a pas de comédien qui ne sache parfaitement « *orthogra-*
phier ». A quoi l'imprimeur répondait, avec un sourire : « Pardonnez-moi, mademoiselle, mais il faut dire orthographier. »

XIV

Le public ne partageait pas l'enthousiasme de
M. de la Popelinière pour l'organe admirable
qu'il avait cru avoir découvert chez sa maîtresse, il ne lui reconnaissait pas même l'étendue
de voix prodigieuse que la chanteuse s'attribuait,
tout en voulant bien reconnaître qu'elle était
très médiocre musicienne. Et Clairon abandonnait l'Opéra et le chant, au bout de très peu de
temps, donnant ainsi superbement, dans ses
Mémoires, les raisons de sa sortie [1].

1. Voici dans quels termes la *Lettre à M*me *la marquise
V..... de G.....* explique la retraite de l'Opéra de Clairon :
« Mademoiselle Clairon crut pouvoir se hasarder au jugement
du public, et choisit le théâtre de l'Opéra. Ce lieu, madame,
vous le savez, est l'empire de l'illusion. On y exprime ce qu'on
ne sent pas, en y soupirant de feintes passions..... Mlle Clairon chanta avec une crainte intérieure et une confiance appa-
renté, elle eut des applaudissements, mais sa destinée n'était
pas de se fixer dans le royaume des prestiges, elle devoit
faire sa réputation et notre plaisir dans le temple de Melpo-

« J'eus le bonheur de réussir, mais je vis qu'il fallait si peu de talent à ce spectacle pour paraître en avoir beaucoup, je trouvai si peu de mérite à ne suivre que les modulations du musicien, le ton des coulisses me déplut si fort, la médiocrité des appointements rendait la nécessité de s'avilir si absolue, qu'au bout de quatre mois, je fis signifier mon congé. »

Maintenant, malgré les vers du *Mercure*, n'y a-t-il pas dans le récit que Clairon et ses biographes ont fait de son passage à l'Opéra, et de l'importance qu'il a obtenue auprès du public, un peu d'exagération, un peu de mensonge. Je ne crois pas comme cela, à ses débuts, au *doublement* des *rôles* de la Lemaure par Mlle Clairon. Le rôle de *Vénus,* dans HÉSIONE, n'est pas un rôle de Lemaure, et dans une recherche que j'ai faite à l'Opéra, parmi la collection des livrets originaux des opéras, je ne trouve son nom imprimé, pendant toute l'année 1743, qu'une seule

---

mène. Néanmoins les ressources qu'elle avoit fait paroître dans différents rôles, son émulation et son ardeur découvrirent sa capacité, et les intelligens se piquèrent d'avoir trouvé dans le caractère de son jeu le présage de sa gloire à venir. » — « Un jeu noble, une déclamation aisée, un geste naturel, une voix sonore, de la dignité de l'âme et une poitrine infatigable. » Voilà les qualités que la brochure *Mémoire pour le sieur de Lanoue...* déclarait avoir été apportées par Mlle Clairon à l'Opéra.

fois. C'est dans Don Quichotte chez la Duchesse,
ballet comique, représenté pour la première fois
sur le théâtre de l'Académie royale de musique,
le 12 février 1743. On y lit à la distribution des
rôles :

Une suivante de la Duchesse :

Mlle Clairon.

XV

De l'Opéra, Mlle Clairon passait à la Comédie-Française.

Ce passage toutefois de l'Opéra à la Comédie-Francaise n'avait pas lieu sans de grandes difficultés.

Quand il était question de recevoir dans la troupe du faubourg Saint-Germain cette Frétillon, affichée dans tout le royaume par des aventures d'éclat, on criait fort à l'indécence. Cette réception semblait la désolation de l'abomination, et dans le tolle universel du monde dramatique, tombait la brochure : MÉMOIRE *pour le sieur de Lanoue, la demoiselle Gaussin et consorts, opposans à la réception de la demoiselle Cléron* (sic).

Oui, de La Noue, l'ancien directeur de la troupe de Rouen, peut-être inquiet de la concurrence, que son ancienne pensionnaire pou-

vait faire à Mlle Gautier, son élève, entrée à la
Comédie-Française avec lui, de La Noue lui-
même avait *sonné le tocsin*. Il avait étalé avec
cet art et ce pathétique qu'on lui connaissait « les
malheurs de la compagnie sur le point d'être
déshonorée, si la prétendante était intruse ». Et
les voix étaient recueillies, et toutes étaient pour
l'exclusion.

La brochure ironique sous la forme d'un plai-
doyer en faveur des opposants, mettait drolatiquement en relief les prétentions à la vertu
des comédiens, prenant en pitié l'ingénuité de
Mlle Clairon, de s'être présentée en ce monde
jaloux de la décence et de la chasteté, dans
l'ignorance où elle était, que la conduite des
récipiendaires était examinée avec le soin le
plus religieux, et que la réception, après une
information préalable de vie et de mœurs n'était
accordée qu'aux personnes « d'une réputation
entière ».

On gourmandait son audace d'avoir risqué la
tentative de succéder à la pudique Labat, à
l'austère Duclos, à la sévère Mlle Lamotte, qui,
revenue des vanités du siècle, depuis dix ans,
consacrait le reste de ses jours, dans l'honorable
fonction d'entremetteuse des plaisirs du public,
à la réservée demoiselle Legrand, dont les gail-

lardes orgies profanèrent le foyer. Enfin la brochure disait qu'à l'inconvenance de cette réception, la délicatesse de Mlle Gaussin s'était émue[1],
elle, la Gaussin, dont la conduite avait toujours
eu un caractère de sagesse et d'innocence ; elle
qui avait prononcé ces charitables paroles :
« Comment est-il possible de refuser un galant
homme, qui se présente de bonne grâce et nous
presse avec instance ! »

Mais cette résistance de la Comédie-Française
dut céder devant les protections que la jeune
actrice avait conquises en haut lieu. En effet,
on ne sait guère qu'une cabale s'était formée,
à l'avènement de Mme de Châteauroux, pour faire
recevoir la Clairon à la Comédie-Française, et
que Mme de Châteauroux et Mme de Lauraguais,
tout à fait engouées de la solliciteuse, intri-
guaient vivement près du Roi en sa faveur! M. de
Gesvres qu'on accusait généralement de manquer de caractère, opposé à cette protection
passionnée et aveugle, et trouvant même cette
intronisation de la maîtresse du Roi dans les
choses de théâtre, un attentat aux privilèges
des premiers gentilshommes de la Chambre,
parla avec respect au Roi, mais avec une grande

---

1. Une petite brochure très rare porte ce titre : *Scène tragique entre Mlle Gossin* (sic) *et Mlle Clairon.*

fermeté, allant même jusqu'à dire à S. M. qu'il aimait mieux lui apporter la démission de sa charge. Mlle Clairon n'était pas reçue dans ce temps-là, et M. de Gesvres restait, un long temps, brouillé avec Mme de Lauraguais[1].

Mais Mlle Clairon tentait de nouvelles démarches, faisait agir des influences, remuait par ses relations la terre et le ciel, à Versailles, si bien qu'à la fin, le duc de Gesvres dut céder et indiquer un rendez-vous à Mlle Clairon, au sujet de son ordre de début à la Comédie-Française.

1. *Mémoires du duc de Luynes*, vol. XIII. Paris, Didot, 1863.

XVI

Voici donc Mlle Clairon avec la fraîcheur de
ses vingt ans, le montant de sa physionomie,
une mise de goût, un maintien de la plus grande
décence, la voici présentée par Mlle Dumesnil, en
compagnie de Sarrazin et Dubreuil, à M. le
duc de Gesvres, gouverneur de Paris et gentilhomme de la Chambre.

Le duc de Gesvres était, d'après les souvenirs
de Mlle Clairon, un grand homme à la constitution physique d'un être sans sexe, au visage
efféminé, à la voix *canarde*, au nez barbouillé
de tabac d'Espagne, et qui, en dépit de tout cela,
avait un très grand air, un air intimidant, qui
forçait Mlle Dumesnil à prendre la parole pour
la jeune femme.

Alors le duc — une navette à la main —
s'avançant de quelques pas, dit en s'adressant
à Dumesnil : « Elle est jolie », et, se tournant

vers la présentée : « On dit que vous avez des
talents... je vous ai lue... vous réussirez sans
doute. »

Je vous ai *lue*, — cette allusion au libelle de
Gaillard était une maladresse du gentilhomme
de la Chambre, et de nature à blesser la susceptible Clairon, — qui, au dire de ses Mémoires,
toisait le duc des pieds à la tête, et, le regard
plein d'indignation, lui ripostait par cette terrible réplique : « Je vous ai lu aussi... mais je crois,
monseigneur, qu'il est nécessaire de nous connaître plus particulièrement pour nous apprécier. »

Malheureusement pour l'exactitude historique
du compte rendu de cette entrevue, cette réponse, dit Mlle Dumesnil, cette réponse, elle
l'eût peut-être faite plus tard, mais pour le moment, la jeune solliciteuse se contenta de baisser les yeux, et de rougir[1].

Ce fut Mlle Dumesnil qui, avec sa bonté habituelle, dit obligeamment et spirituellement au
duc : « Eh ! monseigneur, que n'imprime-t-on
pas ! » faisant allusion à des couplets imprimés
contre lui, dans la semaine, à propos des mémoires sur l'impuissance dont l'accusait sa
femme.

---

1. *Mémoires de Mlle Dumesnil*, par Dussault. Ledoux, 1829.

· Sur la phrase de la Dumesnil, le duc redeve-
nait l'homme poli, qu'il était d'ordinaire, et prenant la main de Mlle Clairon, sur le ton le plus
honnête et le plus affectueux, il lui disait : « Mademoiselle, dans tout ce qui dépendra de moi,
vous pouvez être sûr de mon empressement à
vous servir. »

A quelques jours de là, Mlle Clairon recevait
son ordre de début à la Comédie-Française.

« Nous, duc de Gesvres, pair de France, pre-
« mier gentilhomme de la Chambre du Roi,

« Ordonnons à la troupe des Comédiens fran-
« çois de Sa Majesté de faire incessamment dé-
« buter sur son théâtre la demoiselle Clairon
« dans les rôles qu'elle aura choisis, et ce, afin
« que nous puissions juger de ses talents pour
« la Comédie.

« *Signé :* LE DUC DE GESVRES. »

« Fait à Versailles, ce 10 septembre 1743. »

1. Et Mlle Clairon était reçue à demi-part le mois suivant:

« Nous duc de Gesvres...

« Étant satisfait du début de Mlle Clairon tant à la cour
qu'à la ville, et voulant lui donner les moyens de se perfectionner dans la déclamation, l'avons, sous le bon plaisir de
Sa Majesté, reçue et recevons dans sa troupe des Comédiens
françois, pour y jouer dans les pièces tant tragiques que comiques de leur répertoire, avec une demi-part que nous lui

accordons de celles actuellement vacantes à la Comédie par la
retraite de Mlle Duboccage, ordonnons à la troupe des Comédiens francois de faire jouir la dite demoiselle Clairon de
la demi-part ci-dessous accordée à compter de Pâques dernier, que la dite demoiselle Duboccage s'est retirée, et ce, aux
clauses et conditions portées par nos réglements et de la
même manière qu'en jouissent les autres comédiens.

« Fait à Fontainebleau, le 29 octobre 1743. »

Et au bout de deux mois, la fortunée actrice, avec l'ordre
de doubler Mlle Dangeville, se voyait encore attribuer un
nouveau quart de part :

« Nous duc de Gesvres...

« Voulant que chacun des acteurs et des actrices de la
Comédie-Françoise se prête à tout ce qui peut faire le bien du
service, et connoissant la nécessité d'avoir plus d'une actrice
pour remplir les rôles de soubrette, en expliquant en tant que
besoin est l'ordre de réception donné à Mlle Clairon ; ordonnons
qu'elle doublera la demoiselle Dangeville, dans tous les rôles
de son emploi. Et voulant donner à la dite demoiselle Clairon
des marques de la satisfaction de ses talents, nous lui avons
accordé un quart de part de celle actuellement vacante par la
retraite de..... et ce outre la demi-part qu'elle a desjà, etc.

« Fait à Versailles, le 26 décembre 1743. »

Enfin à une année de là, par l'accord d'un quatrième quart,
Mlle Clairon obtenait une part entière :

« Nous duc de Fleury...

« Avons accordé et accordons sous le bon plaisir de Sa Majesté, à la D^{lle} Clairon, un quart de part vacant par le décès
du S. Montmeny, pour avec trois quarts de part que nous lui
avons ci-devant accordés, faire une part entière, de laquelle
part entière, ordonnons aux Comédiens françois de Sa Majesté
de faire jouir la Mlle Clairon, à compter du jour du décès de
Montmeny, aux charges, clauses et conditions portées par les
réglements de la troupe, etc.

« Mandons à M. Lenoir de Cindré, intendant des Menus d'y tenir la main.

« 31 décembre 1744. »

Les trois premières pièces ont été publiées par M. Émile Campardon dans les *Comédiens du Roi de la troupe française* ; la quatrième fait partie des Archives de la Comédie Française.

XVII

Dans les conditions de son engagement à la Comédie-Française, pour doubler Dangeville, Mlle Clairon devait être tenue de se rendre utile dans les deux genres : la comédie, la tragédie. Jusque-là, en province, son emploi avait été l'emploi de soubrette. Elle avait tout au plus, et par hasard, et à défaut d'une actrice tragique, joué trois ou quatre fois de seconds rôles tragiques, mais seulement le désir de gagner de plus forts appointements, et la vanité de tout entreprendre, lui avaient fait stipuler dans son dernier engagement de province, qu'elle jouerait de grands rôles tragiques, et encore à son arrivée à Paris, elle n'en savait que cinq, et ne les avait joués qu'une ou deux fois.

Cela était connu des semainiers, qui, lorsqu'ils lui demandèrent dans quel genre elle voulait s'essayer, furent fort étonnés de l'entendre dé-

clarer qu'elle voulait débuter dans la tragédie.
Pourquoi cette préférence? Clairon avoue qu'elle
n'en savait rien. Est-ce le souvenir de la glorieuse prédiction que lui avait faite un jour Sarrazin, la voyant jouer le rôle d'*Ériphile* dans la
troupe de La Noue. Enfin, quelle que soit la raison de sa détermination, elle déclarait tenir absolument à jouer la tragédie. L'air dédaigneux,
qu'elle rencontrait dans l'assemblée comique,
piquait son amour-propre et l'entêtait dans sa
volonté. On lui proposait *Constance* dans Inès,
Aricie dans Phèdre... La jeune actrice déclarait
fièrement que c'était trop peu de chose, qu'elle
choisissait Phèdre, et qu'elle la jouerait... Phèdre, entendez-vous, le rôle triomphal de Mlle Dumesnil!

La prétention de la débutante faisait rire tout
le monde, et on l'assurait que le public ne souf-
frirait pas qu'elle achevât le premier acte. Là-
dessus, dépit, colère contenue de la femme, qui
disait le plus majestueusement qu'elle pouvait :
« Messieurs, vous me voulez ou vous ne me
voulez pas : j'ai le droit de choisir. Je jouerai
Phèdre ou je ne jouerai pas! »

XVIII

Ainsi qu'elle l'avait demandé, voulu, exigé, Mlle Clairon débutait à la Comédie-Française, le 19 septembre 1743, et voici le compte rendu que fait de ce début, le *Mercure de France* :

« Le 19 de ce mois, les comédiens ont remis au théâtre la tragédie de Phèdre, de Racine, dans laquelle Mademoiselle Clairon, nouvelle actrice, a débuté pour la première fois. Elle a joué le rôle avec un applaudissement général. C'est une jeune personne qui a beaucoup d'intelligence, et qui exprime avec une très belle voix, les sentiments dont elle a l'art de se pénétrer. On peut dire que la nature lui a prodigué les plus heureux talents pour remplir tous les caractères convenables à sa jeunesse, aux agréments de sa personne et de sa voix. »

Une petite brochure : Lettre a Madame la marquise V. de G..., *sur le début de Mademoiselle*

6

Clairon à la Comédie-Française. A la Haye,
MDCCXLIV[1], nous donne de plus curieux, de
plus *circonstanciés,* de plus intimes détails sur
ce début.

Le brochurier imprime que les connaisseurs
furent ravis de l'égarement que la débutante
mit dans le passage : ˙

Dieu, que ne suis-je assise à l'ombre des forêts.

. . . .

Puis à propos du vers :

Où me cacher? Fuyons dans la nuit infernale.

. . . .

Il peint la frayeur de son visage, la langui-
desse de ses gestes, l'extinction de sa voix, la
mort de son être[2].

1. Je donne l'en-tête de la lettre : « J'ai l'honneur, Madame,
de vous informer du succès avec lequel Mlle Clairon a débuté
à la Comédie-Française. Vous voulez que j'entre dans un détail
circonstancié, et que je vous remette sous les yeux, son goût,
le jeu, le genre qui lui est propre, ainsi que les endroits des
pièces, où elle a préférablement enlevé les suffrages. Vous
exigés encore que je crayonne son portrait, et que je vous
rapporte quelques faits qui la regardent. Je me soumets à vos
ordres, Madame... »

2. « Le comédien qui commence, dit Mlle Clairon dans ses
Mémoires, a besoin d'indulgence. Je l'ai vivement éprouvée
moi-même le jour de mon début. J'éprouvai toutes les bontés
du public dans les trois premiers actes de PHÈDRE, mais au
quatrième, au grand couplet de l'urne, je n'eus pas un seul

La brochure dit encore de l'actrice :

« Mlle Clairon a sur le théâtre un air noble et élevé! Sa démarche attire les regards et son maintien les fixe. La confiance avec laquelle elle se présenta plut au public. »

Et la brochurette donne cet intéressant portrait physique de l'artiste :

« Mademoiselle Clairon est âgée de 22 ou 23 ans. Elle est extrêmement blanche, sa tête est bien placée. Ses yeux sont grands, pleins de feu et respirent la volupté. Sa bouche est ornée de belles dents, sa gorge est bien placée, elle s'élève sans affectation. On gagne à l'examiner un plaisir que les autres sens seraient jaloux de partager avec la vue. Sa taille est aisée, elle se présente avec beaucoup de décence. Un air modeste et prévenant intéresse en sa faveur. Sans être une beauté accomplie, il faut lui ressembler pour être charmante. Son esprit est pétillant, sa conversation est douce et engageante. Musicienne et actrice, amie des arts et leur élève, elle est propre à tout, et sans faire d'effort, elle se trouve naturellement ce qu'elle veut être. »

coup de main. Si l'on eût fait ce bruit, dont j'ai vu souvent décourager les talens naissants, j'aurais disparu pour toujours. »

XIX

Mlle Clairon continuait ses débuts avec succès.

Le 20 septembre, elle jouait ZÉNOBIE, où elle se
tirait admirablement du récit très difficile de la
première scène. Le 14 octobre elle jouait ARIANE,
où elle triomphait, toujours maîtresse de la
scène, et où elle se montrait grande, humble, faible, passionnée, furieuse, femme en tout, et ne
laissant rien à désirer de ce qui la caractérise.
Toujours présente à son acteur, continue la
Lettre à Mme la marquise de V..., l'animant afin
de profiter de ses feux, elle se surpasse elle-
même, et tout le monde avoue que jamais actrice n'a mieux réussi le désespoir d'*Ariane*. Le
26, elle jouait l'ÉLECTRE de Crébillon, aux applaudissements de tous.

Son triomphe continuait dans les autres tragédies qu'elle jouait, et il n'y eut guère que le

rôle d'*Atalide* dans Bajazet où elle ne réussit
pas, où elle eut un jour d'infortune.

Mlle Clairon jouait également dans la comédie.
Elle remplissait, en ces mois de septembre et
d'octobre, le rôle de *Dorine* dans le Tartuffe,
de *Céliane* du Philosophe Marié, et le rôle de la
Nouveauté, mais elle sentait presque aussitôt
que ce n'était pas là sa voie, et ce passage de la
brochure consacrée à ses débuts[1] faisait pres-
sentir, dès 1744, que l'ancienne soubrette était
au moment d'abandonner le genre, où elle avait
brillé en province.

« Voici maintenant, madame, ce que l'on
pense de Mlle Clairon pour le comique. Elle a du
vif, du pétillant, de la finesse, mais un peu trop
de gravité ; et ce qui est singulier, c'est que, malgré tout, très souvent son jeu est froid dans ce
genre. Elle a paru avec distinction dans la *Nouveauté*, petite comédie, qui sera longtemps ce
que son titre annonce. Elle y chanta plusieurs
airs. La netteté de sa voix, son goût et ses ca-
dences aisées firent un plaisir infini dans un
séjour où la musique est un talent qu'on n'y
exige point et qu'on y rencontre avec surprise.
Cependant, madame, il est probable qu'elle aban-

---

1. *Lettre à Mme la marquise de V..... de G..... sur le début
de Mlle Clairon à la Comédie-Française.* A la Haye, 1744.

donnera les *suivantes*, et s'appliquera plus à un genre où elle aurait des approbateurs, mais certainement plus d'une supérieure. Elle cultivera sans doute la Tragédie dans laquelle, après quelques années et de l'étude, elle ne rencontrera au plus que des égales. »

XX

En ces années de début, Mlle Clairon avoue
dans ses Mémoires qu'elle était complètement
grisée par son succès, et que les applaudissements de la salle, les pièces de vers louan-
geuses, les adulations des soupirants de foyer,
la jalousie de ses compagnes, l'avaient amené à
croire qu'elle était le plus grand sujet qui ait
encore paru sur la scène du Théâtre-Français.
Aux noms de la Lecouvreur, de Mlle de Seine, la
vaniteuse petite personne ne pouvait retenir un
mouvement de dédain, et c'était, chez la jeune
actrice, toute infatuée de son talent, une dévorante envie de pouvoir faire une comparaison
de son talent à elle, avec le talent de ces femmes,
dont le nom sans cesse fatiguait et taquinait
ses oreilles.

Mlle Lecouvreur n'existait plus, mais Mlle de
Seine, retirée du théâtre depuis une dizaine d'an-

nées, vivait encore[1], même elle suivait exactement les débuts de Mlle Clairon, et les applaudissements, que la vieille actrice lui donnait dans le
rôle d'*Électre,* rôle qu'on assurait avoir été son
triomphe, mettaient en la jeune actrice une
curiosité folle de la voir, de l'entendre. Et
elle remuait ciel et terre pour arriver à ce
qu'elle désirait, et que lui faisait obtenir un
ami commun, en réunissant les deux femmes
chez lui.

Lorsque Mlle de Seine entrait dans la pièce
où se trouvait Mlle Clairon, celle-ci ne voyait
qu'une femme sur le retour, n'ayant rien de
l'imposant qu'elle craignait de rencontrer. La
vieille actrice était mal coiffée, mesquinement
mise, avec un maintien apathique; et le son de
sa voix, et les riens qu'elle disait, semblaient venir
d'une petite fille volontaire et dédaigneuse. Elle
commençait par refuser de dire des vers, devant
Mlle Clairon, et ce refus, nécessairement, paraissait à Mlle Clairon un aveu de son insuffisance
auprès d'elle. Enfin, sur les instances de l'ami,
voici Mlle de Seine qui veut bien consentir à répéter la scène d'ÉLECTRE, au troisième acte, —
et d'avance, Mlle Clairon rédige dans sa tête le

---

1. Mlle de Seine s'était retirée du théâtre en 1736 ; donc
l'entrevue entre les deux actrices avait lieu vers 1746.

petit compliment bien tourné et bien faux, qu'elle ne pourra se dispenser de lui adresser...

Mais l'air distingué que Mlle de Seine prend soudainement, en se levant, en rangeant les chaises pour faire de la chambre un théâtre et des coulisses, mais le changement qui se fait dans tout son être, à mesure que le moment de parler approche, mais, lorsqu'elle déclame, les accents de son désespoir, la douleur profonde de son visage, l'abandon noble et vrai de tout son corps, font que la Clairon, à la fois vaincue et ravie, se jette aux pieds de la vieille de Seine, et pour se punir de son impertinente présomption, et s'en corriger à jamais, elle lui en fait l'aveu dans une émotion, noyée de larmes[1].

1. L'humilité de cette confession est bien curieuse de la part de l'orgueilleuse Mlle Clairon ; mais je crains bien que, l'entrevue passée, la vanité de la tragédienne soit restée absolument ce qu'elle était avant, et je ne sais pourquoi je vois, dans cet éloge de Mlle de Seine, moins un éloge qu'un nom opposé au nom de Dumesnil.

XXI

Au milieu des études, des préparations, de
rôles, des répétitions, des lectures générales, des
assemblées, des veilles nécessitées par les changements qui surviennent dans le répertoire, des
voyages à la cour, des représentations, des
labeurs de toutes sortes du théâtre, les amours
ne chômaient pas chez la tragédienne. Elle était
restée la Frétillon de Rouen, « *la trémoussante,
l'active, l'intrépide, l'infatigable Frétillon*[1], qui
s'était ouvert une carrière, dans laquelle elle
avait effacé l'éclat des Laïs et des Phrynés
anciennes et modernes, et qui, après avoir mis à
contribution les provinces, venait y mettre la
Ville et les faubourgs ; — enfin elle était restée

1. Le Code lyrique, *ou Règlement pour l'Opéra de Paris.*
A Utopie, chez Thomas Morus, *à l'Enseigne des Terres Aus-
trales,* 1743.

la *sensuelle Cléron,* aux cris indiscrets dans ses
ébats amoureux[1] ».

Dès ses débuts au Théâtre-Français, elle
tourna la tête à Grandval, le beau des beaux, le
comédien aimé entre tous, le *guerluchon,* ayant
grugé presque toutes les actrices de la Comédie-
Française, et toutes les filles qui lui avaient
passé entre les mains. Et elle, la Clairon en sept
ou huit mois, elle savait lui tirer assez d'argent,
pour qu'on fût obligé de lui accorder une représentation, à l'effet de rétablir ses affaires.

A peine était-ce rompu entre Grandval et
Clairon, que le président des Rieux, dont les succès de l'actrice avaient rallumé la flamme, la
revoyait en même temps que le marquis de
Bissy, blessé dans son amour-propre, de ce que
la duchesse de la Vallière se permît de recevoir,
à cinq heures du matin, le chanteur Jeliotte, et
couchant, au su de tout le monde, avec la Clairon, pour *faire dépit* à la duchesse.

C'était le temps où, en un nouveau logement
dans le voisinage de la Comédie-Française,
commençaient à se montrer et à s'étaler « les

---

1. « Cette fille (la Clairon) passe pour un des tempéraments
des plus forts, des plus passionnés, et pour la demoiselle la
plus lubrique. Elle crie dans l'action qu'il faut fermer les
fenêtres (*sic*). » *Archives de la Bastille.* Rapport de police du
18 septembre 1748, vol. XII.

meubles de toutes saisons, les tableaux, les
bronzes, les urnes du Japon », et où l'on voyait
les amis de l'actrice, celui-ci, apporter « *pour
l'établissement de la bacchante* » une tenture de
tapisserie ou de perse, celui-là, des pots à fleurs
de la Chine, un autre, une pendule, un dernier,
un clavecin[1].

Et c'était fini des petits soupers de la rue de
Bussy, dont la Clairon, au milieu de ses bril-
lantes fêtes, regrettera plus tard la gaieté :
modestes soupers, amusés des jolies *mouton-
nades* [2] chantées par la jeune actrice, et où soupaient, tête à tête avec la mère, un intendant des
Menus, le factotum de la maison près des gentilshommes de la Chambre, le bon Pipelet, et le
spirituel Rosely.

Le successeur de ces deux messieurs des Rieux
et de Bissy près la Clairon, fut un M. de Senan,
un gentilhomme breton, qui, après s'être ruiné
avec elle, se rompit une veine, en la servant, et
mourut peu de temps après. Il fut remplacé par
le marquis de Cortès, qui était riche et espagnol,
c'est-à-dire tendre et généreux, et que Clairon
renvoyait au bout de six mois en Espagne, cer-

1. *Mémoires pour servir à l'histoire de Mlle Cronel, dite Frétillon*, 1751.
2. *Mémoires de Mlle Clairon*. Paris, Ponthieu, 1822.

tainement beaucoup plus vite qu'il ne s'y
attendait. A l'Espagnol succédait un Polonais,
le comte Bratocki, qui, en moins de quatre
mois, perdit carrosse, diamants, tabatière, et fut
obligé de prétexter un deuil, pour pouvoir, sans
honte, arborer l'habit noir.

Et des amants, qui échappent aux investiga-
tions indirectes de la police, comme cet amu-
seur de Pont-de-Veyle, comparé physiquement
par Walpole au poète du *Progrès du Libertin*
d'Hogarth, et auprès duquel Clairon se disculpe
d'une infidélité, dans une si curieuse lettre :

« *De Fontainebleau, ce 27 septembre.*

« *J'ai été obligé de partir dimanche, parce que
j'ai joué hier dans la petite pièce. Je suis bien
fâchée de n'avoir pu vous voir. La conversation
que nous avons eue ensemble m'a soulagé. Je suis
partie sans voir l'homme que vous savez et je
crois que je ne le verrai pas davantage à mon
retour. Je vois bien que mon heure n'est pas encore
arrivée, puisque l'idée de tout abandon m'a causé
tant de peine. J'ai eu le cœur déchiré ! La peine que
j'ai dû vous faire, a été mon plus grand chagrin.*

« *Vos sentiments pour moi doivent être effacés.
Je le sens, mais au moins, je mérite votre amitié. Ne me la refusez pas. Dans tout ceci, je suis*

7

*plus malheureuse que coupable. Donnez-moi des
nouvelles de votre santé, et soyez sûr que, malgré
tout ce qui s'est passé, elle m'a toujours été bien
chère.*

« *Monsieur, monsieur le comte de Pontvelte*[1] *dans
le faubourg Saint-Honoré, à Paris.* »

Et toujours des *passades*, et des *fantaisies*, et
des *épreuves*, parmi lesquelles une liaison, où le
noble et jeune amant semble apporter à ses
amours plus de sentiment que d'argent. C'est du
prince de Monaco dont il s'agit. Pendant le temps
qu'il est à son régiment, le prince ne passe pas
un seul jour sans écrire à sa tragédienne ; il lui
marque une infinie tendresse, il la prie très instamment de ne pas remonter sur le théâtre,
avant qu'elle ne soit parfaitement rétablie
de l'indisposition qu'elle venait d'avoir, il la
fait ressouvenir qu'elle lui a promis « de conserver ses jours pour prolonger les siens. »

Et ma foi! vraiment, pendant l'absence du
prince, la Clairon fait refuser sa porte à Hugues

1. Lettre sans date, qui doit être adressée à Antoine de
Ferriol, comte de Pont-de-Veyle, plus tard le commensal et
le familier de la vieille du Deffand. Cette lettre, publiée dans
la *Revue des documents historiques* par Charavay, année 1779,
est en la possession de l'auteur de l'article.

de Giversac, qu'on croyait un peu son amant, ne reçoit qu'un vieux procureur, ami de son père, ne sort que pour aller à la messe, escortée de son père et de sa sœur.

Toutefois au logis, grande chère et dépenses de table, et *festoirie* journalière, offerte à ses compagnes de la Comédie-Française.

En attendant, ni le prince, ni son argent. Or, à ce moment, remise au domicile de l'actrice d'un service de porcelaine incrusté d'or, d'une pièce de taffetas des Indes, de beaucoup de bougies, de chocolat, de vin de Champagne, avec une lettre d'un étranger faisant de très riches propositions d'entretien.

Là-dessus billet de la Clairon, un peu hésitante, et demandant au prince ce qu'elle doit faire. Émissaire envoyé par le prince à sa maîtresse, avec l'ordre formel de tout rendre immédiatement. Embarras de la pauvre Clairon, qui avait dissipé la moitié des choses, pour en faire de l'argent. Ceci se passe au mois de juin 1748, et nous n'avons pas la fin de l'histoire, parce que les rapports de police ne reparlent plus de Mlle Clairon qu'au mois de septembre, et que, dans l'article qui lui est consacré, il n'est plus question du prince de Monaco, mais bien de M. de Cindré.

Mlle Clairon a eu un pressant besoin d'argent, elle a demandé 2 000 livres à son ancien amant, M. de Cindré, qui les lui a données.

Et l'on a fait un nouveau bail, et Mlle Clairon ayant témoigné son désir d'aller à la campagne, M. de Cindré lui a loué une maison de campagne à Pantin, qu'il a fait meubler magnifiquement.

Un soir M. de Cindré a l'idée d'aller voir l'adorée, qu'il a reconquise, et pour la surprendre agréablement, entre par une porte de derrière, et trouve la tragédienne avec un jeune homme[1] dans une attitude à ne laisser aucun doute. Il se retire sans être vu et sans rien dire à personne.

Le lendemain il envoyait déménager la maison des meubles qu'il y avait mis, et quittait Mlle Clairon.

1. A propos de ce jeune homme, qui était M. de Jaucourt, un charmant officier de dragons, les *Archives de la Bastille* disent : « Enfin le public a trouvé un vengeur dans ce personnage. Il l'a vengé des rapines de cette harpie, et il a trouvé le secret d'entretenir, pendant quelque temps, un équipage, en faisant rendre gorge à cette sangsue. Il ne l'a pourtant pas si fortement épuisée, qu'elle n'ait encore une garde-robe de théâtre, estimée à 30 000 livres, et beaucoup de diamants. »

XXII

A la suite de ces *quitteries,* des embarras, une
gêne, une misère dans cet intérieur de la tragédienne qu'on ne saurait dire. Nombre de lettres,
passées dans les ventes d'autographes, ont pour
refrain qu'elle *est sans le sol.* Et, à tout moment,
elle se voit obligée de recourir à la bourse de
ses amis ou de ses anciens amants, dans des
billets qui mendient, semblables à ceux qu'elle
adresse au comte d'Argental.

« Elle réclame son amitié dans la triste situa-
tion qui lui est faite par suite de sa séparation
avec M. de C... » Elle était *trop malheureuse pour*
continuer l'existence avec un homme qui ne
méritait ni son amitié ni son estime. « Sa famille
dit partout que je l'ai ruinée. Ces gens-là n'étaient
pas faits pour connaître ma façon de penser, je
leur pardonne, mais il est certain qu'il m'a

7.

laissée sans un sol, accablée de dettes, et quatre jours après la séparation, on est venu chez moi saisir les meubles pour payer un de mes créanciers. On ne peut être plus mal à l'aise que je suis, je ne sais où donner de la tête, je n'ai nulle espèce de ressource et n'en veux point avoir; pourvu que je vive libre, je me consolerai de tout. M. de Thibouville s'est chargé de lui parler de ses succès.....[1] »

1. Lettre autographe de Clairon, à la date du 15 juillet, de la vente Soleinne, 1843.

XXIII

A ces passades succédait, chez la tragédienne,
une passionnette pour un homme de lettres, pour
Marmontel[1].

En ces années, où la jeune Clairon avait déjà
enlevé à Mlle Gaussin les rôles de *Camille*, de
Didon, d'*Aricie*, de *Roxane*, d'*Alzire*, un débutant lisait aux Comédiens français une tragédie.

Les entrées de l'auteur à la Comédie-Française, précédemment obtenues et sollicitées par
Mlle Gaussin, sa beauté touchante, le son de sa
voix allant au cœur, son regard inexprimable,
l'intérêt apporté à la pièce et à l'auteur, pendant
les deux lectures, et les manifestations très indi-
quées du désir du rôle semblaient lui assurer le

1. Entre M. de Cindré et Marmontel, les *Archives de la
Bastille* donnent une place au marquis de Thibouville, mais
disent « que le marquis ne se l'était donnée, cette place, que
pour donner le change à ceux qui l'accusaient d'être un bougre
outré. »

rôle de son héroïne. Mais le débutant, mais Marmontel offrait le rôle à sa rivale, à Mlle Clairon.

Mlle Gaussin n'était pas maîtresse de son dépit, et laissait échapper « que l'on savait bien par quel genre de séduction Clairon s'était fait préférer ». Là-dessus Clairon, entraînant Marmontel dans la loge de sa rivale, déclarait que, loin d'avoir sollicité la préférence que l'auteur lui avait donnée, elle ne l'accepterait que de sa main, et elle jetait le manuscrit sur la toilette de la loge. « Que vous ai-je donc fait, disait Gaussin à Marmontel de sa plus douce voix, pour mériter le chagrin et l'humiliation que vous me causez ? Quand M. de Voltaire a demandé pour vous les entrées de ce spectacle, c'est moi qui ai porté la parole. Quand vous avez lu votre pièce, personne n'a été plus sensible que moi à ses beautés. J'ai bien écouté le rôle d'Aretie... Il m'appartient par droit d'ancienneté et peut-être à un autre titre. C'est une injure que vous me faites, en le donnant à une autre que moi... » Et mendiant le rôle avec ses mains tremblantes, serrées dans les mains de l'auteur, avec ses yeux suppliants, attachés sur les siens, elle semblait s'offrir à lui.

Mais l'auteur triomphait de l'homme amoureux. Et Marmontel s'excusait de ne pas lui

donner le rôle, en disant qu'il n'avait pas eu le
bonheur de créer un rôle de tendresse, comme
celui d'Andromaque, d'Iphigénie, de Zaïre ou
d'Inès... « C'en est assez, faisait la Gaussin,
avec un mouvement de colère concentrée, vous
le voulez, je lui cède! »Et descendant avec Marmontel au foyer, elle rendait le manuscrit à
Mlle Clairon, en lui disant, sur un ton ironique,
qu'elle lui abandonnait, et sans regret, ce rôle
dont elle attendait tant de succès et tant de
gloire.

Clairon reprenait le rôle avec une fierté
modeste, en présence de Marmontel, assez
embarrassé, qui, seulement le soir, à souper, en
tête à tête avec son actrice, reconnaissante et
touchée, se trouvait payé de la gêne où elle
l'avait mis.

Marmontel avait vingt-quatre ans, avait la
carrure d'un Limousin qui ne boude pas l'amour,
et quoiqu'il fût *lent*, *long*, *lourd*, dans la conversation, il était flatteur, caressant, entortil-
leur de femmes. Puis, après le succès de la tragédie de Denys le Tyran qui allait aux nues, et
où, à la fin de la représentation, il était appelé
sur le théâtre, comme l'auteur de Mérope, il
devenait l'homme à la mode, l'homme en vue,
l'homme de tous les soupers, l'homme ayant

tout ce qu'il faut pour parler aux sens et au
cœur d'une comédienne.

Le caprice de la tragédienne pour son auteur
subit toutefois un petit ajournement.

Une comédienne, une maîtresse du maréchal
de Saxe, qui avait vu DENYS LE TYRAN, éprouvait
une envie folle de connaître Marmontel, et le
faisait inviter à dîner chez elle, par Monnet, le
futur directeur de l'Opéra-Comique.

C'était la Navarre, cette singulière vaporeuse
ou hystérique du xviiie siècle. Marmontel ne résistait pas à la galante femme, vêtue à la polo-
naise, les cheveux aux brunes tresses tombant
sur ses épaules, semés de fleurs de jonquilles. Et
l'on connaît leurs amours au village d'Avenay,
leurs amours dans la cave, aux 50 000 bouteilles
de champagne du maréchal de Saxe, et où les
deux amoureux, l'heureux Marmontel et la peu-
reuse et nerveuse femme, dînaient et soupaient
les jours d'orage... Puis la séparation, le départ
de la belle pour les Flandres, et la certitude
enfin, sur un mot dit au foyer de la Comédie-
Française, par le marquis de Brancas-Cerest
arrivant de Bruxelles, la certitude qu'elle vivait
en liaison réglée avec le chevalier de Mirabeau.

Sur cet abandon, voilà Marmontel tombé
malade avec une grosse fièvre, enfermé chez

lui, et ne voulant plus voir personne, et quittant même le quartier du Louvre pour le solitaire quartier du Luxembourg.

A ce moment, Mlle Clairon, auprès de laquelle
il n'avait pu renfermer sa douleur, et qui connaissait par lui la cause de son désespoir, voyant
la langueur dans laquelle il était tombé, lui
disait un jour : « Mon ami, votre cœur a besoin
d'aimer et l'ennui n'en est que le vide. Il faut
l'occuper, le remplir. N'y a-t-il donc qu'une
femme au monde qui puisse être aimable à vos
yeux? » La réponse, on la devine. Marmontel
lui disait galamment qu'il n'en connaissait
qu'une, si elle le voulait bien, mais il se demandait si elle serait assez généreuse pour le vouloir.

— C'est ce qu'il faut savoir, reprit-elle avec
un sourire. Est-elle de ma connaissance? Je
vous aiderai, si je puis.

— Oui, vous la connaissez, et vous pouvez
beaucoup sur elle.

— Eh bien, nommez-la-moi : je parlerai pour
vous. Je lui dirai que vous aimez de bon cœur
et de bonne foi, que vous êtes capable de fidélité et de constance, et qu'elle est sûre d'être
heureuse en vous aimant.

— Vous croyez donc tout cela de moi?

— Oui, j'en suis très persuadée.

— Ayez donc la bonté de vous le dire.

— A moi, mon ami ?

— A vous-même.

— Ah! s'il dépend de moi, vous serez consolé, et j'en serai bien glorieuse.

Et l'on s'aima, et le rôle d'*Aretie,* lors de la reprise de la tragédie, se ressentit du surcroît de l'intérêt de l'amante, et c'étaient, après les représentations entre l'auteur et l'actrice applaudis, d'heureux soupers et de plus heureuses nuits encore [1].

La Clairon, au dire de Marmontel, était une amante pleine de vivacité, d'enjouement, avec tous les attraits d'un naturel aimable, sans mélange d'aucun caprice, et ayant le désir unique de rendre son amant heureux, et apportant à cette félicité mille adresses et attentions délicates. Enfin, lorsqu'elle aimait, personne n'aimait plus tendrement, plus passionnément qu'elle, ni de meilleure foi. Mais ce n'était jamais bien long.

Au bout de quelques mois de ces amours, qui devaient être éternelles, elle disait à Marmontel,

---

1. Les *Archives de la Bastille* disent, à la date du 23 octobre : « Il (Marmontel) n'est pas reconnaissable, depuis qu'il s'est dévoué aux amusements de cette fille. »

soupant d'habitude avec elle chez une de ses
amies :

— N'y venez pas ce soir, vous seriez mal à
votre aise : le bailli de Fleury doit y souper, et
il me ramène.

— J'en suis connu, lui répondait naïvement
Marmontel, il voudra bien me ramener aussi.

— Non, il n'aura qu'un vis-à-vis.

Marmontel à ce mot devinait tout, et laissait
voir sa surprise sur sa figure.

— Eh bien ! mon ami, reprenait la Clairon,
c'est une fantaisie, il faut me la passer.

— Est-il bien vrai, parlez-vous sérieusement ?

— Oui, je suis folle quelquefois, mais je ne
serai jamais fausse !

A quelques jours de là, Marmontel recevait
de Mlle Clairon un billet, où elle lui disait avoir
dans le moment besoin de son amitié. Et comme
il y avait du monde chez elle, quand Marmontel
arrivait, elle le faisait passer dans son cabinet,
et lui disait qu'il ne s'agissait ni d'amitié ni de
zèle, mais bien de son amour, qu'il fallait qu'il
lui rendît. Et avec une ingénuité vraiment plaisante pour Marmontel, elle lui contait combien
cette *poupée* de bailli de Fleury avait peu mé-
rité qu'il en fût jaloux, — et après cet aveu, tout
ce qu'une friponne aimable peut employer de

séduction, elle l'employait en vain à l'égard de
Marmontel !

Arrivait la lecture d'ARISTOMÈNE, dont, au grand
étonnement des comédiens et même de Clai-
ron, Marmontel donnait le rôle à Mlle Clairon.
Un quart d'heure après, elle arrivait chez l'auteur, accompagnée d'une amie : « Tenez, monsieur, lui dit-elle, en entrant de l'air avec lequel
elle se présentait au théâtre, et en jetant sur la
table le manuscrit, je ne veux pas du rôle sans
l'auteur, car l'un m'appartient comme l'autre. »

Marmontel l'embrassait, en lui disant qu'il lui
appartenait comme ami, mais qu'un autre sentiment les rendrait tous deux malheureux... Sur
quoi le Clairon s'écriait : « Il a raison ; ma mauvaise tête ferait son tourment et le mien. Venez
donc, mon ami, venez dîner chez votre bonne
amie. »

De cette liaison si mouvementée avec ses
heures de passion, ses refroidissements, sa rupture, ses résurrections de sentiments tendres,
ses tentatives de rapprochements, donnons une
lettre de la tragédienne se rapportant à quelque
phase de cette passionnette, et intéressante à
rapprocher du récit de son amant :

« Mon amitié pour vous, mon cher Marmon-

tel, a de tout temps été trop vive, trop sincère,
pour dépendre des événements. Vos malheurs
vous ont encore acquis de nouveaux droits sur
mon âme, mais, je ne vous le cache pas, votre
silence m'a fait la plus grande peine.

« *Je ne m'attendois pas à vous voir, je vous*
avois fait dire que cela ne se pouvoit pas, mais
ne pouviez vous pas vous servir du nom des per-
sonnes à qui je m'étois adressée pour m'écrire un
mot de consolation ; avez-vous pu ignorer tous
les chagrins que vous m'avez causés (involontai-
rement, mais que j'avois enfin), que ces mêmes
chagrins m'ont retenue six semaines dans mon lit
à toute extrémité. Je ne l'ai pas cru possible
parce que vous alliez dans le monde et que tout
le monde sçavoit mon état. Toutefois ma bouche
ne s'est jamais ouverte que pour vous plaindre.

« *Je ne me suis échappée que devant M*me *Fil-*
leul[1], *qui, par son extrême attachement pour vous*
m'a paru digne de recevoir mes plaintes. Je me
loue aujourd'hui de les avoir faites, puisqu'elle
vous les a rendues, et que par le soin que vous
prenez de vous justifier, il m'est encore permis de

---

1. Mlle Filleul, la vieille amie intime, que Marmontel accom-
pagne aux eaux d'Aix-la-Chapelle, quand elle est mourante.
Mme Filleul, la mère de la belle, de la spirituelle, de la charmante Julie, qu'épousa M. de Marigny, le frère de Mme de
Pompadour.

*compter sur un ami, qui m'a été, m'est, et me sera
cher, jusqu'au dernier moment de ma vie.*

« CLAIRON [1]. »

A la liaison amoureuse, aussi galamment
brisée, d'un accord commun, dans le cours des
répétitions d'ARISTOMÈNE succédait entre l'amant
et l'amante, au dire de Marmontel, une intimité de trente ans, sans aucun nuage [2].

1. Lettre autographe signée, possédée par M. Delaunay, de
la Comédie-Française.
2. Œuvres posthumes de Marmontel. *Mémoires d'un père
pour servir à l'instruction de ses enfants.* Paris, an XIII,
t. Ier.

XXIV

Au printemps de l'année 1751, une lettre manuscrite attestant la renommée dramatique dont Mlle Clairon commençait à jouir, courait les salons, les cafés, les toilettes de Paris, une lettre écrite, aux Enfers, par la Duclos, la reine de théâtre immortalisée par le grandiose et épique portrait de Largillière.

« Des Champs-Élysées, le 43 d'Hécate[1].

« Je commence ma lettre, mademoiselle, par vous dire que je suis la *Duclos,* cette fameuse actrice qui a fait tant de bruit pendant sa vie.

« C'est une puissance supérieure qui me force à vous écrire. Je m'étais figuré, à force de l'entendre dire, que je n'avois et n'aurois

---

1. *La Bigarrure, ou Nouvelles galantes, historiques, littéraires, critiques.* A La Haye, chez Pierre Gosse. (Lettre du 1er avril 1751.)

jamais d'égale dans l'art d'attendrir les cœurs.

« La belle ode de Monsieur *Lamotte-Oudart*
avoit achevé de me tourner la tête sur mon mérite, et mon amour-propre croyoit n'avoir rien à
désirer de ce côté. Cependant j'apprends à chaque
moment dans les enfers par les morts qui y des-
cendent, qu'il faut que je vous cède.

« Je n'entends parler que de vos talents, mille
bruits en courent ici à votre gloire et à ma honte.
On dit que rien n'approche de la finesse délicate
que vous donnez aux différents personnages que
vous représentez.

« Votre ton de voix, vos mouvements, vos regards, votre silence même, portent la sensibilité
jusqu'au fond de l'âme. Le tendre et le pathétique, le grand et le sublime, le tragique et le
terrible, vous sont si naturels, qu'il semble que
vous ayez été faite pour chacune de ces choses
en particulier. Il n'y a aucun rôle, nous as-
sure-t-on, que vous ne remplissiez avec une
noblesse, une dignité, une intelligence qui n'appartiennent qu'à nous. Vous êtes l'idole de ce
même public dont j'étois autrefois adorée. Voilà
ce qui me désespère. Vous vous faites sans effort
des admirateurs, de ceux dont je bornois ma
gloire à me faire écouter. J'en suis inconsolable.
La pauvre *Champmêlé* même en gémit à l'écart

avec son tendre *Racine,* et je crois que si les
morts pouvoient mourir deux fois, nous en per-
drions encore la vie de regret. Ce qui achève de
nous déconcerter, c'est que des personnes qui
vous ont vue et qui nous voyent, soutiennent
que vous nous surpassez encore en beauté et en
esprit. Votre air, votre démarche, tout en vous
annonce la souveraine. Le titre seul vous manque
et vous le méritez.

« Voilà l'aveu humiliant que je suis obligée de
vous faire. Il vous doit être bien doux de vous
entendre louer par une femme, qui avoit assez
bonne opinion d'elle-même pour se croire au-
dessus de toute louange. Pluton, ce farouche
dieu des Enfers, a été si charmé des récits avantageux qu'on lui a faits sur votre compte, qu'il
m'a contrainte de vous apprendre en quelle réputation vous êtes dans son Empire. Je souhaite
fort de vous y voir, mais je vous conseille de ne
pas vous presser de venir. La gloire de plaire au
roi des morts ne vaut pas le plaisir de charmer
le dernier des vivants. Je suis, etc.

« DUCLOS. »

Oui, dès ces années, Mlle Clairon commençait
à devenir une femme, un personnage, dont les

faits, les gestes, les fantaisies occupaient Paris,
— et déjà l'année précédente, lorsqu'elle avait
créé la CLÉOPATRE de Marmontel, ça avait été
une grande curiosité d'aller la voir, piquée par
l'aspic mécanique, qu'avait bien voulu lui fabri-
quer galamment Vaucanson[1].

1. *Le Conteur*, n° 4. 1784.

XXV

Marmontel, lors de sa rupture avec Mlle Clairon, n'était pas remplacé par le bailli de Fleury seul : le bailli était doublé par M. de Villegaillon, mousquetaire noir, qui, d'après les rapports de police, ne devait pas, selon toutes apparences, « augmenter la fortune de la dame »[1].

A la fin de 1751, il est de notoriété publique que le marquis de Ximénès ne bouge pas de chez la tragédienne. Dès qu'il arrive, on frappe en maître : la porte s'ouvre et le carrosse entre dans la cour. Et l'équipage des plus brillants — deux grands laquais, un coureur vêtu superbement — annonce que les finances du marquis vont grand train.

Ce marquis de Ximénès, ce jeune homme de vingt-six ans, guidon dans les chevau-légers de

1. *Archives de la Bastille*, vol. XII. Rapport du 10 décembre 1750.

la garde du roi, ayant en portefeuille une Ama-
lazonte, qui devait être incessamment représentée, s'était flatté d'obtenir de la comédienne, dit
une petite gazette du temps, ce qu'on peut et ce
qu'on doit appeler les *restes du public*[1] en qualité de bel esprit, de poète, d'auteur dramatique, de galant porteur d'une jolie figure, mais
vraiment il connaissait bien peu celle à laquelle
il s'adressait, et si le jeune marquis avait eu la
moindre notion de la carte du pays, il aurait su :

Que jamais la *Cléron*, ni ses consœurs galantes
Ne traitèrent d'amour qu'en espèces sonnantes,
Qu'auprès d'elles, ce Dieu ne fait qu'un vain effort,
Si Plutus, à leurs yeux, n'ouvre son coffre-fort...

Et comme la Clairon lui demandait une somme
de 20 000 livres, et qu'il ne les avait pas, il était
obligé, pour les obtenir, de signer un brevet de
retenue de cette somme sur sa lieutenance, et
dont un de ses amis lui faisait l'avance[2].

Mais les 20 000 livres, à ce qu'il paraît, ne va-

1. *La Bigarrure, ou Nouvelles galantes, historiques, littéraires et critiques.* La Haye, Pierre Gosse, 1751. (Lettre du
27 décembre 1751.)
. 2. Les rapports de police présentent la chose autrement.
Ils ne mentionnent pas une somme demandée par la Clairon,
mais parlent d'une fort belle terre, vendue par le marquis, en
Champagne, pour subvenir aux dépenses de l'actrice.

lurent au marquis de l'amour, que pendant un
petit nombre de semaines, au bout desquelles il
se vit supplanté par un plus fou que lui.

Et pour se consoler de sa disgrâce, le marquis chantait à ceux qui lui faisaient leurs compliments de condoléances, ce couplet de la petite
comédie des *Vendanges de Suresnes* :

> Défiez-vous de ces coquettes,
> Qui n'en veulent qu'à vos écus :
> Sitôt qu'elles les ont reçus,
> Adieu paniers, vendanges sont faites.

Le jour où ils furent brouillés à mort, et où
Clairon lui redemanda son portrait, le marquis
le lui renvoya avec ses vers :

> Tout s'use, tout périt, tu le prouves, Clairon ;
> Ce pastel dont tu m'as fait don,
> Du temps a ressenti l'outrage :
> Il t'en ressemble davantage.

L'*Observateur des Spectacles,* ce rare petit volume de Chevrier, raconte ainsi les amours du
marquis de Ximénès et de Clairon :

« Tous les *agréables* ou ceux qui les copient,
veulent avoir Mlle Clairon, par air : l'actrice les
prend tous, par intérêt, par goût, par tempérament.

Le marquis de Ximénès débuta par des vers,
on ne les trouva pas de poids, et ses douceurs

furent perdues; il envoya le lendemain un pâté de Périgueux, dans lequel il avait fait mettre, en guise de truffes, six rouleaux de 50 louis chacun, l'actrice donna le pâté à dévorer aux parasites qui l'environnaient, et garda les truffes pour elle. M. de Ximénès arriva, sans bruit, à deux heures du matin, et recueillit les fruits de ce qu'il avait semé. »

Un abbé portugais se mit sur le *trottoir*, il était beau, et parlait de payer, le marquis n'avait que de l'esprit et une fortune écornée. Mlle Clairon, qui sait penser, se débarrassa de lui, et se livra entièrement au prestolet de Lisbonne. M. de Ximénès, outré d'une perfidie qui humiliait son amour-propre et diminuait sa bourse, fit contre l'actrice un poème de trente-six vers, que l'honnêteté ne nous permet pas de rapporter ici. Mlle Clairon y est traitée comme la dernière des malheureuses, le public en jugera, s'il veut bien se persuader que Messaline, Théodora et toutes les débauchées célèbres de l'antiquité, sont des vestales, en les comparant à l'actrice, peinte par l'auteur de Don Carlos; il finit par ces quatre vers, les plus doux du poème :

> Et d'attentat en attentat
> Nous verrons bientôt *Cléopâtre,*
> Émule de la *Lescombat,*
> Finir sur un autre théâtre.

On devine bien qu'après une pareille *épitaphe*, Mlle Clairon n'a pas dû jouer dans Don Carlos : la divinité de la scène française ne devait pas être représentée comme une *gourgandine*, et si M. de Ximénès vouloit une de ces filles, il pouvoit la trouver dans le foyer des danseuses (les danseuses ne pouvant entrer dans le foyer des actrices, dans la crainte que leur souffle impur n'infecte les chastes divinités de *Melpomène* et de *Thalie*).

Le nouveau fou qui remplaçait le marquis de Ximénès, était, peut-être, ce tout nouveau marié, le marquis de Baufremont, qu'on surprenait, pendant les nuits d'août 1752, se rendant à deux heures du matin, en *catimini*, chez la Clairon, dans une voiture de place.

Arrêtons ici le dénombrement des amants payants de celle qui dit, en ses Mémoires, n'avoir jamais à rougir de ses amours, et qui défie qu'on lui cite, dans toute sa vie, un marché honteux, « un seul homme qui l'ait payée... »

Les rapports de police ont apporté une triste lumière sur les faiblesses des femmes de théâtre, non des *ballerines* et des *déclamatrices* des petits théâtres, mais des illustres, des célèbres des grands théâtres, mais des plus renommées actrices de la Comédie-Française. La prostitution

9

de ces femmes-là, le croirait-on, ne diffère pas
de celle des *impures* de bas étage. A la Comédie-
Française, les longs et fidèles attachements, les
étroits concubinages ressemblant à des mariages,
sont des faits rares, et qu'on cite : là, on s'aime
au mois, à la semaine, à la nuit. Soit qu'il ne
leur tombe pas les richissimes entreteneurs et
bâtisseurs d'hôtels qu'ont les chanteuses et les
danseuses de l'Opéra, soit qu'elles aient des
habitudes de désordre et de crapule d'une première jeunesse nomade, passée en province, —
ces comédiennes, ces tragédiennes, dont le nom
emplit l'Europe, semblent toujours à la merci
des douze louis que Mlle Clairon emprunte à
Marmontel, et que l'homme de lettres est obligé
de se faire prêter pour elle, par le duc de Duras.

Et c'est ainsi, au moins pendant toute la moitié du siècle, et je trouve qu'en ces années, le
chez soi de ces femmes n'a pas la *convenance*
de l'intérieur des femmes galantes des autres
grandes époques, et qu'il y a quelque chose d'un
hôtel du Roule dans cet appartement de la
petite rue des Marais, où la Clairon donne journellement des soupers, dans le genre de ce souper que raconte un rapport de police du 2 octobre 1752 :

« Il y eut un grand souper, samedi dernier,

30 septembre, chez la Clairon, petite rue des
Marais, où se trouvèrent les demoiselles Coupée,
actrice, et Hernie, fille d'un Suisse des Tuileries. En hommes, il y avait les marquis de Souvré et de Rochechouart. Ce dernier tenait pour
la Clairon et M. de Bauche pour la Coupée.
Pendant le souper, M. de Souvré but à son ordinaire, c'est-à-dire beaucoup, et ensuite il s'alla
coucher avec Mlle Hernie. M. de Rochechouart
resta chez la Clairon, et M. de Bauche s'en fut
avec la Coupée. »

Un mauvais lieu que cette maison de la Clairon, et méritant les vers :

> Connais-tu Frétillon p..... et maquerelle ?
> Je veux que désormais, à moi seule fidèle,
> La jeunesse prenne, chez moi, tous ses plaisirs,
> Que, sans cesse, irritant et comblant ses désirs,
> Le peuple de Paris, à chaque instant, relève
> Et remplace le corps que la Guerre m'enlève.
> Je veux que ma maison soit bureau de Cypris [1].

. . . .

1. *Mémoires pour servir de suite à l'histoire de* Mlle *Cronel,
dite Frétillon.* D'après les *Archives de la Bastille,* Chevrier
aurait été soupçonné d'en avoir été l'auteur, et Mlle Clairon
aurait été assez puissante pour faire commencer une instruction. Berryer, dans une apostille à un rapport de d'Hémery,
dit : « Tâchez de tirer de lui (Chevrier) des renseignements
sur Frétillon. » Et d'Hémery, à la suite d'une perquisition
chez Chevrier, écrit à Berryer : « Nous n'avons trouvé chez

A l'appui de ces vers, ne trouve-t-on pas dans
la *Bigarrure*[1] le récit suivant :

La Clairon avait une espèce de femme de
chambre ou cuisinière, qu'elle avait mariée à un
honnête homme... « Comme il n'y a rien de si
contagieux, dit le gazetier, pour les domestiques
et surtout pour les domestiques femelles, que
les mauvais exemples que leur donnent leurs
maîtres, cette femme, qui est assez jolie, avait
fait, par l'entremise de sa maîtresse, la conquête
d'un seigneur de la cour, que le rang qu'il tient
m'empêche de nommer... » Et le gazetier continue : « Je m'arrête un moment, Monsieur, pour
vous faire admirer la noblesse des sentiments et
la délicatesse des inclinations de nos seigneurs.
Un courtisan, cet homme dont la fierté peut à
peine se résoudre à honorer ses égaux de ses
regards, jouer auprès de la cuisinière d'une comédienne le rôle de soupirant... tel est aujour-
d'hui le goût de nos seigneurs et petits-maîtres
françois. Quand ils ne peuvent avoir ou qu'ils
sont las des faveurs de la maîtresse, ils se rabat-

ce particulier aucun papier suspect concernant la Clairon, ce
qui n'est pas étonnant, ayant eu tout le temps de les soustraire,
puisqu'il a été averti, il y a plus d'un mois, à ce qu'il nous a
dit, qu'on le soupçonnait d'être l'auteur de cet ouvrage, et
qu'on était sur le point de l'arrêter. »

1. *La Bigarrure*. Lettre du 7 juin 1752.

tent sur la servante, et deviennent les rivaux de
leurs laquais. »

Bref, la cuisinière devenue enceinte et prête
d'accoucher, on convint que l'enfant serait tenu
sur les fonts baptismaux par le galant seigneur
et par la tragédienne.

Mais ne voilà-t-il pas que le père s'y oppose,
ne voulant pas d'une femme de théâtre pour marraine, et fait sortir sa femme de chez Mlle Clairon.
Le seigneur n'osant s'exposer à aller rendre visite
à la jeune femme chez son mari, les rendez-vous
continuent au domicile de la tragédienne. Le
mari a quelque soupçon, il veut empêcher sa
femme de sortir, et lui fait défense absolue de
fréquenter son ancienne maîtresse. Là-dessus,
délibération du trio : le seigneur, la Clairon et
la cuisinière, et sollicitation d'une lettre de
cachet contre le mari, motivée sur les mauvais
traitements infligés à sa femme. Il est mis à Bi-
cêtre. Quelqu'un le connaissant, et visitant par
hasard la maison, se fait raconter l'affaire, se
charge de faire parvenir au lieutenant de police
la requête du pauvre diable.

Une instruction est faite, le mari recouvre sa
liberté, et la cuisinière de Mlle Clairon est en-
fermée à la Salpêtrière.

XXVI

Mais cette maison de la petite rue des Marais, ce logis *orgiaque*, savez-vous quelle est cette maison ? O ironie ! Écoutez la locataire : elle-même va vous le dire.

« La maison que j'occupais rue de Bussy, près de la rue de Seine et de l'abbaye Saint-Germain, était fort bruyante par proximité du marché et la quantité de locataires qui l'habitaient ; j'avais besoin de plus de calme pour mes études et pour ma santé, déjà fort altérée ; j'étais un peu moins pauvre et je désirais d'être mieux. On me parla d'un petite maison rue des Marais du prix de douze cents livres. On me dit que Racine y avait demeuré quarante ans avec toute sa famille, que c'était là qu'il avait composé ses immortels ouvrages, là qu'il était mort, qu'ensuite la touchante Lecouvreur l'avait occupée, ornée, et qu'elle y était morte aussi.

Les murs seuls de cette maison doivent suffire, me disais-je, à me faire sentir la sublimité de l'auteur et me faire arriver au talent de l'actrice : c'est dans ce sanctuaire que je dois vivre et mourir. On me l'accorda et l'on mit l'écriteau sur celle que j'occupais[1]. »

1. C'est sans doute à propos de cet abandon de son appartement de la rue de Bussy, et de la recherche d'un nouveau logement, que nous trouvons, dans les *Archives de la Bastille*, cette piquante anecdote, à la date de septembre 1748 :

La mère de Mlle Clairon, qui demeure avec sa fille, a été, ces jours-ci, pour louer dans un appartement de la rue Mazarine, mais on lui a rapporté le denier à Dieu, parce qu'on a appris que cette dame a épousé, en premières noces, un soldat aux gardes, et qu'elle est remariée avec un caporal du même régiment, ce qui a beaucoup fâché Mme et Mlle Claire qu'on sût cela. La première convient du premier, mais pas du deuxième. La fille en est comme un diable, ne pouvant digérer une pareille naissance.

XXVII

Soudain, en cette vie libertine, la Clairon était
forcée de faire momentanément trêve aux plaisirs amoureux. Un abcès à la matrice, provenant d'une ancienne glande négligée, condamnait la femme à *tempérament,* à devenir chaste,
et à suivre, sur cet article, les rigoureuses ordonnances du chirurgien Morand, se faisant
fort de la guérir radicalement, moyennant qu'elle
lui tiendrait la parole donnée.

Et à ce propos, dans le monde galant, on se
contait l'anecdote suivante : La demoiselle Clairon venue chez M. Morand pour le consulter au
sujet de sa glande, le chirurgien, après l'avoir
visitée, lui déclarait qu'elle avait la matrice
malade, mais aussi la v....., et qu'il fallait passer
par les remèdes.

Dans son indignation, Mlle Clairon faisait consulter sur sa maladie par quatre chirurgiens, et

envoyait la consultation contradictoire à Morand,
par un laquais inconnu, et auquel on avait recom-
mandé le silence... Morand n'eut pas plutôt lu
la consultation, que devinant que la chose venait
de Mlle Clairon, il écrivait moqueusement au
bas du bulletin, cette réponse laconique : « *Tout
comme hier* » et l'ironie de son annotation ayant
transpiré dans le public, on ne sait comment,
il avait été fait des couplets d'une chanson sur
l'actrice, dont le refrain était : « *Tout comme
hier*. »

La tragédienne furieuse, malgré le besoin
qu'elle avait du ministère de Morand, jurait que
jamais, au grand jamais, il n'aurait l'honneur
d'être chargé de sa cure [1].

1. *Archives de la Bastille,* vol. XII. Rapport de police, de
Meunier à Berryer, du 17 avril 1752.

XXVIII

Lekain débutait, le 14 septembre 1750, par le rôle de *Titus* dans le BRUTUS de Voltaire.

On connaît la cabale effroyable, montée contre ce grand acteur, cabale qui l'eût fait quitter la France, sans l'encouragement de la princesse de Robecq, et le mot de Louis XV, à une représentation d'OROSMANE: « Il m'a fait pleurer, moi qui ne pleure guère ! »

A la tête de la cabale se trouvait Mlle Clairon, qui s'était opposée à la réception de Lekain, en ne donnant d'autre raison que la laideur de l'homme. Et de ce jour, elle agissait sur l'esprit de ses amis, des familiers de la Comédie, du public, par le parallèle qu'elle faisait du beau physique, des nobles formes de Baron et de Dufresne, avec la taille courte et ramassée, la figure ignoble, la voix dure, l'ensemble canaille du débutant.

Lekain se vengeait de Clairon, en divulguant
et répandant dans Paris certaines aventures
galantes de la tragédienne, qui n'étaient pas à
son honneur. Les histoires de Lekain rappor-
tées à Mlle Clairon, le premier jour où elle le
rencontre au foyer, elle l'apostrophe en ces
termes : « Je savais bien, monsieur, que vous
étiez un homme effroyable par la figure, mais
j'ignorais que vous eussiez l'âme mille fois plus
laide que le corps. Croyez que, si j'ai quelque
crédit à la Comédie, vous vous en ressentirez! »

On conçoit l'émoi, le trouble, l'irritation, ap-
portés par ces paroles, à ce débutant né pour le
théâtre, et qui se le voit peut-être fermé dans un
avenir prochain. Il sort du théâtre désespéré,
quand il rencontre, à la porte, le chevalier de la
Morlière qui l'entraîne au café Procope. Là, il
dit au jeune acteur de ne pas se tourmenter
pour si peu de chose, et de s'en remettre à lui.
Et aussitôt le chevalier, demandant du papier
et de l'encre, écrivait « la lettre la plus insolente,
la plus affreuse que l'on puisse imaginer » et
que Lekain, tout colère qu'il était encore, copiait
et signait[1].

1. *Sotises du Tems, ou Mémoires pour servir à l'histoire générale et particulière du genre humain.* La Haye, Nicolas
Van Daalen, 1754.

Chevrier conte, dans son *Almanach des gens
d'esprit*, que le chevalier de la Morlière avait
terminé la lettre par cette phrase : « Le meilleur moyen de vous venger de moi, c'est de me
donner une nuit. »

Aussitôt la lettre reçue, Mlle Clairon de l'exhi-
ber à l'assemblée des Comédiens, et de leur
demander s'ils prétendaient l'obliger à jouer
désormais avec un homme capable de pareilles
insolences. Et la brutalité de Lekain ayant été
universellement désapprouvée, les Comédiens, à
leur première réunion, l'excluaient de leur troupe.

Cependant, le public redemandait Lekain, qui
de son côté, revenu au sang-froid, cherchait à
réparer son coup de tête. Des gens de la cour,
s'intéressant au jeune acteur, s'employaient en
sa faveur près du duc de Belle-Isle, alors un des
quatre gentilshommes de la chambre, ayant la
direction de la Comédie-Française. Le duc réu-
nissait en particulier les deux ennemis, et impo-
sait à Lekain l'obligation d'écrire à Mlle Clairon
une lettre d'excuse, qui fut lue publiquement à
l'assemblée des Comédiens. Cette réparation
accordée par l'homme à la femme, il les fit
venir tous deux dans son cabinet, et voulut
les obliger à s'embrasser. Mais jamais Mlle Clairon n'y voulut consentir : refus qui fit dire à

l'actrice par le duc, en riant : « Tu refuses aujourd'hui de l'embrasser, et avant qu'il soit trois mois, tu le prieras de prendre place dans ton lit ! »

A quelque temps de là, à la représentation de Didon, la tragédie de Le Franc de Pompignan, en un des endroits les plus tendres, lorsque Clairon prononçait ce vers :

Je devrais te haïr, ingrat ! Et je t'adore,

tout le parterre se laissait aller à des éclats de rire, qui interrompaient le spectacle pendant cinq ou six minutes. A ce qu'il paraît, la prophétie du duc de Belle-Isle, pour avoir, de quelques mois, dépassé le terme fixé, s'était réalisée.

Toutefois, en dépit de l'autorité de Chevrier et de Clément de Genève, je ne crois pas à ce rapprochement amoureux des deux tragiques, tant il y a une haine, qui continue à percer dans leurs Mémoires, dans leurs correspondances[1], dans toutes les manifestations du fond de

---

1. Je ne connais guère que ce billet où Mlle Clairon témoigne de sentiments un peu aimables pour son camarade :

« Je pense comme vous, mon cher camarade, qu'il seroit beaucoup mieux pour Tancrède, pour nous, pour le public, que M. de Bellecourt reprit son rôle, mais je ne puis me charger de la

leurs pensées, et cela jusqu'à la dernière heure de leur vie.

C'est Lekain, qui écrit à la marquise de Saint-Chamond : « Scandaleusement congédié de la Comédie, en 1751, pour une querelle particulière que me fit Mᵉ Clairon, privé pendant six ans de grâces particulières de la cour, pour n'avoir pas voulu fléchir devant cette actrice, j'ai dévoré mes affronts, je me suis plié aux circonstances et je me suis dit, tel est l'esprit de mon siècle : *il faut que le plus faible succombe sous le plus fort.* » Enfin, dans une supplique au comte de Duras, et toujours, en faisant remonter la responsabilité à Clairon, il nous apprend que c'est seulement, en 1758, qu'il obtint sa part, quand tous ses camarades étaient *remplis.*

Et cette antipathie se manifeste, chez Lekain,

commission, ce n'est ni votre affaire, ni la mienne, du moins je le crois aussi. Il faudroit que M. le maréchal ou M. de Fonspertuis arrangeassent cette affaire. Pourquoi nous chargerions-nous d'une commission désagréable? On ne manqueroit pas de dire que nous sommes des tracassiers, vous connoissez les esprits : jouer de son mieux, ne se mêler de rien est le seul parti sage. Bonjour, mon cher camarade, soyez sûr que personne n'est plus que moi votre très humble et très obéissante servante

« CLAIRON. »

Lettre donnée par Lekain fils, et faisant partie de la collection Morrisson.

à propos de tout[1]. Elle éclate, à tout moment, dans sa correspondance intime. Elle est, à n'en pas douter, dans l'hyperbolisme de cette admiration de Mlle Dumesnil, qu'il affecte de traiter de : *ma reine*. — Et peut-être dictera-t-elle plus tard les considérations sévères de son rapport, sur la pension de retraite de Mlle Clairon.

1. Voici la note qu'il écrit au sujet de la suppression des banquettes de dessus le théâtre, à la Comédie-Française : « Mlle Clairon s'opposa fortement à ce projet, non qu'elle le désapprouva intérieurement, mais parce qu'elle ne l'avait pas imaginé. »

XXIX

Tout grand artiste dramatique est toujours préoccupé de faire mieux qu'il ne fait, et sa cervelle est sans cesse à la recherche d'un *nouveau,* apportant à son jeu quelque chose de plus original, de plus personnel. Il lui vient l'ambition de se contenter lui-même, et le gros succès près de la multitude, qu'il sait si facilement emporter, au moyen de grands éclats de voix et de gestes immenses, ne le satisfait que médiocrement, aujourd'hui que ce succès, à l'heure présente, n'est plus pour lui la perfection entrevue, en ces heures réfléchissantes, où les secrets d'un art semblent se révéler à ses adeptes. Il arrivait donc que ce qu'applaudissaient, chez Mlle Clairon, les *chefs de meute,* ainsi qu'elle les appelle, ne lui paraissait plus mériter d'applaudissements, et ces applaudissements ne lui étaient de rien; elle les eût voulu autres, et

d'après une certaine voix intérieure qui parlait
en elle. Et maintenant, lorsqu'elle jouait, elle
cherchait le vrai connaisseur qui pouvait être
dans la salle, et jouait pour lui, et à défaut de
ce connaisseur, jouait pour elle-même. Et, tout
doucement, s'essayant à *tâter* son public, elle
se hasardait à jouer, d'une manière différente,
de petits passages, dont le jeu semblait à jamais
arrêté, fixé.

Ainsi du vers :

Il est des nœuds secrets, il est des sympathies.

. . . .

que Mlle Gaussin disait avec la naïveté de *Lucinde*,
dans l'ORACLE, et qu'un jour Mlle Clairon osait
dire avec le dépit d'une femme fière, contrainte
d'avouer qu'elle est sensible. « Je n'eus pas de
dégoût, dit à ce propos Mlle Clairon dans ses
Mémoires, mais je n'eus pas *de coup de main*.
C'était assez pour ma tentative [1]. » Cette ten-

---

1. Mlle Clairon continue ainsi son récit : « J'eus le plus grand
succès dans le reste du rôle, et, suivant ma coutume, je vins,
entre les deux pièces, écouter aux portes du foyer, les critiques qu'on pouvait faire. J'entendis M. Duclos, de l'Académie française, dire, avec son ton de voix élevé et positif :
que la tragédie avait été bien jouée, que j'avais eu de fort
bonnes choses, mais que je ne devais pas penser à jouer les
rôles tendres après Mlle Gaussin. »

Étonnée d'un jugement si peu réfléchi, craignant l'impression

tative, toutefois pas bien hardie, allait la mettre
bientôt en goût de recommencer, d'une façon
bien autrement large, bien autrement osée.

Au temps où la Clairon joue, la belle estampe
de Watteau : LES COMÉDIENS FRANÇOIS, est encore
toute d'actualité, et il y a dans la tragédie française encore bien du *chant,* et encore de la *danse,*
même de la *danse de matamore,* et le parterre
aime furieusement les vociférations et les con-
torsions. Le parterre n'a-t-il pas du reste avec
lui, Voltaire, Voltaire lui-même qui, s'amusant
à jouer la tragédie, débite ses vers avec toute l'emphase possible, et soutient *mordicus* que les
vers tragiques veulent, dans la déclamation, la
même pompe que dans le style. Enfin on ne
parle pas encore, on n'est pas encore arrivé à
la belle et simple *diction,* pas plus qu'à l'*action*
naturelle.

Mlle Clairon, par la réflexion, par son sens
d'artiste, peut-être même par le désir de faire
de son jeu une critique du jeu de la Dumesnil,

qu'il pouvait faire sur tous ceux qui l'écoutaient, et maîtrisée
par un mouvement de colère, je fus à lui et lui dis : « Rodo-
gune, un rôle tendre, monsieur? Une Parthe, une furie, qui
demande à ses amants la tête de leur mère et de leur reine,
un rôle tendre? Voilà, certes, un beau jugement! Effrayée
moi-même de ma démarche, les larmes me gagnèrent, et je
m'enfuis au milieu des applaudissements. »

était tentée par la diction ordinaire et l'action naturelle, mais la crainte d'être malmenée par le public l'empêchait de se laisser aller à la tentation, et d'apporter, dans tous ses rôles, un renouvellement, ayant quelque chose d'une révolution. Puis elle ne se dissimulait pas les difficultés de mettre en pratique, dans son métier, des vérités théoriques qui pouvaient être parfaitement justes; et elle éprouvait une certaine hésitation à le tenter.

Cette disposition aventureuse de son esprit, cette tendance à la découverte dans le domaine tragique — Mlle Clairon se garde d'en parler — furent peut-être éveillées, ou au moins encouragées, par les remarques et les observations de son amant Marmontel.

L'auteur de DENYS LE TIRAN raconte en effet qu'il était en dispute réglée avec Mlle Clairon, à propos de son jeu, auquel il trouvait trop d'éclat, trop de fougue, pas assez de souplesse et de variété, reprochant surtout à l'actrice une force, qui, faute d'être modérée, donnait trop à l'emportement et pas assez à la sensibilité. Et à tout ce que la tragédienne lui opposait : ses succès éclatants, l'opinion et les suffrages de ses amis, l'autorité de Voltaire, Marmontel lui disait avoir, au fond de lui, la conviction que la déclamation,

ainsi que le style, pouvait être noble, majes-
tueuse, tragique avec simplicité, et que l'expression, pour être profondément pénétrante, veut
des gradations, des nuances, des traits impré-
vus et soudains qu'elle ne peut avoir, lorsqu'elle est tendue et forcée. Alors, impatientée,
Clairon de jeter à Marmontel qu'il ne la laisserait pas tranquille, qu'elle n'eût pris le ton
familier et comique dans la tragédie. A quoi
Marmontel répondait que ce ton, elle ne l'aurait
jamais, que le son de sa voix, son geste, sa
prononciation, son attitude, étaient naturellement nobles, et que si elle osait se fier à son
beau naturel, il le lui répétait, elle en serait
plus tragique.

En ces années de leurs amours, Clairon se
défendait de suivre les conseils de son amant,
plaisantant et se moquant, mais avec le temps,
ces conseils pénétraient en elle, et un beau
jour, devenue tout à coup brave, elle se décidait
à sauter le fossé[1].

C'était en 1752, Mlle Clairon avait obtenu un
congé, pendant lequel elle allait donner des

---

1. Dans son article de la *Déclamation de l'Encyclopédie*,
Marmontel dit que, mécontente de sa manière de jouer, elle
voulait en essayer une plus simple, une plus *posée, plus d'accord*.

représentations à Bordeaux[1], avec l'intention
d'essayer, sur un public sans prétentions et sans
habitudes, l'effet de son nouveau genre.

Dans la nécessité de se faire *accréditer* près
des Bordelais, à sa première soirée, elle commençait à jouer *Phèdre,* avec les éclats de voix
et les emportements que l'on applaudissait à
Paris, et elle était trouvée superbe.

Le lendemain, elle jouait *Agrippine,* avec un
jeu simple, posé, qui étonnait d'abord. Rien du
débit accéléré qui enlevait la fin de chaque couplet, et qui était pour le parterre, comme l'indication des applaudissements, — elle n'était
donc pas applaudie au commencement. Toutefois, elle entendait distinctement au milieu de
sa première scène : « Mais cela est beau ! Cela
est beau ! » Et le rôle se terminait en plein
succès.

Elle donnait ainsi trente-deux représentations,
où elle jouait des rôles différents, toujours à sa
nouvelle manière, et l'*Encyclopédie* à l'article :

1. Mlle Clairon raconte ce voyage dans ses Mémoires, sans
en marquer la date. Andrieux, dans l'édition de 1822, donne
la date de 1752. M. Etcheverry, dans son histoire du *Théâtre
à Bordeaux,* ne fournit aucun détail sur ce voyage si important au point de vue de l'art dramatique, et les demandes par
moi adressées à ce sujet aux érudits de Bordeaux, n'ont amené
la découverte d'aucun document sur ce voyage.

« Déclamation », — du reste, rédigé par Marmontel, — consacrait le triomphe de la tragédienne.

Cependant, toujours craintive, et doutant à la fois d'elle-même et du public, elle rejouait une seconde fois *Phèdre,* comme elle avait joué à son arrivée. On la trouvait mauvaise. Sur cet insuccès elle déclarait que c'était un essai, redemandait à jouer le rôle, en annonçant qu'elle jouerait différemment ; elle était *claquée* à tout rompre [1], et la victoire qu'elle remportait dans cette dernière représentation, la décidait à tenter en grand l'expérience sur Paris et sur Versailles.

Un soir qu'elle devait jouer *Roxane,* sur le petit théâtre de Versailles, Marmontel allait lui faire visite à sa toilette, et était un peu surpris de la trouver sans panier, les bras demi-nus, presque dans la vérité d'un costume oriental, et comme il lui faisait son compliment :

« Vous allez, disait Mlle Clairon, être content.

---

1. Au dire de Dussault, le rôle de *Phèdre* n'était pas un des rôles supérieurs de Clairon, elle était desservie tout le temps par la volupté de son visage, et l'inceste brillait trop dans ses regards. Elle ne disait, d'une manière sublime, que les vers :

Ce n'est plus une ardeur en mes veines cachée,
C'est Vénus tout entière à sa proie attachée.

Et pas un moment, la Clairon n'excitait la pitié, que Dumesnil faisait naître en la déchirante lutte de l'amour et de l'honnêteté.

Je viens de faire un voyage à Bordeaux. Je n'ai
trouvé qu'une très petite salle ; il a fallu m'en
accommoder. Il m'est venu dans la pensée d'y
réduire mon jeu et d'y faire l'essai de cette
déclamation simple, que vous m'avez tant
demandée. Elle y a eu le plus grand succès. Je
vais essayer encore ici sur ce petit théâtre. Allez
m'entendre ; si elle réussit de même, adieu l'ancienne déclamation [1]. »

Quelque temps après, avec sa nouvelle déclamation, et son *jeu au naturel*, comme on disait,
elle était admirable dans l'ÉLECTRE, de Crébillon,
et plus sublime encore, quelque temps après,
dans l'ÉLECTRE, de Voltaire [2], que l'auteur avait

[1]. *Mémoires de Marmontel*. Paris, an XIII, vol. II, livre V.

[2]. Écoutons Mlle Clairon sur ce qu'elle dit sur ces deux
ÉLECTRE : « ... Lorsque j'appris celle de Crébillon, je savois à
peine ce que c'étoit qu'Agamemnon, sa famille et ses malheurs ; l'histoire, Sophocle m'étoient également inconnus, je
ne vis dans ce rôle qu'une princesse affligée de la mort de son
père, désirant la perte de ses assassins... et je le quittai pour
jamais, du moment que l'ÉLECTRE de Voltaire parut. Ah ! le
beau rôle que ce dernier !... Si l'on m'avoit obligée à n'en plus
jouer qu'un seul sur le théâtre entier, j'aurois choisi celui-là,
non que je ne rende à beaucoup d'autres le tribut d'admiration qu'ils méritent, non que je n'eusse infiniment de plaisir à
les jouer, mais mon goût de recherche pour l'antiquité, cette
volonté que je m'étois faite de transporter tous mes personnages dans les temps et les lieux où ils étoient, me donnoit
souvent beaucoup de peine et, malgré mes efforts, il en est plusieurs qu'il m'a fallu laisser à mon siècle et à la France.

« O qui que vous soyez ! vous qui possédez ce rôle, instrui-

eu, jusque-là, la malheureuse idée de lui faire déclamer dans une lamentation continuelle et monotone.

Et dans cette actrice, non sans valeur, mais incomplète, se révélait une artiste toute nouvelle, qui, ainsi que le dira Bachaumont, quelques années plus tard, n'avait plus cet *organe qui assourdissait les oreilles, sans émouvoir les cœurs,* une artiste dont les glapissements étaient devenus les accents de la passion, une artiste dont l'*enflure* s'était élevée au sublime.

sez-vous, observez-vous, ne lui prêtez rien, tout être ordinaire est au-dessous de lui : faites-lui le sacrifice de vos habitudes, de vos affections personnelles, oubliez que vous êtes jolie, gardez-vous de chercher à le paraître, ne mettez dans votre toilette que l'art qui peut m'assurer que je vois la belle nature sans art ; qu'aucun colifichet, aucune draperie élégante et tortillée ne vienne gâter la noble et touchante misère dont vous devez m'offrir le tableau. »

XXX

La déclamation simple et l'action naturelle
devaient amener forcément la réforme du costume de convention, inventé et créé pour la
tragédie, lorsqu'elle était une sorte de ballet,
une espèce d'opéra, et avec cette réforme la
mise au rancart des agréments de la broderie,
des pompons, du clinquant de l'habit de théâtre.
Et la Clairon, qui avait vu jouer jusque-là
Electre — en habit couleur de rose, élégam-
ment garni de jais noir — eut la bravoure, en
dépit de ses coquetteries de femme, de se
montrer dans les deux ÉLECTRE de Crébillon et
de Voltaire, où elle apportait déjà la révolution
du dire et du geste, en simple habit d'esclave, les
cheveux épars et les bras chargés de chaînes [1] —

1. Dans ses *Souvenirs et regrets d'un vieil auteur dramatique*,
M. Arnault donne la description exacte du costume, que voici :
une robe noire sans paniers et sans garniture, des cheveux

et sans panier, sans paniers, entendez-vous.

Et Diderot d'imprimer :

« Une actrice courageuse vient de se défaire du panier et personne ne l'a trouvé mauvais. Elle ira plus loin, j'en réponds. Ah ! si elle osait, un jour, se montrer sur la scène avec toute la noblesse et la simplicité d'ajustement que ses rôles demandent ; disons plus, dans le désordre où doit jeter un événement aussi terrible que la perte d'un fils, et les autres catastrophes de la scène tragique, que deviendraient autour d'une femme échevelée, toutes ces poupées frisées, pommadées ? Il faudrait bien que, tôt ou tard, elles se missent à l'unisson. La nature, la nature ! On ne lui résiste pas, il faut la chasser ou lui obéir.

« Clairon ! c'est à vous que je reviens ! Ne souffrez pas que l'usage et le préjugé vous subjuguent. Livrez-vous à votre goût, à votre genre, montrez-nous la nature et la vérité [1].

naissants et non frisés, un œil de poudre, pas de rouge et des chaînes. Il ajoute : C'était admirable ! Pas si admirable qu'il ne veut bien le dire. Nous avons la gravure du costume, dessiné d'après nature par Whirsker, dans les *Métamorphoses de Melpomène et de Thalie*. Mlle Clairon est habillée d'une robe à retroussis et à queue, avec un collier de velours noir au cou.

1. *Traité de la poésie dramatique de Diderot*, cité par Adolphe Jullien, dans son *Histoire du Costume au théâtre*. Charpen-

De ce jour, comme si le *carnavalesque* de
l'ancien habit de théâtre sautait, tout à coup,
aux yeux, c'en était fait des capitaines grecs ou
romains apparaissant, au retour d'une victoire,
dans le fameux tonnelet, auquel était adapté
un petit jupon[1], c'en était fait, pour les femmes,

tier, 1880. — Tous les écrivains sont unanimes pour reconnaître dans Mlle Clairon la rénovatrice du costume théâtral à
la Comédie-Française. D'Alembert écrit en tête de son discours sur la *Liberté de la musique* : « Sur le Théâtre-Français
et même sur celui de l'Opéra, on commence à se rapprocher davantage de la vérité de l'habillement. Nous en avons l'obligation à Mlle Clairon, dont les talens sont au-dessus de mes
éloges, et qui n'imite pas moins la nature dans son jeu que le
costume dans ses habits. Dans une lettre, Voltaire s'excuse
auprès de la tragédienne d'avoir oublié, en sa dernière épître,
la louange qui lui est due d'avoir appris le costume aux Français. Enfin Noverre, dans ses *Lettres sur la danse et les ballets*,
indique et précise très bien, chez l'actrice, les raisons et les
sentiments instigateurs de cette réforme :

« La raison, l'esprit, le bon sens et la nature l'ont guidé
dans cette réforme ; elle a consulté les Anciens, elle s'est imaginé que Médée, Électre et Ariane n'avaient point l'air, le
ton, l'allure et l'habillement de nos petites-maîtresses ; elle a
senti qu'en s'éloignant de nos usages elle se rapprocherait de
ceux de l'antiquité ; que l'imitation des personnages qu'elle
représente serait plus vraie, plus naturelle ; que son action
d'ailleurs étant plus vive et plus animée, elle la rendrait avec
plus de feu de vivacité, lorsqu'elle serait débarrassée du poids
et dégagée de la gêne d'un vêtement ridicule.

1. Voir le premier rôle tragique, dans la gravure de Lio-
tard d'après Watteau : LES COMÉDIENS FRANÇOIS. Il est coiffé
d'une perruque à la Louis XIV surmontée d'un chapeau carré au
formidable plumet, et habillé d'une cuirasse en passemente-
rie à arabesques Louis XIII, avec des amadis aux manches et

des grands paniers, des robes de cour, des diamants dans les cheveux, des fourreaux garnis
de bouillons et de dentelle, des retroussis à cor-
dons et à glands. Le public ne voulut plus absolument voir Oreste revenir poudré et frisé du
temple, où il a fait assassiner Pyrrhus, voir César
parader en belle veste blanche, les cheveux réu-
nis à la catogan par un nœud de ruban, voir
Bayard débiter de vertueux hexamètres, vêtu
d'un habit chinois, et rasé et frisé comme un
petit-maître du temps, voir Gustave-Adolphe,
sortir des cavernes de la Dalécarlie, en surtout
bleu céleste à parements d'hermine[1], voir enfin
Ariane, et les autres figures de femmes tragiques
de l'antiquité, sous les lambrequins de brocart,
avec laquelle Largillière habille et drape, à
larges plis, la Duclos.

A tenter cette réforme, non seulement Clairon
faisait preuve d'un certain courage, mais elle
montrait encore un désintéressement, un esprit
de sacrifice à la gloire de son art, qu'on ne rencontre pas tous les jours. Elle disait à Marmon-

le *tonnelet-jupon* à découpures et à franges, sur le côté gauche
duquel est accrochée une petite épée *en verrouil,* et il est
chaussé de bottines au revêtement de fourrures, à talons
carrés.

1. *Le Comédien,* par Remond de Saint-Albin. — *Réflexions
sur Lekain et l'art théâtral,* par Talma.

tel, lorsqu'il la revoyait après la représentation
de BAJAZET, sur le petit théâtre de Versailles, et
qu'il la complimentait sur son succès : « Eh!
ne voyez-vous pas qu'il me ruine?... toute ma
riche garde-robe de théâtre est dès ce moment
reformée; j'y perds pour dix mille écus d'habits,
mais le sacrifice en est fait! [1] »

Dans l'entraînement de sa réforme, le renon-
cement aux luxueux habits de théâtre, de jadis,
Mlle Clairon le poussa si loin qu'un jour, un
seul jour, disons-le, elle s'imagina de paraître,
au cinquième acte de DIDON,

> . . . . . . dans le simple appareil
> D'une beauté qu'on arrache au sommeil,

montrant, sur la scène la reine de Carthage en
chemise, dans l'ambition d'indiquer aux spectateurs le désordre des sens, où l'avait mis le
songe qui la chassait du lit.

En même temps que la tragédie se dépouillait
de sa garde-robe fantaisiste du passé, qu'elle
sortait des oripeaux fastueux et décoratoires [2],

---

1. *Mémoires de Marmontel*, vol. II, livre V.
2. Voici, d'après les papiers des Menus, un assez curieux
mémoire d'une robe, fournie pendant le voyage de Fontainebleau de l'année 1757 :

Mémoire de MM. La Rauza et Villerey, pour l'habillement

11.

qu'elle venait à la simplicité, elle était amenée
un peu plus tard tous les jours à la vérité, à la
couleur locale du costume, qui commençait à
préoccuper un certain nombre d'esprits.

Et Clairon se mettait à la tête du mouvement,
se plongeait dans l'histoire de tous les peuples
du monde, de manière à l'approfondir, à se la
rendre familière dans tous ses détails, consul-
tait les artistes, visitait les cabinets d'antiquités,
commençait même une collection, où une série
était consacrée à des costumes et à des objets
usuels de l'antiquité et de l'Orient. Et de concert
avec Lekain, l'ancien artisan-dessinateur, et qui
prenait plaisir à dessiner lui-même ses costumes, en ce temps où il n'y avait pas encore de
Winkelman, et où l'on n'avait pas étudié les
peintures antiques, conservées au Vatican, elle
arrivait à introduire à la Comédie-Française,
dans les habillements des acteurs et des actrices,
une vérité très méprisée par Levacher de Char-
nois, dans ses *Recherches sur les costumes et
les théâtres* de toutes les nations, mais cepen-

---

de Mlle *Clairon pour une robe Iphigénie, sous les ordres de*
M. *de la Touche.*

6 *septembre.*

	Livres.
15 aunes satin blanc de Gênes très forte à 12 fr.....	180
6 aunes satin bleu............................	72
	252

dant à peu près satisfaisante pour le temps.

Et avouons-le, quoique cette vérité fût, plus tard, approchée bien plus exactement et rigoureusement de la réalité, des vrais costumes portés par l'antiquité, il y a à se demander si ce n'est pas vraiment le juste degré de couleur locale qu'il faut à la scène, que celui indiqué par Mlle Clairon, dans un paragraphe de ses *Mémoires*, sur les vêtements du théâtre.

« Je demande à toutes les femmes en général l'attention la plus scrupuleuse à leurs vêtements : le costume ajoute beaucoup à l'illusion du spectateur, et le comédien en prend plus aisément le ton de son rôle : cependant le costume exactement suivi n'est pas praticable ; il serait indécent et mesquin... Les draperies d'après l'antique dessinent et découvrent trop le nu ; elles ne conviennent qu'à des statues et des tableaux ; mais en suppléant à ce qui leur manque, il en faut conserver les coupes, en indiquer au moins les intentions, et suivre, autant qu'il est possible, le luxe et la simplicité des temps et des lieux. Des bandelettes, des fleurs, des perles, des voiles, des pierres de couleur, étaient les seuls ornements, que les femmes connussent avant les établissements du commerce des Indes et la conquête du nouveau monde.

« Je désire surtout qu'on évite avec soin
tous les chiffons, toutes les modes du moment.
La coiffure des Françaises, à l'instant où j'écris,
donne à leur ensemble une disproportion choquante, dénature les physionomies, cache le
mouvement du cou, et donne l'air hardi, en-
goncé, raide et sale. »

XXXI

Il y a dans la cervelle de Mlle Clairon l'idée d'une révolution bien autre que celle du costume.

Mlle Clairon a une ambition plus haute que de restituer aux figures du passé leurs vrais habits, elle cherche à les faire revivre, ces figures, dans la particularité de leur temps, de leur pays, de leur nationalité. L'*Amour*, la *Haine*, l'*Ambition*, ces passions sur lesquelles s'exerce l'art tragique, elle veut que l'acteur ne les représente plus, comme des mouvements de l'âme, en tout semblables, sous toutes les latitudes, et à toutes les époques du monde, elle veut qu'il apporte à les rendre, un tact, une science rétrospectives, et ne les joue plus dans son ignorance de l'histoire, avec ses propres sentiments et sa façon d'être habituelle.

Pour être un grand acteur tragique, il ne pa-

raît plus suffisant à Mlle Clairon d'avoir le don
d'une voix sonore, d'accents émotionnants, et
d'entrailles, et d'un cœur, et d'une intelligence
dramatiques, il faut que l'acteur, et c'est l'acteur des temps modernes touche son public
par des sentiments *teintés*, une expression
d'alors, teintés des mœurs, des milieux, des
époques, où les personnages ont vécu[1], — retrouve un peu de l'âme de Sparte, de Rome,
d'Athènes.

La première des gens de théâtre, et cela
grâce à son dilettantisme amoureux de l'antiquité, et un peu à ses goûts de *collectionneuse*,
Mlle Clairon a l'idée de la reconstitution historique d'un personnage, dans l'atmosphère
morale de son temps et de sa patrie. En effet,
rappelez-vous que c'est elle qui demande que
dans le rôle de *Viriate*, de SERTORIUS, on sente
l'indignation et la terreur soulevées par la dic-
tature de Sylla, qui demande que dans TANCRÈDE,
le rôle d'*Aménaïde* respire toute la fierté d'un
être bon chez un peuple républicain ; qui demande
que dans l'ORPHELIN DE LA CHINE, le rôle d'*Idamé*

---

1. Voici les propres expressions de Mlle Clairon dans ses
Mémoires : « Cette volonté que je m'étais faite de transporter
tous mes personnages dans les temps et les lieux dont ils
étaient, me donnait souvent beaucoup de peine. »

fasse comprendre au public qu'en Chine, le respect filial est la base de la société.

Mais de cette pensée persistante, de cet entêté vouloir d'une intelligence d'avant-garde, de cette curieuse prescience de Mlle Clairon, une fantaisie littéraire d'une grande dame du temps, où, au dire de Grimm, la grande dame aurait attrapé le ton de la tragédienne, oui, une charmante fantaisie littéraire nous en donne, pour ainsi dire, l'intime mise en scène.

Écoutez Mme d'Épinay, en ce *Rêve* fait dans son fauteuil, au coin de son feu, près de ce clavecin qui vient de se taire[1].

— En quoi, monsieur, peut-on vous être utile ?

C'est Mlle Clairon parlant à un jeune homme qu'on vient d'introduire.

— Madame, je me destine au Théâtre-Français.

— Monsieur, appelez-moi mademoiselle, on ne m'appelle plus madame. Avez-vous déjà paru sur quelque théâtre ?

— Non, mademoiselle.

— ..... Mais, n'importe, votre physionomie m'intéresse. Asseyez-vous, monsieur, et cau-

1. *Correspondance littéraire de Grimm,* éditée par M. Toureux. Vol. IX.

sons... Ah! allez me chercher mon sac à ouvrage que voilà, sur cette console, au bout de
cet appartement... que je vous voie marcher,
s'il vous plaît... là, près de ce nécessaire du
Japon... Monsieur, je vous rends grâce. Cela
est bien, vos mouvements sont aisés, vous
n'avez point d'apprêt, point de disgrâces, mais
vous n'avez point de noblesse. Avez-vous jamais
eu occasion de voir des gens de qualité dans la
société[1]? Quels sont, monsieur, les rôles que
vous possédez le mieux, et que vous me proposez de me faire entendre?

— Mademoiselle, celui de Néron dans BRI-
TANNICUS.

— Seulement! Mais, monsieur, avant de
vous entendre, faites-moi la grâce de me dire
qui était Néron.

— Mademoiselle, c'était un empereur qui
vivait à Rome.

— Qui vivait à Rome est bon. Mais était-il
empereur romain, ou demeurait-il à Rome pour
son plaisir. Comment était-il parvenu à l'Em-

---

1. Quelque part, Mlle Clairon fait la remarque qu'on trouvait
de son temps plus de bonnes actrices que de bons acteurs, par
la bonne raison que chez ces actrices, nées de parents pauvres
et communs, les femmes doivent à leur sexe d'entrer en rapport avec *la bonne compagnie* plus facilement que les
hommes.

pire ? Quels étaient ses droits, sa naissance, ses
parents, son éducation, son caractère, ses pen-
chants, ses vertus, ses vices ?

— Mademoiselle, le rôle de Néron répond à
une partie de vos questions, mais pas à toutes.

— Monsieur, il faut non seulement répondre
à ces questions, mais à toutes celles que je vous
ferai encore. Et comment pourrez-vous rendre
le rôle de Néron ou tel autre qu'il vous plaira,
si vous ne connaissez pas la vie du personnage
que vous voulez représenter, comme la vôtre
même ?

— J'ai cru, mademoiselle, qu'il suffisait de bien
connaître la pièce pour saisir le sens de son rôle.

— Et vous avez mal cru, monsieur. . . .

. . . .

Dans cette entrevue de la tragédienne et de
ce jeune homme, imaginée par Mme d'Épinay,
ne retrouve-t-on pas, comme formulée en action,
la doctrine de Mlle Clairon, et qui devrait être le
catéchisme dramatique des acteurs et des actrices de notre siècle : « Ne pas seulement connaître l'histoire de tous les peuples du monde,
mais l'approfondir, se la rendre familière jusque
dans les plus petits détails, adapter à chaque
rôle tout ce que sa nation doit avoir d'*origi-
nalité*. »

.12

XXXII

Cette recherche, cette poursuite psychologique des personnages du passé, ce travail d'identification avec les reines et les princesses de l'antiquité, Mlle Clairon les continuait au milieu des actes les plus simples, les plus plats, les plus ordinaires de sa vie, dans les détails domestiques de la chambre à coucher, de la salle à manger, du boudoir. Chez elle, au grand jamais, on ne la voyait abandonner l'*élévation dramatique*. Elle demandait son éventail et son carrosse du ton d'Agrippine, elle parlait à son *laqueton*, comme sur le théâtre, au commandant de ses gardes.

De la dignité auguste, elle en mettait partout et en tout, et l'on raconte qu'un jour, la princesse Galitzin, étant allée la voir et la trouvant malade dans sa bergère, lui demandait plusieurs fois où était son mal. Mlle Clairon de ne pas ré-

pondre. La princesse d'insister. A la fin, impatientée de l'opiniâtreté de son interlocutrice, la
tragédienne lui répondait : « *Au cul*, princesse ! »
— Et cela, sur un tel ton noble, que la princesse
déclarait que Mlle Clairon, en prononçant cette
phrase, lui avait étonnamment imposé [1].

Aussi conçoit-on que les manières d'être,
les gestes, la démarche, la parole de Mlle Clairon
à la ville, excitaient grandement la moquerie de
ses camarades. La Comédie en riait à gorge déployée, et Lekain, qui se trouvait être, en même
temps qu'acteur tragique, un extraordinaire
mime comique, contrefaisait sa camarade à miracle.

Ces moqueries, ainsi que les comparaisons
faites de ses airs de reine de Carthage, dans la
vie privée, avec la simplicité de la Dumesnil,
Mlle Clairon ne les ignorait pas, mais il faut
dire, pour sa défense, qu'il y avait chez elle une
préoccupation historique, n'existant pas du tout
chez sa rivale, qui jouait d'inspiration, de génie, et que Mlle Clairon pouvait être dans le vrai
quand elle disait, à peu près en ces termes :

« Si on ne voit en moi qu'une bourgeoise pendant vingt-quatre heures de la journée, je ne

---

1. *Mémoires de Mlle Dumesnil.* Paris, Ledoux, 1829.

serai qu'une bourgeoise dans Agrippine,... des
tons, des gestes familiers m'échapperont à chaque instant... mon âme *embourgeoisée* toute la
journée, n'aura que de momentanés élans de
grandeur [1]. Et elle ajoutait que, pour que cela
ne fût pas, elle s'était fait un devoir de ne rien
faire, de ne rien dire, qui ne portât le caractère
de la noblesse et de l'austérité.

[1]. « Lord Chesterfield, l'homme le plus instruit et le plus
aimable de Londres, répondait à Garrick qui, tout en préférant
Dumesnil, louait l'extraordinaire métamorphose qui s'était
opérée dans le talent de Mlle Clairon, qu'il reconnaissait ce
changement, mais qu'il était fâché de voir qu'elle traînât partout les sciences avec elle ; que ce pathos et ce boursouflage
gâtaient une jolie femme, que l'esprit qu'elle voulait avoir, et
après lequel elle courait sans cesse, nuisait à celui qu'elle
avait. Elle a encore, continua mylord, un ridicule qui est as-
sommant ; c'est d'être perpétuellement montée sur les échasses
de la tragédie, de ne parler et de n'agir qu'en impératrice de
théâtre. Que l'on soit pénétré deux heures de la journée du
rôle, dont on doit se débarrasser le soir, à la bonne heure,
mais ne s'exprimer perpétuellement que d'après le personnage
que l'on doit représenter, en afficher sans cesse le caractère, le
ton et le maintien, est une chose ridicule. L'art d'un grand
acteur est de faire oublier jusqu'à son nom, lorsqu'il paraît
sur la scène. C'est ce que vous savez si bien faire, mon cher
Garrick, ajouta lord Chesterfield ; aussi, lorsque je viens chez
vous, c'est pour vous voir et causer avec mon ami, et je n'y
viendrais sûrement pas, si j'étais assuré de n'y trouver qu'un
roi ou un empereur. » (*Lettres sur les Arts imitateurs*, par
Noverre Collin, 1807.)

XXXIII

L'ORPHELIN DE LA CHINE, la tragédie de Voltaire, représentée le 20 août 1754, fut, au milieu de la victoire fort contestée de l'auteur, un éclatant succès pour Clairon, un vrai triomphe! Pour la première fois, les gens, qui lui avaient été jusqu'à ce jour hostiles, qui s'étaient fermé les yeux et les oreilles sur ses incontestables qualités dramatiques, furent forcés à la reconnaissance, à l'aveu public de son talent, et ce fut un assentiment universel de tous les gazetiers du temps, pour proclamer que Mlle Clairon avait joué le rôle d'*Idamé*, au milieu de l'applaudissement général, — et que cette actrice, à laquelle on reprochait de manquer de sensibilité, avait montré dans les accents douloureux et déchirants du second acte, le cœur et les entrailles d'une mère[1]!

1. Le *Mercure* dit : « Mlle Clairon dans le rôle d'*Idamé* a fait

12.

Je serais disposé à croire que, malgré ce que dit l'actrice, dans ses Mémoires, de la révolution apportée dans son jeu par son fameux voyage à Bordeaux, et du naturel avec lequel elle jouait, depuis ce temps, je serais disposé à croire qu'elle était restée d'ordinaire la déclamatrice ampoulée et fausse, mettant des emportements dans les scènes tranquilles, pour se faire applaudir, et prenant à tâche de faire *sortir* les vers, et pariant même ce qu'on voudrait, de faire applaudir tel hémistiche, qui lui serait indiqué, fût-ce le plus nul !

Mais dans l'ORPHELIN DE LA CHINE, Grimm constate une conversion de la tragédienne, un effort de venir décidément à la simplicité. Du reste, la tentative lui réussissait au delà de ce qu'elle pouvait espérer, et Collé, à la reprise de la tragédie en automne, ne ménageait pas son admiration à la tragédienne.

« J'ai vu l'*Orphelin*, j'y ai pleuré au second et au cinquième acte. Encore Mlle Clairon m'a paru mériter plus de louanges qu'on ne lui en donne, quoiqu'elles m'eussent semblé exagérés, quand on m'en parla ; c'est donc, je crois, l'actrice, et non la pièce qui m'a ému. Cette tragédie est

couler des ruisseaux de larmes ; ce n'est point une actrice, c'est une mère. »

mauvaise... mais la comédienne est admirable,
elle acquiert tous les jours. Elle se défait peu à peu
de sa déclamation, et marche à grands pas au jeu
naturel ; si elle continue, elle atteindra l'art de la
Lecouvreur. Les progrès qu'elle fait sont mar-
qués, et trop étonnants, pour ne pas en attendre
d'autres ; peut-être en espérer la perfection[1]. »

La représentation de l'ORPHELIN DE LA CHINE,
cette pièce, à propos de laquelle les gazettes
annoncent que les actrices de la Comédie-Française parurent, pour la première fois, sans paniers, cette représentation eut encore cela de particulier, que c'est la pièce qui contribua le plus
à la rénovation du costume théâtral. Le goût
de la chinoiserie dans l'ameublement, les étoffes,
la curiosité, goût qu'attestent, pendant tout le
XVIIIᵉ siècle, les dessins de Watteau, de Boucher,
de Germain de Saint-Aubin, de Pillement, rendait impossible, dit Lemontey dans sa curieuse
notice sur Mˡˡᵉ Clairon, rendait impossible de
montrer des Chinois habillés en Français. Or
c'était dans ces années où Joseph Vernet venait,
en ses peintures des ports de Marseille et de
Toulon, d'exposer cette variété d'habillements
exotiques, et des amis de Voltaire engageaient

1. *Journal et Mémoires de Collé*, octobre 1755, Firmin Didot, 1868.

le peintre à dessiner pour la pièce, des costumes tout à la fois « assez chinois et assez français pour ne pas exciter le rire ». Vernet eut
cette complaisance, et Mlle Clairon, dans le personnage d'*Idamé*, fit une petite brèche dans les
traditions et la routine du temps.

Cette tentative révolutionnaire n'eut pas de
suite tout d'abord, mais l'année suivante, dans
une représentation donnée à Marseille par la
tragédienne, dans le temps où le maréchal de
Richelieu débarquait tout couvert des lauriers
de Mahon, Mlle Clairon jouait encore le rôle de
Zaïre, en tonnelet et avec un soleil appliqué en
lames d'or sur la poitrine, quand au souper,
donné le soir par le duc de Villars, gouverneur
de la province, Mlle Clairon se trouvait placée à
côté d'une Mme Guys, une Grecque, qu'avait
épousée, à Constantinople, un riche négociant de
Marseille. Celle-ci témoigna à Mlle Clairon ses
regrets de ne lui avoir pas proposé, pour jouer
le rôle de *Zaïre,* un des habillements grecs,
qu'elle avait rapportés de son pays. L'actrice
accueillit la proposition pour une seconde représentation qu'elle devait donner, et Mme Guys
non seulement lui envoya le costume, mais
vint habiller la tragédienne. Le public applaudit cette nouveauté avec transport, et Mme Guys

en prit occasion de faire présent à Mlle Clairon d'un ajustement oriental, dont faisait partie une magnifique pelisse.

Le costume grec, donné par Mme Guys, avait le même succès à Paris qu'à Marseille, et c'est à partir de cette exhibition, que la réforme déjà commencée du vestiaire de la Comédie-Française devenait radicale[1].

1. Pour l'histoire de l'actrice et des habitudes théâtrales du temps, je trouve curieux de donner l'état des représentations de Mlle Clairon, pendant les deux années de ses grands succès : l'année de l'ORPHELIN DE LA CHINE et l'année de TANCRÈDE. Et je le donne, cet état, d'après ces vénérables registres de la Comédie-Française, à la reliure de parchemin, à la grosse et fruste écriture sur un beau papier rude, et où on lit, au travers des relâches pour aller à la cour, on lit, avec un certain étonnement, la mention de choses qui semblent plus vieilles que le siècle, où elles se passent : « Chandelles du jour, 40 livres ; le dixième de l'Hôtel-Dieu, 126 livres 18 sous ; la garde, 33 livres ; pour le souffleur, 2 livres. »

ANNÉE THÉÂTRALE 1755-1756.

23 avril 1755, RODOGUNE. . . . . }	avril	
26 — — ARIANE. . . . . }	2 fois.	
12 mai — COMTE D'ESSEX . . . . . . }		
22 — — RODOGUNE. . . . . }	mai	
31 — — TROYENNES . . . . }	3 fois.	
14 juin — IPHIGÉNIE. . . . . }		
16 — — — . . . . }		
17 — — JOUEUR. . . . . }		
19 — — LE CID . . . . }	juin	
22 — — — . . . . }	7 fois.	
23 — — ÉLECTRE . . . . }		
26 — — MANLIUS . . . . }		

5 juillet	1755	IPHIGÉNIE	
7 —	—	. . . .	
23 —	—	PÉNÉLOPE	juillet
26 —	—	COMTE D'ESSEX.	6 fois.
30 —	—	MARIUS	
31 —	—	FESTIN DE PIERRE . . .	
2 août	—	MARIUS	
4 —	—	—	
16 —	—	PHÈDRE	
18 —	—	ÉSOPE A LA COUR . . .	août
20 —	—	1re l'ORPHEL.DE LA CHINE.	9 fois.
23 —	—	L'ORPHELIN DE LA CHINE.	
25 —	—	—	
27 —	—	—	
30 —	—	—	
1er septembre	—	—	
3 —	—	—	
6 —	—	—	
15 —	—	BRITANNICUS.	septembre
22 —	—	PÉNÉLOPE	8 fois.
24 —	—	POLYEUCTE.	
27 —	—	ARIANE	
29 —	—	PHÈDRE	
1er octobre	—	GUSTAVE.	
4 —	—	BAJAZET	
5 —	—	HOMME A BONNE FORTUNE.	
		LES TROIS COUSINES. .	
6 —	—	BAJAZET.	octobre
8 —	—	CINNA	10 fois.
11 —	—	ANDROMAQUE.	
22 —	—	L'ORPHELIN DE LA CHINE.	
25 —	—	—	
27 —	—	—	
29 —	—	—	
3 novembre	—	—	
5 —	—	—	novembre
8 —	—	—	5 fois.
10 —	—	—	
12 —	—	—	

3 décembre 1755 DIDON. . . . . ⎫
14   —   — HÉRACLIUS. . . . . . ⎮
17   —   —   . . . . . . ⎮
22   —   — IPHIGÉNIE . . . . . ⎬ décembre
23   —   — BAJAZET . . . . ⎮ 7 fois.
26   —   — HÉRACLIUS. . . . . . ⎮
31   —   — PÉNÉLOPE . . . . . . ⎭

3 janvier 1756, DIDON. . . . . ⎫ janvier
11   —   — AMPHITRYON. . . . . ⎬ 2 fois.

4 février — DIDON. . . . . ⎫
7   —   — HÉRACLIUS. . . . . . ⎮
9   —   — L'ORPHELIN DE LA CHINE. ⎮
11   —   —   —   . . ⎮
14   —   —   —   . . ⎬ février
16   —   —   —   . . ⎮ 9 fois.
18   —   —   . . . . . . ⎮
21   —   —   —   . . ⎮
29   —   — MANLIUS. . . . . . . ⎭

2 mars   — L'ORPHELIN DE LA CHINE. ⎫ mars
11   —   — ARIANE . . . . ⎬ 3 fois.
14   —   — HÉRACLIUS. . . . . . ⎭

A ce relevé des représentations à la Comédie-Française, qu'a l'obligeance de me communiquer M. Monval, il a bien voulu joindre le relevé des représentations à la cour.

Mlle Clairon a joué 18 fois à la cour, dans l'année théâtrale 1755-1756, 1 fois à Fontainebleau (6e voyage) et 9 fois à Versailles (5e, 12e, 14e et 16e voyages de la première série ; 5e, 9e, 11e, 17e et 24e de la 2e série).

Fontainebleau, 9 octobre   1755, L'ORPHELIN DE LA CHINE.
Versailles,   6 novembre — BAJAZET.
    —   4 décembre — HÉRACLIUS.
    —   11   —   — DIDON.
    —   18   —   — ARIANE.
    —   22 janvier   1756, L'ORPHELIN DE LA CHINE.
    —   5 février   — MANLIUS.
    —   12   —   — ÉLECTRE.
    —   4 mars   — INÈS DE CASTRO.
    —   1er avril   — IPHIGÉNIE EN AULIDE.

XXXIV

— Quoi! c'est vous, monsieur le Maréchal!
Eh, bon Dieu! quelle belle dame, ou quelle pressante affaire vous fait donc sortir si matin ?

Je suis monté en carrosse, à neuf heures... Je
viens du fond du Marais... J'ai besoin de vous.
Je donne ce soir un spectacle à la duchesse de
Grammont, elle amènera sa société... son frère

---

1. Ce morceau, intitulé, dans les Mémoires de Mlle Clairon,
la Robe ou la visite de M. le maréchal R... (Richelieu), est si
bien troussé, il donne, sur une note si vraie, le ton de fami-
liarité princière de la grande dame avec la comédienne, que
je l'imprime tel qu'il est, sauf quelques très légères suppres-
sions. Puis, je l'avoue, je retrouve, dans ce petit morceau de
littérature, tout à fait la manière de conter de Diderot, et avec
les bonnes relations qui existaient entre la tragédienne et
l'encyclopédiste, et l'intimité de Meister dans la maison de
Clairon et dans la maison de Diderot, il n'y aurait rien
d'étonnant, qu'au plaisir éprouvé par l'écrivain au récit de
cette visite, faite par Mlle Clairon ou même par Meister, il ait
été mordu du désir d'en faire vivre le récit, en sa prose vive,
alerte, et si joliment dialoguée.

viendra ; je sais qu'il vous aime, que vous êtes
fort bien dans cette cour : je viens vous prier
d'orner ma fête !

— Vous me dites des choses de l'autre monde... Il n'y a pas quatre jours, vous étiez comme
des chiens enragés... Quelle est donc la cause
de cette étonnante révolution ?

— Oh ! je n'ai pas le temps de vous conter
tout cela, j'ai trop d'affaires. On doit se rassembler à cinq heures et demie, pour commencer
le spectacle à six heures. Je voudrais bien que
vous puissiez venir avant, j'ai promis d'arrêter
la feuille des gratifications ! Comme vous connaissez mieux que moi, ceux qui en méritent,
vous me ferez cette distribution, et ce soir, vous
emporterez la feuille, que La Ferté fera copier
pendant le spectacle.

—Je suis désolée, monsieur le maréchal...
il est hors de mon pouvoir de sortir aujourd'hui.

— Pourquoi donc?

— Je suis malade.

— Cela n'est pas vrai, vous avez le meilleur
visage possible.

— Il est pourtant très vrai que je souffre
beaucoup, et j'ai d'ailleurs des études pressées.

— Mauvaises raisons... Je sais qu'on ne pré-
pare rien de nouveau... C'est à votre maudit

13

amour que vous voulez donner votre journée.

— Valbelle n'est point à Paris.

— Eh bien ! c'est donc quelque autre.

— Vous m'impatientez ; mais pourquoi vouloir que j'aille à votre spectacle ?

— Premièrement cela vous amusera. On donne deux opéras comiques charmants, chantés par la petite Necelle !... Et vous causerez avec M. de Choiseul, que vous ne haïssez point.

— Bah ! sa sœur y sera.

— Il est près de midi ; au nom de Dieu, venez, ou je me brouille avec vous.

— Puisqu'il faut vous dire la vérité, je n'ai point de robe.

— Vous badinez ?

— Hélas, non !

— Vous avez la plus belle garde-robe possible.

— Je ne l'ai plus, le peu de recette que nous faisons m'a forcée à vendre la plus grande partie de mes robes et de mes bijoux, et tout le reste est en gage ; je n'ai pas un vêtement avec lequel j'osasse me montrer, surtout dans une fête.

— D'honneur ?

— D'honneur.

— Vive l'amour, c'est une belle chose. Quoi ! pas même une robe noire.

— Une robe noire? Si fait !

— Ah! je respire... vous pouvez tuer un de vos parents, sans que personne s'en doute.

— J'en conviens, mais je n'ai point de compagne.

— Prenez Mlle d'Épinay [1]... Elle est avertie, elle viendra vous prendre à quatre heures.

— J'irai.

— Parole?

— Je vous le promets.

— En vérité, vous êtes charmante. A tantôt.

A peine placée, Mlle Clairon voyait arriver la duchesse de Grammont, conduite par le maréchal de Richelieu, M. le duc de Choiseul donnant la main à la duchesse de Lauraguais, et le duc de Gontaut à la duchesse d'Egmont. En passant, la duchesse de Grammont fit : *Ah! voilà Mademoiselle Clairon !* de sa formidable voix, de cette voix qui fit croire à la comédienne que la duchesse était d'une colère horrible de la voir là, — ce qui lui donna la migraine.

1. Pierrette-Hélène Pinet, dite d'Épinay, maîtresse de l'acteur Molé, qui l'épousa en 1769, et qui se trouvait sans doute, dans le moment, la maîtresse du marquis de Valbelle, le frère de l'amant de Clairon.

Le spectacle fini, Mlle Clairon montait dans le cabinet du maréchal, où elle trouvait sur le bureau tous les papiers, dont elle avait besoin, et se mettait à travailler, entendant la conversation du salon d'à côté, par les portes du cabinet, toutes grandes ouvertes. A la fin, s'impatientant de ne pas voir finir la séance, elle venait de temps en temps regarder à la porte, si on ne s'en allait pas. Mme la duchesse s'aperçut de ce manège, et ayant appris par le maréchal de Richelieu que c'était Mlle Clairon, en train d'arrêter les gratifications, dit : Je serai bien aise de la voir; faites-la venir.

. . . .

Mme DE GRAMMONT.

Je suis bien aise de vous voir. Pourquoi n'étiez-vous pas avec nous?

Mlle CLAIRON.

Je ne me flattais pas, madame, du bonheur d'être désirée; votre ordre seul pouvait me donner l'idée de me présenter.

Mme DE GRAMMONT.

Je désire depuis longtemps de vous connaître; je ne manque jamais d'aller à la Comédie, les jours où je sais que vous jouez, surtout quand c'est du Corneille : vous y êtes encore plus sublime. J'ai vu Cinna trois fois de suite. C'est une chose étonnante que votre diction dans ce rôle, surtout... *Tout beau !* Madame la duchesse, l'avez-vous entendue ?

Mᵐᵉ DE LAURAGUAIS, d'une voix très douce.

Non, je n'ai point eu ce bonheur-là.

Mᵐᵉ DE GRAMMONT.

Allez la voir ; vous en serez dans l'enchante-tement, de ce *tout beau !* il est étonnant.

M. LE DUC DE GONTAUT.

Je l'ai entendu, et comme vous, madame la duchesse, j'en ai été vivement frappé.

Mᵐᵉ DE GRAMMONT.

C'est un vieux mot qu'on n'oserait pas employer aujourd'hui, qui, certainement, ne fut jamais digne de la tragédie, et qu'elle rend si noble, si imposant, qu'on ne croit pas possible de lui en substituer un autre.

M. LE MARÉCHAL.

Mˡˡᵉ Clairon est certainement la plus grande

13.

actrice qui ait encore paru ; j'ai vu les Duclos, les Desmares, la fameuse Lecouvreur ; elle est au-dessus de tout.

MME DE GRAMMONT.

Moi, je le crois... Pourquoi êtes-vous en noir ?

MLLE CLAIRON.

Je suis en deuil d'une de mes cousines.

(Le maréchal part d'un éclat de rire.)

MME DE GRAMMONT.

De quoi riez-vous ?

M. LE MARÉCHAL.

De la pauvre créature qu'elle tue.

MME DE GRAMMONT.

Comment donc ?

M. LE MARÉCHAL.

Elle n'a que cette seule robe-là.

MME DE GRAMMONT.

Pourquoi cela ? Est-ce qu'elle n'a pas sa part ?

MLLE CLAIRON.

Pardonnez-moi, j'ai ma part, madame, mais
deux mille écus qu'elle rapporte, *bon an, mal
an*[1], sans aucune grâce particulière de la cour,
suffisent à peine aux besoins de première nécessité, et puisque la légèreté de M. le maréchal
m'y oblige, je lui ferai la honte d'avouer que je
suis dans le besoin.

MME DE GRAMMONT.

Monsieur le maréchal, c'est affreux.

M. LE MARÉCHAL.

C'est sa faute, madame, ce n'est pas la
mienne. Pourquoi refuse-t-elle de faire comme
les autres? Elle pourrait rouler sur l'or, mais on

---

1. Les parts des Comédiens, en ce temps, allaient de 6 000
à 8 000 livres, mais ne dépassaient guère cette somme. A
quelques années de là, Lekain se plaignait, dans le foyer de la
Comédie, que la part de l'année entière n'était pas montée à
8 000, et qu'avec les habits de théâtre, qui lui mangeaient les
deux tiers de cette somme, il n'avait pas de quoi vivre honnêtement. C'est même à propos de cette plainte, qu'un bourru
d'officier se permettait de dire, tout haut : Parbleu, voilà un
plaisant faquin qui n'a pas assez de huit mille livres ! Moi,
je suis couvert de blessures, et j'ai huit cents livres de pension ! Lekain se retournait et lui disait avec une extrême politesse : Ah ! Monsieur, ne comptez-vous pour rien le propos
que vous avez osé me tenir !

ne veut qu'un sentiment délicat et pur : c'est de
l'amour, de la constance, des procédés de l'autre
monde ! On refuse toutes les offres avantageuses,
et l'on meurt de faim avec Céladon.

MLLE CLAIRON.

Mais, monseigneur, passons à ce qui me regarde personnellement : vous venez d'avoir la
bonté de dire que j'avais de très grands talents,
et je puis me permettre de croire qu'on pense
comme vous, dans quelques parties de l'Europe.
L'impératrice Élisabeth m'a fait offrir 40 000 fr.
d'appointements par an, une maison meublée,
un carrosse, un couvert pour six personnes, soir
et matin : j'ai refusé et vous avez trouvé que je
faisais bien. Cet état était pourtant plus sûr,
plus avantageux, plus honorable que celui de
fille entretenue, et j'ai dû penser qu'un aussi
grand sacrifice, connu de mes supérieurs et du
Roi même, ne me laisserait plus l'horrible al-
ternative ou de manquer de pain ou de m'avilir
pour en avoir, mais tout ce que ce sacrifice m'a
valu, est l'honneur de voir entourer mon tableau
de Médée d'un cadre ordonné par le Roi, et de
votre part, monseigneur, toutes les preuves de
légèreté, d'inconsidération, d'inhumanité possible... Sachez, monseigneur, qu'il est impos-

sible d'être une grande actrice sans avoir une grande élévation d'âme : je suis chargée de représenter ce que l'univers a de plus respectable ; je ne puis être tout à la fois Sémiramis et Marion de Lorme.

M. LE MARÉCHAL.

Je vous assure que...

MME DE LAURAGUAIS.

Taisez-vous, monsieur le maréchal, il n'y a rien à répondre à tout cela.

MME DE GRAMMONT.

Non, rien du tout, elle a toute sa raison. Mais, mademoiselle, je sais cependant que vous êtes trop fière. Mon frère m'a dit qu'il vous avait offert des secours, et que vous les aviez refusés... Pourquoi ?

MLLE CLAIRON.

Soyez mon juge, madame. M. le duc de Choiseul est un grand seigneur par lui-même, il est roi de France au moins en second, il a tout, l'esprit possible, l'amabilité, la naissance ; la grâce qu'il unit à tout ce qu'il dit, à tout ce qu'il accorde, en fait, ce me semble, un des plus séduisants personnages du monde. Je suis sen-

sible, si je joignais le devoir à la reconnaissance, à tous les sentiments qu'il m'inspire, il
se pourrait que cela me menât trop loin[1]...
mais pour vous prouver que ma fierté ne m'a-
veugle pas, M. le maréchal vient de vous dire
que je n'avais pas de robe : daignez m'en donner une, et je m'honorerai de la porter.

MME DE GRAMMONT, attendric et embrassant Mlle Clairon.

Vous êtes charmante ! Vous êtes charmante !
Demain vous en aurez une. Je vous remercie
de cette préférence... Mademoiselle, toutes les
fois que vous allez à Versailles, vous allez voir
mon frère, arrangez-vous, vous deux, comme
vous voudrez, mais donnez-moi quelques-uns de
ces moments-là... On n'a pas plus d'esprit, plus
d'éloquence... Je veux causer avec vous ; pro-
mettez-moi que vous viendrez... Quand venez-
vous à Versailles ?

---

1. Mlle Clairon avoue dans ses Mémoires, en un de ses fré-
quents moments où elle voulait donner sa retraite, avoir reçu
— sans doute postérieurement à cette rencontre — avoir reçu
40 000 livres de M. le duc de Choiseul et de M. de la Borde,
qu'ils envoyèrent chez le notaire Truttat, en faisant demander
à la tragédienne comment elle désirait qu'on les plaçât. Est-ce
par acte du 17 mai 1763, l'inscription prise sur la vie d'une
rente viagère de 4 600 livres, constituée au profit de Mlle Claire
de Latude Clairon, moyennant un capital versé de 46 000 livres. (*Intermédiaire* du 25 mai 1885.)

MLLE CLAIRON.

Jeudi prochain.

MME DE GRAMMONT.

Je vous attendrai.

MLLE CLAIRON.

Je n'y manquerai pas.

XXXV

Dans cette jolie scène qui a la tournure d'un proverbe, Mlle Clairon parle d'offres à elles faites par l'impératrice Élisabeth, pour l'attirer en Russie : elle dit vrai, et voici ce qui avait amené ces offres.

En cette grande existence, aux dessous de misère, où la femme manque d'une robe habillée, dans la position gênée, nécessiteuse, où se trouva l'illustre tragédienne, tout le temps qu'elle fut au théâtre, et surtout depuis qu'elle était la maîtresse de M. de Valbelle, Mlle Clairon faisait la connaissance de la princesse Galitzin, femme du ministre plénipotentiaire de Russie à la cour de Vienne. La princesse russe était prise pour elle d'une de ces passions, que nous avons vues se produire, dans tous les temps, chez les très grandes dames, pour une comédienne en vue, — une passion qui ne lui permet-

tait pas « de passer deux heures sans la voir ou
lui écrire ». On se figure l'intimité qui s'établissait entre les deux femmes[1]. La princesse lui

1. Cette intimité donna lieu à des suppositions méchantes,
et quand la princesse mourait, le *Journal de Sartines* dit, à la
date du 6 novembre 1761 : « La demoiselle Clairon est inconsolable de la mort de la princesse Galitzin, elle en est même
tombée malade, et il faut convenir que cette perte est cruelle
pour elle. Cette princesse faisait un cas particulier de ses talents, et la comblait d'honneurs et de présents, sans compter
un doigt d'estime, que difficilement elle réparera. Peut-être
aussi lorsqu'elle aura pris le dessus, y gagnera-t-elle un peu
d'embonpoint. » A ces allusions très peu enveloppées, Favart
dans ses Mémoires répond : « Cette pauvre princesse n'est
plus ; elle est morte, la semaine dernière. Les mauvais plai-
sants disent à ce sujet que Mlle Clairon est veuve. L'amitié dont
la princesse l'honorait avait fourni matière à nos épigram-
mistes. J'ai connu beaucoup Mme de Galitzin : c'était une femme
respectable... sa morale était pure autant que ses mœurs. »
A propos de cette princesse Galitzin, et d'une demoiselle de
compagnie formée par Mlle Clairon, il existe une curieuse
lettre de Jamerai Duval, garde du cabinet des médailles de
Vienne, à Dufresne-Daubigny, le gendre de Ducange (lettre
écrite le 1er juin 1765, au temps de l'apparition du médaillon
de Clairon, et presque au sortir de son emprisonnement au
Fort-l'Évêque).
« ... Vous me demandez ce que signifie l'affectueux coup de
bec que j'ai donné à l'effigie de mademoiselle Clairon. N'est-
ce donc qu'à Paris qu'on ignore que c'est elle qui a formé la
belle Anastasie dans l'art de plaire et d'embraser les cœurs,
jusqu'au milieu des glaces de l'âge et de la philosophie. Se
peut-il qu'on n'y sache pas que la princesse Troubestkoï, après
avoir tiré une Psyché des bords du Tanaïs, pour la conduire
sur ceux de la Neva, la céda à sa fille, feue Mme la princesse
Galitzin et que celle-ci l'ayant menée à Paris, elle la confiait à
mademoiselle Clairon chaque fois qu'elle allait aux eaux de

14

ouvrait son cœur, Mlle Clairon lui confiait ses embarras. La princesse était riche et généreuse, et
ses offres de secours furent dignes de sa richesse
et de sa générosité, mais Mlle Clairon repoussa
ses offres, et affirme n'avoir accepté d'elle que
le tableau de la Médée, une petite robe qu'elle
porta plus de vingt ans, et une garniture de
dentelle, qu'elle s'engagea à garder toute sa vie.
Alors la princesse eut l'idée de lui faire une
position en Russie et eut le crédit d'obtenir que
le ministre de Russie, en France, lui transmit
les propositions énoncées plus haut.

Et la collection de M. Alfred Morrisson, de
Londres, possède une intéressante lettre au
comte Schouwaloff, au sujet de ces propositions :

Monsieur,

« *Si j'étais maîtresse de moi-même, Pétersbourg serait bientôt ma patrie, l'admiration de*

Barèges et de Bourbon. C'est donc par les soins, et sous la
direction de cette Muse, qu'en fait d'agréments, mon aimable
Circassienne est devenue un véritable chef-d'œuvre des cieux,
et voilà ce qui a fait, en présence même du monarque (l'Empereur d'Autriche), que je n'ai pu m'empêcher de baiser le
portrait de celle à qui ma Bibi, du bout de l'Europe, a tant
d'obligations. Si quelques courtisans en ont plaisanté, c'est
qu'en eux la reconnaissance n'est souvent que l'ombre d'un
sentiment vague et superficiel..... Après l'incartade de l'al-

toute l'Europe pour votre auguste souveraine, la tendresse vive et respectueuse que je vois sans cesse pour elle dans le cœur de tous les Russes, que j'ai le bonheur de connaître, ce que j'entends publier tous les jours de son goût pour les arts et les talents, de sa justice, de sa bienfaisance, de son humanité, tout me fait croire que c'est sous ses lois qu'il faut vivre pour être parfaitement heureux.

« Quel serait mon bonheur, si mes faibles talents pouvaient un jour l'intéresser, ou du moins la distraire ! L'excès de mon zèle me permet de l'espérer : c'est une gloire qu'il faut que je vous doive, monsieur, mais pour réussir, il faut prendre une autre route que celle que vous me proposez.

« Quoi qu'on vous ait mandé, je ne suis point libre, et je ne puis quitter le spectacle ni ma patrie, sans la permission du Roi. Il est vrai que, lassée de mon peu de fortune, et des dépenses immenses que je suis forcée de faire, j'ai menacé de quitter tout à fait, si on ne faisait pas mon sort plus heureux.

« Lorsqu'un sujet important demande sa retraite, il faut, pour l'obtenir, qu'il promette de

tière autorité euvers la Melpomène française, cette muse a très bien fait de préférer une prison à l'ignominie de figurer à côté d'un faussaire et d'un ingrat... »

ne jamais jouer ailleurs, ou l'on refuse de soulager sa misère.

« Je n'ai rien voulu promettre.

« Mes plaintes ont été sues du Roi, qui, en m'accordant une somme d'argent, a daigné me faire dire par mes supérieurs que mes talents lui étaient agréables, qu'il ne voulait pas m'accorder mon congé, et qu'après la guerre il s'occuperait de mon sort.

« Cet espoir et de nouvelles marques de bonté me forcent à prendre patience, il n'est qu'un seul moyen de me servir.

« Depuis deux ans, par des raisons trop affligeantes à rappeler, le Roi n'est pas venu au spectacle, et selon toutes les apparences n'y viendra de longtemps : on ne le prive donc d'aucun plaisir en me demandant.

« C'est à lui que j'appartiens immédiatement et non au public, il lui est donc possible de me prêter.

« On a déjà fait des démarches infructueuses, me direz-vous? Cela est tout simple. M. de l'Hôpital a écrit à M. de Bernis que l'Impératrice aimait le spectacle, et qu'il croyait qu'on ferait bien de me donner la permission d'aller en Russie. Cela était beaucoup trop vague pour être accordé. Il faut, pour obtenir mon congé, faire écrire ou

parler à Mme de Pompadour, et dire positivement
que l'Impératrice me désire.

« Cette voie seule peut me faire avoir la liberté de m'absenter un an. Si je l'obtiens, j'ose
vous demander, Monsieur, qu'il ne soit pas question du marché, je veux prouver que l'amour
de la gloire peut beaucoup plus sur moi que l'intérêt. Si j'ai le bonheur de réussir, il sera bien
plus flatteur pour moi de tenir un bienfait des
bontés de l'Impératrice, que ne devoir mon bien-
être, quel qu'il soit, qu'à un engagement. Quant
aux sieurs Lekain et Préville, il m'est impossible de me mêler d'eux, je me perdrais dans l'esprit de mes supérieurs. D'ailleurs je n'ai point ouï
dire qu'ils voulussent quitter, ils ne le pourraient
pas plus que moi, et je suis sûre qu'en demander
plusieurs, empêcherait qu'on en accordât aucun.

« Je réclame l'amitié que vous avez bien voulu
me témoigner, Monsieur, pour obtenir la préférence sur tous mes camarades : vous le devez à
l'attachement que je vous ai voué, et à la reconnaissance éternelle que je vous promets.

« J'ai l'honneur d'être, Monsieur, votre très
humble et très obéissante servante.

« CLAIRON. »

« A Paris, ce 20 février 1759. »

14.

Au fond, Mlle Clairon hésitait à s'expatrier, à cause de son amour pour Valbelle, mais le comte dans le moment, dégoûté de la France par des tracasseries de la cour, lui conseillait d'accepter les conditions qui lui étaient faites, et lui montrait l'envie de la suivre. Cette proposition alarmait sa délicatesse, elle voyait l'avenir de son amant compromis, perdu par elle. Alors la princesse Galitzin mandait en Russie ce qui se passait dans l'âme des deux amants, et la réponse fut que, si le comte voulait épouser Mlle Clairon et la suivre, il lui serait accordé le même grade qu'il avait en France, et les émoluments nécessaires pour le soutenir, et la princesse leur offrait sa maison pour être la leur. Le comte acceptait, et l'idée qu'il lui devrait sa fortune, avoue Mlle Clairon, la séduisit un moment.

Mais elle tombait malade, et dans son lit, toute à ses réflexions, elle songeait qu'elle était âgée de plus de sept ans que son amant, et qu'elle ne pouvait se flatter que ses charmes dureraient autant que les besoins de son cœur et de ses sens ; elle pensait avec une certaine terreur à ce que les infidélités qu'il lui avait déjà faites, lui annonçaient pour l'avenir ; elle se représentait une famille irritée, l'accu-

sant de torts abominables ; elle se demandait
même si un jour son amant ne lui reprocherait
pas de lui être redevable de sa position, — et
elle ne donnait pas suite à son projet d'expa-
riation [1].

1. *Mémoires de Mlle Clairon.*

XXXVI

Mlle Clairon trouva chez les femmes de la grande société, qu'elles fussent étrangères ou françaises, trouva, tout le cours de sa vie, des égards, des attentions, des prévenances, une sympathie particulière, et même parfois de ces attachements, enfiévrés, fanatiques, déraisonnables, ainsi que lui en témoigna un, Mme de Sauvigny, la fille de Durey d'Harnoncourt.

Parmi toutes ces femmes, une seule, Marie de Luxembourg, duchesse de Montmorency, princesse de Robecq, fut dure pour la comédienne, et se permit à son égard une offense vraiment blessante.

La comédie des PHILOSOPHES de Palissot venait d'être jouée par le crédit, auprès de M. de Choiseul, de cette jeune, frêle, jolie femme, l'implacable et batailleuse ennemie de l'Encyclopédie, et qui, n'ayant plus qu'une quinzaine de jours à demeurer sur la terre, avait demandé à Dieu seulement la grâce de vivre jusqu'au jour de la première représentation.

A quelques jours de là, Morellet lançait dans Paris la *Vision de Charles Palissot,* où se trouvait ce passage dirigé contre la princesse de Robecq :

« Et on verra une grande dame, bien malade, désirer pour toute consolation, avant de mourir, d'assister à la première représentation, et dire : C'est maintenant, Seigneur, que vous laissez aller votre servante en paix, car mes yeux ont vu la vengeance.

« Et cette grande dame fera un legs pieux, par son testament, pour acheter à perpétuité tous les billets de parterre aux représentations de la comédie, et ils seront distribués pour l'amour de Dieu, à des gens qui s'engageront à applaudir. »

Le pamphlet paru, les familiers de la princesse ne lui laissaient pas ignorer la répulsion que Clairon avait hautement témoignée pour cette représentation, qui mettait en scène des hommes de lettres, des auteurs, des amis de la Comédie[1]. Et la princesse elle-même n'ignorait

1. D'Alembert écrivait à Voltaire le 22 septembre 1760 : « ... Vous saurez de plus qu'elle (Mlle Clairon) est philosophe,

pas la reconnaissance de Clairon pour Diderot,
qui, dans la préface du Fils Naturel, à côté
d'une allusion méchante à l'encontre de la princesse, avait placé le plus flatteur éloge du talent
de la tragédienne.

Puis il ne faut pas oublier que Lekain devait
aux conseils, aux encouragements, à la protection de la princesse, de n'avoir pas abandonné
la France, et peut-être le théâtre, et qu'il était
écouté par l'altesse, et qu'il était bien capable
de lui avoir monté la tête contre la camarade,
qu'il n'aimait pas.

Le fait est qu'on ne sait pas sur les conseils
de qui, et à la suite de quoi, la princesse adressait à Mlle Clairon ce billet humiliant :

« Mme la princesse de Robecq désire ardemment d'avoir la *Vision ;* on lui a dit que Mlle Clairon en vendait ; elle la prie de lui en envoyer un
exemplaire. »

Sur ce billet, traitant l'orgueilleuse reine de
théâtre à la façon d'une pauvre diablesse faisant un petit commerce de brochures déshon-
nêtes, Mlle Clairon répondait par cette lettre,

qu'elle a été la seule, parmi ses camarades, qui se soit déclarée
ouvertement contre la pièce de Palissot, et qu'elle a pris une
grande part au succès de l'Écossaise, quoiqu'elle n'y jouât
pas »

où la méprise qu'on faisait de sa personne et de
son caractère, était retournée contre la princesse, sous des formes affectant l'humilité, avec
une hauteur du plus heureux tour :

« *Madame,*

« *Absente de Paris depuis douze jours, je ne
reçois que dans ce moment le billet que j'ai l'honneur de vous retourner : vos bontés qui me sont
à jamais présentes et précieuses, ne me permettent
pas de croire qu'il ait été apporté par votre ordre.
Une bassesse, quelle qu'elle soit, est si fort éloi-
gnée de mes principes et de ma façon d'agir, que
je craindrais de manquer à tout ce que je vous
dois, si je vous croyais assez injuste pour m'ac-
cuser d'une infamie avec tant de légèreté. Mais,
madame, j'en suis sûre, ce billet n'est pas de
vous, mon respect et, je l'ose dire, mon attachement, vous sont connus : il m'est sans doute adressé
par quelqu'un d'aussi obscur que vil, qui ne sachant ni ce qu'on doit au rang, ni ce qu'on doit
aux âmes vertueuses, dans quelques classes qu'elles
soient, s'est osé servir de votre nom pour m'affliger.
Je souhaite ardemment que l'écriture vous serve
à connaître son auteur. Si jamais vous le décou-
vrez, j'ose me flatter, Madame, que vous me ven-
gerez d'une imputation qui m'affecte d'autant*

plus, qu'elle me paraît vous compromettre, et vouloir jeter des doutes sur le profond respect avec lequel je serai toute ma vie[1]. »

. . . .

. . . .

1. *Correspondance littéraire de Grimm,* vol. IX.

XXXVII

Revenons ici sur cette liaison de Mlle Clairon avec le comte de Valbelle, une liaison qui aura été le grand et durable amour de l'actrice, et un amour qui, en dépit de son goût des changements, des expériences, des renouvellements, aura persisté dix-neuf ans, — toutefois, il est vrai, avec l'assistance momentanée d'un certain nombre de coadjuteurs.

Joseph-Alphonse-Omer, comte de Valbelle d'Oraison, baron du Dauphiné, marquis de Tourves, Rians et Montfuron, comte de Sainte-Tulle, vicomte de Cadenet, baron de Meyrargues, seigneur de Cucuron et autres lieux, etc., etc., était né à Aix, le 19 juin 1729, de André-Geffroy de Valbelle, enseigne des gendarmes de la garde, et de Marguerite-Delphine de Valbelle.

Le comte de Valbelle, d'après la biographie

15

des *Hommes illustres de la Provence*, avait reçu
de la nature les grâces qui font l'homme aimable, l'éducation lui avait procuré les qualités
de l'homme de cour, et le hasard l'avait fait
naître le plus riche seigneur de la Provence.

Valbelle, qui était, à vingt ans, colonel du régiment de Berry, semblait prendre ses quartiers
d'hiver au foyer de la Comédie-Française, avec
son frère aîné, Joseph-Ignace marquis de Valbelle; et pendant que le marquis devenait
l'amant en titre de Mme Molé [1], le comte devenait l'amant en titre de Mlle Clairon.

Le jeune et brillant *officier à hausse-col*, au
dire de Dussault, était plutôt un bellâtre qu'un
bel homme, mais il avait une imagination du
Midi, l'entrain d'une amusante gaieté, une conversation vive et spirituelle, relevée de plaisanteries fines, et l'on disait de lui que, pour donner
aux étrangers l'idée d'un Français aimable, il
fallait leur présenter Valbelle.

Enfin, tel qu'il était, le comte plut singulière-

---

1. Le marquis de Valbelle eut de Mme Molé une fille, connue
sous le nom de Mme Raymond. — Du reste, ce ne fut pas le
seul enfant naturel qu'il eut : dans un certificat en faveur
d'un jeune Cossini, faisant partie de la collection d'autographes
de M. Morrison, que Mlle Clairon assure être un enfant naturel
du marquis, elle mentionne le *nombre immense de bâtards*
qu'on présenta au comte, après la mort de son frère aîné.

ment à la tragédienne, qui le déclare l'homme
le plus séduisant de la nature ; — et de la part
du comte, ce fut dans les premières années une
vraie passion.

On le voit, le comte de Valbelle était prêt à
suivre Mlle Clairon en Russie, il était même tout
disposé à engager sa vie plus étroitement à
celle de Mlle Clairon ; il lui avait demandé, et
avec les plus grandes instances, à l'épouser.

Oui, pendant treize ans, de la part du comte,
tous les serments, toutes les promesses, tous les
engagements par écrit, et de l'autre côté toutes
les assurances du consentement de l'actrice,
qui remettait cependant et éludait la conclusion,
conclusion qu'à la fois un véritable et sincère
amour pour le comte, le respect des préjugés, et
un peu l'appréhension des sentiments changeants de son amant, lui faisaient redouter.

Et, à ce propos, Mlle Clairon, parlant des
quatre mariages qui lui auraient été proposés,
et où la naissance, l'honneur, la fortune, ne laissaient rien à désirer, Mlle Clairon dit avoir refusé
les trois premiers parce qu'elle n'aimait pas, et
le quatrième, parce qu'elle aimait véritablement.

XXXVIII

L'Orphelin de la Chine avait été, pour Mlle Clairon, un triomphe ; la tragédie de Tancrède, représentée à la Comédie-Française le 3 septembre 1760, fut en quelque sorte le sacre solennel du talent de la tragédienne.

C'est une admiration universelle.

Le *Mercure* ne parle que de l'actrice sublime.

Grimm déclare que la phrase d'Aménaïde : *Eh bien, mon père!* après la lecture de la lettre de Tancrède, a été admirable, et que le quatrième acte n'a été applaudi que grâce à la chaleur avec laquelle l'actrice a rendu son rôle.

L'avocat Barbier s'écrie « que Mlle Clairon pousse le talent de la déclamation dans le tragique, au delà de tout ce qu'on avait vu en ce genre ».

D'Alembert écrit à Voltaire : « Mlle Clairon a été incomparable et au-dessus de tout ce qu'elle a jamais été. »

Et après d'Alembert, l'enthousiasme de Diderot :

« Ah, mon cher maître, si vous voyiez la Clairon traversant la scène, à demi renversée sur les bourreaux qui l'environnent, ses genoux se dérobant sous elle, les yeux fermés, les bras tombants, comme morte, si vous entendiez le cri qu'elle pousse, en apercevant Tancrède, vous resteriez convaincu, plus que jamais, que le silence et la pantomime ont quelquefois un pathétique, que toutes les ressources de l'art oratoire n'atteignent pas. Ouvrez vos portefeuilles, et voyez l'*Esther* du Poussin, *paraissant devant l'Assuérus :* c'est la Clairon allant au supplice[1].»

Aussi est-ce une désolation dans le public, quand l'état de santé de Mlle Clairon fait abandonner la pièce, à la treizième représentation ; — et le 26 janvier 1761, à la reprise, c'est une curiosité et un enthousiasme qui ne peuvent se dire.

Mme de Pompadour a une si vive curiosité de voir la tragédienne dans la tragédie qui fait courir Paris, que sans attendre les représentations de la cour à l'automne, au mois de mai, sur le petit théâtre de Choisy, encore inachevé, et avec des décorations qu'on fait venir de Fontaine-

----

1. Lettre donnée dans l'*Histoire du costume au théâtre*, par Adolphe Jullien. Charpentier, 1880.

bleau, Mlle Clairon joue *Aménaïde* [1] devant la
marquise, accompagnée de la duchesse de Choiseul, de la comtesse de Grammont et de deux
autres femmes, et devant un petit public de
seigneurs, parmi lesquels se trouvaient M. de
Saint-Florentin, le marquis de Marigny, et le protecteur avoué de l'actrice, le duc de Choiseul [2].

1. *Journal historique et anecdotique de Barbier*, vol. IV.
Renouard, 1856.

2. Je donne, d'après les *Archives du Théâtre-Français*, comme
je l'ai déjà fait pour l'année où Mlle Clairon a joué l'ORPHELIN
DE LA CHINE, je donne le nombre de représentations de cette
année théâtrale, où a été joué TANCRÈDE.

ANNÉE THÉATRALE 1760-1761.

14 avril	1760, ORPHELIN DE LA CHINE..	
21 —	— SPARTACUS.	Avril [1],
23 —	— --	4 fois.
26 —	— --	
1er septembre	— SERTORIUS.	
3 —	— 1re de TANCRÈDE [2].	
6 —	— —	
10 —	— TANCRÈDE.	
13 —	— —	
15 —	— —	
17 —	— —	Septembre,
20 —	— —	12 fois.
22 —	— —	
24 —	— —	
27 —	— —	
29 —	— —	

1. Mlle Clairon, assez malade cette année, ne jouait ni en mai, ni
en juin, ni en juillet, ni en août.

2. Portée jusqu'alors au registre sous le nom de la Tude, elle est
ici Mlle Clairon.

1er octobre	1760	TANCRÈDE..	⎫	
4 —	—	—		Octobre,
8 —	—	WENCESLAS.	⎬	5 fois.
11 —	—	—		
27 —	—	BAJAZET..	⎭	
8 —	—	DIDON		
11 —	—	MALADE IMAGINAIRE (cé-		
		rémonie).		
12 —	—	MALADE IMAGINAIRE. . .		
15 —	—	— . . .		Novembre,
17 —	—	— . . .	⎬	10 fois.
19 —	—	— . . .		
22 —	—	1re de CALISTE.		
24 —	—	CALISTE..		
26 —	—	—		
29 —	—	— . . .	⎭	
10 décembre	1860,	—	⎱	Décembre,
13 —	—	—	⎰	2 fois.
26 janvier	1761,	TANCRÈDE.	⎱	Janvier, 1 fois[1].
7 mars	—	TANCRÈDE (pour la clô-	⎱	Mars,
		ture)	⎰	1 fois.

Mlle Clairon a donc joué en tout, dans l'année théâtrale 1760-1761, trente-cinq fois.

En cette année théâtrale 1760-1761, Mlle Clairon n'a joué que trois fois à la cour, aux 3e, 5e et 15e voyages de Versailles :

Versailles, 30 octobre   1760, IPHIGÉNIE.

—   6 novembre   —   DIDON.

—   3 mars   1761, TANCRÈDE.

1. Mlle Clairon ne joue pas en février.

XXXIX

Comme femme de théâtre, comme tragédienne, il faut le reconnaître, Mlle Clairon tenait de la nature les plus heureux dons, les plus extraordinaires *moyens* dramatiques [1].

Elle avait la puissance des poumons, l'articulation la plus nette, la plus détachée, une voix sonore, timbrée, juste, moelleuse, et susceptible de toutes les intonations, une voix qu'à force de travail, elle était parvenue à assouplir, à régler à sa volonté [2], à attendrir même presque à l'imitation d'une *taille*, un peu voilée; elle avait un débit pur, motivé, senti, et, selon une expression du temps, distribué avec une *exactitude locale* tout à fait étonnante.

1. Le seul reproche qu'on pouvait lui faire, est celui formulé par Garrick, quand il a dit d'elle : « *Elle est trop actrice!* »

2. Mlle Clairon dit n'avoir abordé le rôle de *Monime* qu'après quinze ans d'études, à l'effet de contenir sa voix, ses gestes, sa physionomie.

Elle avait une figure expressive, des yeux de flamme, d'où jaillissait la compréhension passionnée de son rôle, une mobilité de traits donnant à sa physionomie une énergie fiévreuse, propre à la peinture des grandes passions.

Elle avait de la noblesse, de la fierté, pour ainsi dire, dans son maintien, ses attitudes, sa gesticulation, ses mouvements, ses coups de tête — et d'une stature médiocre à la ville, je ne sais par quel artifice elle paraissait, sur la scène, d'une taille au-dessus de la taille ordinaire des femmes [1].

Elle avait une mémoire prompte, rapace, *dévorante*.

Elle avait une faculté de travail cérébral, donné à très peu de femmes, disant « que le travail était pour elle un plaisir », et mentionnant toutes les études qu'il lui avait été nécessaire de faire, pour parvenir à distinguer les

---

1. Mme Vestris racontait à M. Després qu'étant encore tort jeune, elle avait été se faire entendre par Mlle Clairon qui lui parut « une petite femme d'environ quarante ans qui avait été jolie ». Quelques jours après, allant à la Comédie-Française, où l'on jouait ANDROMAQUE, quand elle voyait entrer *Hermione*, elle s'écriait : « Ce n'est pas Mlle Clairon !... Et comme on l'assurait que c'était elle, Mme Vestris ne pouvait d'abord y croire, disant : « Voyez comme cette actrice est grande... j'ai vu Mlle Clairon chez elle, c'est une très petite femme... » C'était bien elle pourtant !

différences, si légèrement nuancées, qu'il y a entre l'ironie et le dédain, le dédain et le mépris, la chaleur et l'emportement, l'impatience et la colère, la crainte et l'effroi, l'effroi et la terreur.

Elle avait enfin, toute maladive qu'elle était, la force nerveuse que demande cette profession fatigante, la force d'enfermer en soi, pendant des années, toutes les émotions tragiques du passé, et de vivre journellement dans le contact et l'intimité émotionnante de toutes les catastrophes humaines des temps antiques et modernes [1].

Donc, Mlle Clairon possédait les quatre dons de nature, qu'elle déclare indispensables pour

---

1. La *Lettre du chevalier M... à Milord...* commençant plaisamment par cette phrase : Vous me demandez, Milord, ce que c'est que l'état de comédien en France... Voici la réponse d'un abbé périgourdin : *En province, on mène les reines de théâtre au cabaret; à Paris, on les respecte quand elles sont belles, et on les jette à la voirie quand elles sont mortes!* La *Lettre du chevalier M...* dit : « Voltaire accorde à Lecouvreur les *grâces*, la *justesse*, la *simplicité*, la *vérité*, les *bienséances*. Mlle Clairon ajoute à tout cela l'ironie la plus fine, la plus noble, la plus énergique, l'organe et le maintien le plus imposants, un *entretien de scène continuel*, un jeu muet du plus grand effet, Parthe, Romaine, Espagnole étant toujours ce qu'elle représente, conservant toujours la noblesse et le caractère de son rôle, dans les mouvements même de la plus grande véhémence et dans le débit de la plus grande rapidité ; en un mot, faisant de son âme ce qu'elle veut, et par conséquent de celle des spectateurs. »

la réussite au théâtre : organe, extérieur, mémoire, force.

Et en plus, l'intelligence, et en plus encore,
une qualité qu'on lui refuse assez volontiers : la sensibilité[1], non la sensibilité qui
se traduit en modulations plaintives ou en
inflexions mollement pathétiques, mais la
sensibilité, que le siècle appelait *sensibilité
ardente*.

Puis, chez Mlle Clairon, il faut toujours en revenir à la profonde et calculée science, non seulement des habiletés de génie, mais aussi des
petits *trucs*, avec lesquels la tragédienne rendait,
d'après un certain *beau idéal,* l'Ambition, l'Orgueil, la Jalousie, la Haine, la Fureur, toutes
passions du domaine dramatique. C'est ainsi
qu'elle employait des poudres de différentes
couleurs, pour se durcir et s'adoucir les sourcils
et les cheveux, mais qu'elle ne mettait jamais de
blanc — le blanc qui, d'après elle, grossit la
peau, immobilise les muscles, ne laisse rien
passer de l'âme de l'acteur, à travers son visage
emplâtré.

---

1. Voltaire écrit dans une lettre du 11 avril 1764 : « ...Je me
souviens qu'autrefois cette petite innocente de Gaussin me
disait doucement : Allez, allez, mademoiselle Clairon sera une
grande actrice, mais elle ne fera jamais pleurer ! »

Et de cela, elle parle avec une autorité indis-
cutable, la femme qui avoue, pour les jeux de la
physionomie, avoir étudié l'anatomie de la tête,
et qui, dans une note de ses Mémoires, renvoie
à ce sujet, au passage de Buffon sur la description de l'âge viril de l'homme.

Or, écoutez sur cette physionomie de Mlle Clairon, un peu parente de la physionomie de Garrick, épouvantant de sa ressemblance avec le
défunt, le peintre Hogarth, qui faisait, d'après
lui, le portrait de leur illustre ami Fielding, ré-
cemment mort, écoutez un de ses contemporains :

« Un jour, Mlle Clairon s'assit dans un fauteuil
et sans proférer une seule parole, elle peignit,
avec le visage seul, toutes les passions, la haine,
la colère, l'indignation, l'indifférence, la tris-
tesse, la douleur, l'amour, l'humanité, la gaîté,
la joie, etc. Elle peignit non seulement les passions en elles-mêmes, mais encore toutes les
nuances qui les caractérisent. Par exemple,
dans la crainte, elle exprima la frayeur, la peur,
l'émotion, le saisissement, l'inquiétude, la terreur, etc. Sur ce qu'on lui témoignait de l'admiration, elle répondit qu'elle avait fait une étude
particulière de l'anatomie, qu'elle savait quels
muscles elle devait faire agir, et qu'ensuite la

grande habitude l'avait mise en état de faire,
pour ainsi dire, agir les fils [1]... »

1. *Reflexions sur la déclamation*, par Hérault de Séchelles,
publiées à la suite du voyage à Montbar, 1784.

XL

L'homme racontant cela, est Hérault de Séchelles, l'avocat général de la Révolution, qui,
à ses débuts, alla prendre des leçons d'éloquence
chez la tragédienne.

— Avez-vous de la voix? lui dit Mlle Clairon.

— Mais comme tout le monde, mademoiselle,
lui répondit le jeune homme, un peu interloqué
par la question.

— Eh bien, il faut vous en faire une !

Et l'actrice de la Comédie-Française lui apprenait qu'il y avait une éloquence des sons, et que
pour y arriver, il fallait s'étudier à donner de la
rondeur à sa voix, et que cette rondeur, on ne
l'obtenait qu'en sentant réfléchir sa voix contre son palais.

Elle lui disait aussi : Vous voulez être orateur, soyez-le partout, dans votre chambre, dans
la rue... Elle lui disait encore : Très peu de

gestes, mais les placer à propos, et observer les
oppositions qui font ressortir les changements.

Elle lui donnait enfin ce conseil, dévoilant
chez elle une grande artiste dramatique : Tein-
dre les mots des sentiments qu'ils font naître !

Mlle Clairon laissait une profonde trace dans
la mémoire et le talent du jeune homme, qui
s'efforçait de modeler sa parole et son débit sur
cette parole et ce débit, dont il parle en ces
termes :

« Elle prend sa voix dans le milieu, tantôt doucement, tantôt avec force, et toujours de manière
à la diriger à son gré. Surtout, elle la modère
souvent, ce qui fait briller le moindre éclat qu'elle
vient à lui donner. Elle va très doucement[1]... »

---

1. Dans la *lettre* du *chevalier M... à milord K.....* le
brochurier dit : « Un académicien vient de présenter des vues
nouvelles sur l'Opéra françois... Il se propose de réformer
le récitatif, ce grand vice de l'Opéra, et c'est sur la déclamation de Mlle Clairon qu'il doit établir ses principes : « J'es-
« père, dit-il, donner quelque jour au public, avec un petit ou-
« vrage sur la musique, un monologue noté sur la déclamation
« de Mlle Clairon. Cette célèbre actrice m'a promis de m'aider
« dans la recherche que je veux faire d'un récitatif, débité et
« rapproché de la simple déclamation. Quelles obligations nos
« musiciens ne lui auront-ils pas ? »

XLI

Vive le Roi et Mlle Clairon! — c'est le cri avec
lequel le peuple des représentations gratis salue
la tragédienne, jetant, avec une insolence royale,
de l'argent du haut de la scène.

En effet, la Frétillon d'autrefois est devenue
la grande personnalité de la Comédie-Française, l'actrice au renom populaire, en même
temps que la femme à l'influence de laquelle ses
camarades doivent auprès des ministres, des
secrétaires d'État, des gentilshommes de la
Chambre, faveurs, grâces, argent. Mlle Clairon
s'est faite le porte-parole de la troupe avec le
pouvoir.

En dépit de nombre de visites et de voyages,
les semainiers ne peuvent-ils obtenir du contrô-
leur général, pour les Comédiens français, le
payement de la pension du Roi, on nomme
Mlle Clairon dans la nouvelle députation, en-

voyée à Versailles. Et aussitôt que M. de Bou-
longne aperçoit l'illustre actrice, à son audience,
le voici quittant les solliciteurs qui l'entourent,
pour aller à elle, et lorsqu'elle a fini d'exposer
les besoins et la détresse de la Comédie-Française, il s'écrie : « Je serais bien fâché que vous
eussiez à vous plaindre de moi ; montez au
bureau d'Amelin, dites-lui de tenir tout prêt
pour me faire signer, vous serez payés demain. »

Là-dessus, Mˡˡᵉ Clairon raconte complaisam-
ment l'irritation bien naturelle de Préville, devant les atermoiements scandaleux que les
comédiens avaient éprouvés, et la facilité avec
laquelle, sur quelques mots de sa bouche toute-
puissante, la réclamation de la Comédie avait
été accordée.

Pour tout il en est ainsi. Écoutez Papillon de
La Ferté (année 1762, 20 juin) :

« Mˡˡᵉ Clairon est venue, ce matin, chez moi
avec quelques comédiens, au sujet des gardes-
françoises qui assistent dans les tragédies, et
qui leur coûtent non seulement fort cher, mais
dont ils étoient encore mal servis, et ils me
prièrent de savoir s'il seroit possible d'avoir, à
leur place, un certain nombre d'invalides, mais
m'étant souvenu que le maréchal de Biron, ou,

16.

pour mieux dire, que ses sergents lui avoient
fait entendre que je voulois, de mon chef, inno-
ver dans les spectacles, toutes les fois que j'avois
proposé des choses utiles au bien du service,
j'ai cru devoir répondre à Mlle Clairon que je
ne pouvois, de mon chef, me mêler de cette
affaire, et qu'il falloit qu'elle fût proposée et
traitée dans une affaire générale... » Et il ajoutait le 22 : « A l'assemblée d'aujourd'hui à la
Comédie-Françoise, la proposition de Mlle Clairon pour les invalides a été reçue avec applaudissements de toute l'assemblée, et il a été décidé qu'on présenteroit un mémoire en conséquence à M. le duc de Choiseul. »

Mlle Clairon : c'est le chargé d'affaires, et
l'avocat, et le *postillon* de la troupe, selon son
expression, dans une lettre adressée par elle à
l'avocat Gerbier, et relative aux affaires d'administration de la Comédie-Française [1].

1. Vente de lettres autographes du comte Labédoyère (24
novembre 1862).

XLII

Au printemps de l'année de 1761, paraissait un petit volume ayant pour titre : Liberté de la France contre le pouvoir arbitraire de l'excommunication, *ouvrage dont on est spécialement redevable aux sentiments généreux et supérieurs de Mlle Clai..., Amsterdam,* 1761.

Dans ce mémoire, Huerne de La Mothe, avocat au parlement de Paris, reprochant à l'Église l'abus qu'elle faisait de l'excommunication, établissait la différence existant entre les *farceurs* et les *bateleurs,* excommuniés d'après les anciens canons, avec les membres de la Comédie-Française. Puis il célébrait l'excellence de la tragédie pour perpétuer la mémoire, le sentiment des grandes actions, l'utilité de la comédie pour l'amendement des mœurs, et aussi comme haute distraction littéraire de la jeunesse française, qu'il comparait à la jeunesse athénienne.

Enfin il faisait ressortir la supériorité des
acteurs de la Comédie-Française, de ces comédiens du Roi jouant à la cour, de ces comédiens
en rapport avec l'Académie française, par le
banc à elle destiné et affecté par la Comédie-
Française, la supériorité de ces comédiens, quant
à la pureté du spectacle, sur les comédiens ita-
liens au jeu plus libre, et qui cependant, en vertu
d'une bulle du pape, ne sont pas excommuniés.

Et le livre, qui finissait par une consultation
de l'avocat, décidant que les Comédiens français
ne devaient pas être soumis à cette censure de
l'Église, ce livre était précédé d'une lettre de
Mlle Clairon, dans laquelle elle faisait part au
public de l'hésitation, de la *délicatesse* — c'est
le mot du temps — à continuer sa profession,
par crainte de l'excommunication, à laquelle elle
était soumise [1].

---

1. Voici cette lettre de Mlle Clairon à M. Huerne de La
Mothe, à la date du 5 septembre 1760 :

  « *Monsieur,*

  « *La confiance que j'ai en vos lumières et la juste douleur
que me cause l'excommunication et par conséquent l'infamie
qu'on attache à mon état, me fait vous prier de jeter les yeux
sur les mémoires ci-joints.*

  « *Née citoyenne, élevée dans la religion chrétienne catholique
que suivoient mes pères, je respecte ses ministres, je suis soumise aux décisions de l'Église.*

  « *D'après cette profession de foi et d'après ce que j'ai pu ras-*

L'auteur s'exprimait avec peu de respect pour
l'Église, et affichait même à son égard une indépendance d'esprit qui faisait scandale parmi
les ecclésiastiques. Le procureur général parlait
à M. Dains, bâtonnier des avocats, dans le sens
d'une répression, et à la suite de plusieurs assemblées de l'ordre, le 22 avril, en séance so-
lennelle de la Grand'Chambre, sur les conclusions de M. Joly de Fleury, premier avocat
général, intervenait un arrêt, condamnant le
livre en question à être lacéré et brûlé par l'exécuteur de la haute justice, et ordonnait, en
outre, que ledit Huerne de La Mothe sera et
demeurera rayé du tableau des avocats, étant
au greffe de l'ordre.

La radiation, en sus de l'arrêt condamnant le
livre, paraissait bien sévère aux gens de lettres
et de théâtre, surtout vis-à-vis d'un homme
n'ayant aucune fortune et âgé de cinquante ans.
Et Mlle Clairon qui se sentait la cause de la perte

sembler de preuves, de titres pour et contre ma profession,
voyez sans me flatter ce que je dois espérer ou craindre. Quelque chose que vous décidiez, je vous aurai la plus grande
obligation de fixer mon incertitude, elle est affreuse pour une
âme pénétrée de ses devoirs.

« Je suis avec ma parfaite considération, Monsieur,

« Votre très humble et très obéissante servante,

« CL... »

de l'emploi de M. Huerne de La Mothe, s'occupait de lui procurer un dédommagement, — et cela avec la volonté tenace et impérieuse que la femme met à tous les actes de sa vie.

Elle obtenait une audience du duc de Choiseul, et lui demandait carrément un emploi pour l'auteur des *Libertés de la France*.

Le ministre, sceptique et gouailleur, le ministre ennemi du dauphin, de la dauphine et de tout le parti dévot, disait galamment à la tragédienne qu'apparemment ceux qui avaient condamné l'ouvrage n'avaient jamais été à la Comédie, lui donnant à entendre qu'ils ignoraient son génie théâtral et tout ce qu'il méritait.

Là-dessus le duc de Choiseul formait aux affaires étrangères un bureau particulier, dont il nommait comme chef Huerne de La Mothe, qui touchait 3800 livres; indépendamment d'un logement dans les dépendances du palais de Versailles [1].

1. *Journal historique du règne de Louis XV*, par Barbier, vol. IV. Paris, Renouard, 1856. — Tout en obligeant M. Huerne de La Mothe, Mlle Clairon semble avoir gardé un mince souvenir de son talent. Voici comme elle le traite dans ses Mémoires : « M. de La Mothe, de l'ordre des avocats, que je n'avais jamais vu, vint prier de lui rendre service ; entre autres choses nous parlâmes de l'excommunication. Je vis aisément qu'il n'avait pas ce qu'il fallait pour nous en faire relever ; mais il parlait en homme assez instruit et je voulais essayer par une légère

La suppression de l'excommunication, c'est
tout le temps que Clairon reste attachée au
théâtre, la réforme qu'elle demande, qu'elle appelle, qu'elle exige, se faisant dans cette reven-
dication le champion de toute la corporation. Indépendamment du souci des foudres de l'Église,
l'orgueilleuse reine de théâtre, lorsque même
elle rentre dans la vie privée, souffre de l'infé-
riorité civique, du rôle de *paria* [1] découlant

tentative d'apercevoir ce que je pouvais entreprendre un jour.
Il m'offrit ses services, je les acceptai, mais au lieu de s'in-
struire avec moi, de me consulter sur la forme, l'étendue et la
teneur de l'ouvrage que je désirais, pressé, je crois, par le
besoin d'argent, il fit imprimer son pauvre mémoire, et je le lus
alors pour la première fois. Dès qu'il parut, mes camarades
trouvèrent très mauvais que je voulusse m'attribuer la gloire
de les tirer de leur fange. J'eus beau leur dire que je ne de-
mandais pas mieux que de me les associer, j'eus beau leur représenter l'honneur et le profit qu'ils auraient de cette démarche : hors Mme Drouin que l'esprit et l'honnêteté guidaient
toujours bien, et qui m'offrait de me seconder, je ne vis dans toute
la troupe que l'aveuglement de la sottise et de la jalousie.

1. Les comédiens ne pouvaient même obtenir le sacrement
du mariage... l'archevêque de Paris leur refusait la bénédiction
nuptiale. Lorsqu'un comédien voulait se marier, il fallait qu'il
renonçât au théâtre. Et voilà ce qui se passait ordinairement
sur l'acte de renonciation du comédien, l'archevêque accordait
la permission de bénir le mariage. Et aussitôt, la cérémonie
faite, le gentilhomme de la chambre envoyait au nouveau
béni l'ordre du Roi de remonter sur le théâtre. Aussi, un
moment, l'archevêque déclarait qu'il n'accorderait plus de
permission de mariage à un comédien, que sur une déclaration, signée des quatre gentilshommes de la chambre, s'engageant à ne plus donner un ordre de remonter sur le théâtre. Et,

de cette excommunication, et sa pensée est
toujours occupée à chercher une occasion de
protester contre l'exception infamante attachée
à sa profession [1].

Et, l'année suivante, quand après le théâtral
enterrement de Crébillon, dans l'église de Saint-
Jean-de-Latran, toute tendue et toute illuminée
et où, côte à côte avec l'Arlequin de la Comédie-
Italienne, Mlle Clairon, sans rouge, et en long
manteau, menait le deuil, quand le curé de
Saint-Jean-de-Latran fut menacé de perdre sa
cure, Mlle Clairon, selon une expression du
temps, « s'indignant avec une éloquence majes-
tueuse », ne voulait rien moins, si ce n'est que
toute la Comédie-Française demandât sa retraite [2].

---

pour obtenir la permission de mariage de Molé avec Mlle d'Épinay, on était obligé de surprendre l'attention de l'archevêque,
en lui faisant signer cette permission au milieu d'un tas d'autres.

1. Nous lisons dans les *Mémoires secrets de la République
des Lettres*, à la date du 6 février 1766, et dans le temps où
on espère qu'elle remontera sur la scène : « ... Cependant elle
a toujours sur le cœur cette terrible excommunication. Elle
ne cesse de faire des consultations et d'intéresser quantité de
jurisconsultes dans sa cause. Il y a souvent des comités chez
elle, et l'on vient d'y rédiger un mémoire pour la cour de Rome.

Elle souhaiterait en outre qu'au lieu de la qualité de *Comédiens françois* on intitulât sa troupe : l'*Académie royale de
déclamation*.

2. *Mémoires secrets de la République des Lettres*, vol. I.

XLIII

En ces années, Mlle Clairon est l'objet des cajoleries de Voltaire, qui, tout Voltaire qu'il est, est très préoccupé de se faire jouer, et a une certaine peur des manœuvres de la toute-puissante tragédienne, jalouse de la préférence secrète accordée par l'auteur dramatique à sa rivale Dumesnil.

Aussi, pour *capter la bienveillance* de l'ombrageuse femme, la prose et la poésie de l'homme de Ferney épuisent toutes leurs flatteries[1] et toutes

---

1. Tout en la flattant en public, Voltaire, dans l'intimité, riait des prétentions de Mlle Clairon, et même dans ses lettres à des amis sûrs et dont il ne redoutait pas les indiscrétions, il ne se gênait pas, pour égratigner la divine Clairon. On connaît ses ironies à propos de l'échafaud shakespearien que la tragédienne française réclame pour TANCRÈDE, on connaît ses supplications irritées quand il lui demande en grâce de rétablir les vers qu'elle a supprimés, écrivant en même temps à d'Argental : « Elle est accoutumée à couper bras et jambes aux pièces nouvelles, pour les faire aller plus vite. »

17

leurs caresses, à l'endroit de la belle *Melpomène,*
de la *divine Clairon.* Et dans sa correspondance,
que de louanges énormes, que de compliments
hyperboliques, adressés directement à l'actrice,
ou à travers des amis chargés de lui faire
tenir !

Dans cette lettre à Diderot, il s'écrie bien
haut « qu'il n'y a qu'une Clairon au monde ».
Dans cette lettre à l'actrice, « le pauvre vieil-
lard lui sera toujours attaché avec des sentiments aussi vifs que s'il était jeune » ; dans cette
autre lettre, il lui dit : « qu'elle a rendu à l'Europe le théâtre d'Athènes, et porté la pitié et la
terreur dans l'âme des Français, sans le secours
d'un amour impertinent et d'une galanterie de
ruelle » ; enfin l'ennemi de Fréron assure, tout
le temps, la victime de Fréron, de l'admiration
et du tendre attachement du *Claironien* et de
l'anti-Fréronien.

Et il lui dédie la tragédie de ZERLINE avec cette
enorgueillissante dédicace :

« Cette tragédie vous appartient, mademoiselle, vous l'avez fait supporter au théâtre.
Les talents comme les vôtres ont un avantage
assez unique, c'est celui de ressusciter les
morts. »

Et les vers et les versiculets, donc ! Écoutez-

le, dans le *Pantaodei* ou les *Étrennes à mademoiselle Clairon* :

> Belle Daphné, peintre de la nature,
> Vous l'imitez et l'embellissez !
>
> . . . . . , ...
>
> Je crois vous voir sur ce brillant théâtre,
> Où tout Paris, de votre art idolâtre,
> Porte en tribut son esprit et son cœur.
>
> . . . .
>
> Vous arrivez, conduite par l'amour,
> On vous présente à la reine, aux princesses,
> Aux vieux seigneurs, qui dans leurs vieux propos,
> Vont regrettant le chant de la Duclos.
> Vous recevez compliments et caresses.
> Chacun accourt, chacun dit : la voilà !
>
> . . . . , .
>
> Pour l'achever, quelque compilateur,
> Froid gazetier, jaloux d'un froid auteur,
> Quelque Fréron de l'*Ane littéraire*
> Vient l'entamer de sa dent mercenaire.
> A l'aboyeur il reste abandonné,
> Comme un esclave aux bêtes condamné [1].
>
> . . . .

Et lorsqu'au printemps de 1763, l'éternelle
mauvaise santé de Clairon, cette santé qui ne

---

1. Ces *Étrennes* étaient suivies, quelques années plus tard,
après la retraite de la tragédienne, de l'*Épître à Mlle Clairon* :

> Le sublime en tout genre est le don de plaire.
> . . . .
> Toi qui peins la nature, en osant l'embellir,
> Souveraine d'un art que tu sus embellir,
> Toi, dont un geste, un mot m'attendrit et m'enflamme.

lui avait permis de jouer que trente-sept fois
dans l'année théâtrale où fut représenté Tancrède, cette santé devenue tout à fait déplorable,
fait annoncer qu'elle va partir pour Genève,
consulter Tronchin, Voltaire lui envoie cette
galante invitation à prendre logis aux Délices :

« M. Tronchin, mademoiselle, m'a dit que
votre état demande les plus grands ménagements... Vous avez mandé qu'on vous louât
un appartement à Genève, dans le voisinage de
M. Tronchin. Non seulement il n'y en a point,
mais s'il y en avait, il serait d'une cherté exces-
sive... Nous sommes actuellement, Mme Denis
et moi, aux Délices. C'est une maison de campagne assez agréable. Vous choisirez l'appartement qui vous conviendra le mieux. Mme Denis
est malade, je le suis. M. Tronchin viendra,
dans notre hôpital, pour nous trois. Nous irons
passer la belle saison dans le château de Ferney. »

A cette invitation Mlle Clairon répondait par
ce billet enthousiaste :

« ... *Vous et Corneille, êtes mes dieux. Jugés
combien votre offre m'est agréable, jugés du plaisir que j'éprouverois en allant vous rendre mes
hommages. Je vous entendrois tous les jours, je*

pourrois témoigner ma reconnoissance à M. Tron-
chin à qui je suis sûre que je vais devoir la vie,
j'aurois pour compagne votre nièce et celle de
Corneille. Il me paroît impossible que rien ne
m'arrête[1]*... »*

1. Catalogue de lettres autographes du 15 janvier 1887.

XLIV

Au moment de ses triomphes, en dépit de sa santé, Mlle Clairon demeure belle. Son buste et ses portraits nous la montrent, avec son petit front de volonté que bossue la mémoire au-dessus des sourcils, avec la délicate courbure aquiline du nez, avec son ovale grassouillet, avec sa bouche aux lèvres charnues. Est-ce belle qu'il faut dire? Non, je crois que l'expression jolie est plus juste, appliquée à ses yeux, où, comme le dit Dussault, respire le *tempérament* le plus délicieusement prononcé, à cette coquine de bouche au mouvement le plus lascif, et qui semble appeler le baiser, — enfin à tous ces dons de nature donnant chez elle à l'expression de l'amour, le caractère du désir.

Ce *visage de grisette*, — une disgrâce presque pour une tragédienne, — et que Mlle Clairon, au théâtre, était condamnée, tout le temps, à

ennoblir et à spiritualiser, ce visage fut plus
attaquable qu'un autre, par l'action des années.

A quarante ans [1], Mlle Clairon est toujours la
belle, la jolie Clairon, et cependant écoutez le
curieux aveu qu'elle fait dans un coin de ses
Mémoires :

« J'étais parvenue à l'âge de quarante ans,
sans m'être aperçue d'aucune dégradation dans
ma figure. Soit que l'extrême parure, nécessaire
à mes rôles, favorisât l'illusion des autres, soit
qu'elle fût soutenue par la variété des personnages que je représentais, soit qu'on fût maîtrisé
par les passions que je m'efforçais de bien
peindre, ou par l'optique du théâtre, tous mes
amis me trouvaient charmante, et mon amant
m'aimait à la folie ; bref, je ne doutais de rien.
Un jour, plus vivement pressée du désir de
plaire, je voulus ajouter à mes charmes le secours de ces parures élégantes, que nous avons
toujours en réserve, et qui font faire : « Ah!... »
quand on nous voit. Me regardant continuellement au miroir pour voir, si mes cheveux allaient bien, il me sembla que ma femme de
chambre se négligeait, qu'elle oubliait l'air de
mon visage, qu'elle avait l'intention de me

---

1. Mlle Clairon avait 40 ans en 1762.

rendre moins jolie, ce jour-là, que de coutume.
Cependant je demandai avec confiance le charmant bonnet qui devait tout surmonter, mais
de quelque façon que je le tournasse, j'en fus
mécontente : je le jetai, j'en demandai vingt
autres, et confondue de n'en trouver aucun
qui m'allât comme je voulais, je m'examinai
scrupuleusement moi-même. Le nez sur la
glace, éclairée par le jour le plus pur, je vis
plusieurs sillons de rides sur mon front, dans
les deux coins de mes yeux, dans le tour de
mon cou ! la blancheur de mes dents n'avait
plus le même éclat ! mes lèvres étaient moins
fraîches, mes yeux moins vifs ! et malheureusement je me portais bien dans ce moment-là !...
Forcée de m'avouer que ce n'était plus la faute
de ma femme de chambre et de mes bonnets,
que c'était moi qui n'étais plus la même, je fon-
dis en larmes. Quelle faiblesse, direz-vous ! Hélas ! j'aimais ! mon bonheur dépendait de plaire,
ma raison m'ordonnait de n'y plus prétendre.
Ce moment fut affreux, ma douleur dura près
de six mois; elle était d'autant plus pénible qu'il
fallait la cacher pour n'en pas avouer la cause.
Mais, dès le premier moment de cette cruelle
découverte, je me vouai à la plus grande simplicité; en n'attirant plus les yeux sur ma pa-

rure, je me flattai d'échapper plus aisément aux
coups d'œil de détail; la critique et l'envie
doivent au moins se taire devant celles qui se
font justice. Je n'exigeai plus rien en redoublant
tous les soins de l'amour. Je n'en parlai plus le
langage, insensiblement j'en réprimai tous les
désirs. Ma conduite frappa, l'on m'en demanda
compte. On fut touché de celui que je rendis.
J'obtins par là de jouir, encore cinq ans, d'un
cœur que beaucoup de femmes me disputaient. »

XLV

— « Monsieur-de-La-Ferté, — c'était Mlle Clairon parlant du ton le plus autoritaire, en espaçant ses syllabes, — je vous ré-pè-te que-si-l'on-chan-ge la-moin-dre cho-se-à-la-pom-pe thé-â-tra-le d'O-LYM-PIE, je-ne-joue-point ! »

Louis XV avait témoigné l'envie de voir LES GRACES de Sainte-Foix, et dans le répertoire de la Comédie-Française avaient été choisies OLYM-PIE et LES GRACES, pour être jouées à Versailles. Seulement le Roi avait prévenu qu'il voulait absolument que le théâtre finît à neuf heures, à cause du conseil.

Dans la pièce d'OLYMPIE, Mlle d'Oligny, l'ingénue à la mode, remplissait un rôle muet, et M. de La Ferté, intendant des Menus, demandait à Mlle Clairon qu'elle voulût bien permettre de la remplacer près d'elle, au dernier acte, par une fille des chœurs de l'Opéra, afin qu'elle

eût le temps de changer de costume, et de ne
pas retarder la seconde pièce dans laquelle elle
jouait. A cette demande de l'intendant des
Menus, la reine de théâtre, de se retourner vers
Mlle d'Oligny, et de lui jeter comme un ordre :
« Vous, mademoiselle, *je vous défends* de vous
laisser remplacer. » Et M. de La Ferté faisant
observer humblement à Mlle Clairon que c'était
le Roi qui voulait voir LES GRACES, et qu'il avait
ordonné que le spectacle fût fini à neuf heures,
elle lui faisait l'impérieuse réponse, citée plus
haut, et dans un état d'irritation tel, que l'intendant des Menus n'osait plus insister. Il faut dire
que Mlle Clairon détestait Sainte-Foix.

Là-dessus on jouait OLYMPIE, et Clairon, qui
aurait dit, quelques instants avant, qu'il ne tenait
qu'à elle, suivant qu'elle jugerait à propos de
déclamer, de faire durer la pièce un gros quart
d'heure de plus [1], Clairon traînait la pièce en
longueur. Arrivait l'entr'acte, pendant lequel le
Roi avait l'habitude de s'en aller, lorsque l'intervalle entre les deux pièces était un peu long. Le
Roi s'impatiente, il tire sa montre ; neuf heures
sont sonnées, il se lève et sort en disant à haute
voix : « On m'avait promis LES GRACES. » Ima-

1. *Correspondance littéraire de Grimm.* Garnier frères,
vol. VI.

ginez la belle colère du bouillant Sainte-Foix, qui était dans la salle[1].

C'était le moment où le comte de Valbelle et M. de Villepinte, deux fanatiques de la tragédienne, venaient de faire frapper une médaille où l'on voyait d'un côté le buste de Mlle Clairon couronné de lauriers, et de l'autre côté on lisait cette légende :

« *L'Amitié et Melpomène ont fait frapper cette médaille en* 1764. »

C'était le moment où un véritable ordre, l'*Ordre du Médaillon,* était institué, représentant d'un côté Clairon, et de l'autre, le dessin allégorique de Gravelot, commandé par Garrick [2], et qui inspirait les fades vers :

> Sur l'inimitable Clairon,
> On va frapper, dit-on,
> Un médaillon.

. . . .

1. *Mémoires de Mlle Dumesnil* en réponse aux *Mémoires d'Hippolyte Clairon,* par Dussault. Paris, 1829.

2. Il y a vraiment dans le moment une multiplication d'hommages un peu exagérée, à la plus grande gloire de la tragédienne. Presque en même temps que la médaille est frappée on grave le dessin que Garrick a fait faire par Gravelot Et on grave encore, avec l'argent du Roi, le grand portrait de la Clairon en Médée, de Carle Vanloo. Je reviendrai avec détail sur tous ces portraits, dans l'iconographie de la tragédienne, à la fin du volume.

Vers dont Sainte-Foix faisait cette cruelle
parodie :

> De la fameuse Frétillon,
> A bon marché se va vendre le médaillon.
> Mais à quel prix qu'on le donne.
> Fût-ce pour douze sous, fût-ce même pour un,
> On ne pourra jamais le rendre aussi commun
> Que le fût jadis sa personne [1].

Mais la représentation d'OLYMPIE avec ce
qu'elle avait eu d'humiliation pour d'Oligny,
amenait quelque chose de plus cruel, que la san-
glante épigramme à l'endroit de la hautaine tragédienne. Sainte-Foix était l'ami de Fréron, et
sans doute, par son intermédiaire, un éloge de
d'Oligny « qui n'avait jamais voulu écouter
aucune proposition de fortune, au prix de son
innocence », un éloge en vers, paraissait dans
l'*Année littéraire*, et que Fréron faisait suivre de
cette page, où, sans qu'elle fût nommée, tout le
monde, au fait des anecdotes de sa jeunesse, reconnaissait la Clairon :

« On lui saura gré (à l'auteur, M. Duvoyer de
Gastels) d'avoir insisté, dans le juste éloge de

---

1. Je ne sais quelle est la valeur de l'anecdote, rapportée par
Dussault, racontant qu'après cette épigramme, Mlle Clairon
faisait acheter des épreuves du portrait de Sainte-Foix, qu'on
gravait en même temps que le sien, et faisait adroitement substituer à la tête de l'auteur dramatique, une tête d'hyène.

18

Mlle d'Oligny, sur sa conduite irréprochable jusqu'à ce moment. Puisse-t-il se souvenir toujours que les muses sont chastes et qu'elles ne doivent jamais chanter le libertinage et la prostitution! Les talents les plus rares, ou regardés comme tels, n'effacent point l'opprobre d'une vie dissolue. On peut accorder quelque estime au jeu théâtral de la comédienne, mais le sceau du mépris est toujours empreint sur sa personne. C'est en vain qu'après avoir acquis une honteuse célébrité par le vice, on affecte un maintien grave et réservé. Cette honnêteté tardive et fausse ne sert qu'à former un contraste révoltant avec une jeunesse infâme, et je ne sais si l'on n'aimerait pas mieux qu'une créature de cette espèce se montrât constamment ce qu'elle a été, que de paraître ce qu'elle n'est pas. La franchise du libertinage est moins choquante, en effet, que la morne hypocrisie de la dignité [1]. »

Quelques jours après la publication de l'article de Fréron, Mlle Clairon allait trouver les gentilshommes de la chambre, et menaçait de se retirer, si on ne lui faisait justice du vil folliculaire.

Un ordre du Roi était obtenu pour mettre

1. *L'Année littéraire*, par M. Fréron. Paris, chez J. Panckouke. Lettre V, 17 janvier 1765.

Fréron au Fort-l'Évêque. Mais l'exempt, qui devait l'y conduire, tombait au milieu d'une violente attaque de goutte du journaliste, et ses amis obtenaient la suspension de l'ordre, jusqu'au moment où il serait en état de se rendre en prison. Pendant ce temps Fréron faisait agir des protections. L'abbé de Voisenon, très aimé du maréchal de Duras, lui écrivait une lettre, dans laquelle il sollicitait très chaudement la grâce du rédacteur de l'*Année littéraire*, lettre à laquelle le maréchal répondait que c'était la seule grâce qu'il était forcé de refuser, et qu'elle ne serait accordée qu'à la demande de Mlle Clairon. A l'humiliation de devoir son pardon à la femme qu'il avait insultée, Fréron s'écriait bravement comme le philosophe de l'antiquité : « Aux carrières, aux carrières plutôt[1] ! »

1. La vérité est que Fréron manqua d'héroïsme en cette affaire. Il adressait au maréchal de Richelieu la plus plate et la plus mensongère rétractation. La voici telle que l'a imprimée la *Revue rétrospective* (vol. XV) :

« Paris, 2 mars 1765.

« Monseigneur,

« J'ai déjà eu l'honneur de vous écrire deux lettres pour me justifier de l'horrible imputation qu'on a faite d'un article de mes feuilles, où l'on prétend que j'ai voulu désigner Mlle Clairon. Je ne saurais trop vous protester, Monseigneur, que je n'ai jamais eu dessein de peindre cette actrice célèbre. Il n'y a que ses ennemis ou les miens qui aient pu lui appliquer un portrait général, et prêter à ma plume une malignité dont elle n'est

Alors intervenait, en faveur de Fréron, dont l'un des enfants avait pour parrain le roi Stanislas, une protectrice toute-puissante, Marie Lecszinska : la pieuse reine de France exigeait qu'on lui fît grâce en faveur de la campagne qu'il menait contre l'irréligion et les philosophes.

Mlle Clairon se montrait très blessée de ce déni de justice à son égard : elle écrivait aux gentilshommes de la chambre une lettre pathétique, où elle témoignait son regret de voir que ses talents n'étaient plus agréables au Roi, qu'elle le présumait du moins, puisqu'on la laissait

point coupable en cette occasion. Je prends avec confiance la liberté de réclamer de nouveau votre justice et votre bonté pour faire cesser l'inquiétude affreuse que l'ordre du Roi ajoute à mes maux.

« Je suis, etc.

« FRÉRON. »

Dans une lettre à Favart, il disait : « ... D'ailleurs je ne l'ai pas nommée, et je proteste que je ne l'ai pas eue en vue; mais je suppose pour un moment que j'ai voulu la désigner : en effet, serais-je donc si coupable? Quoi! l'on a permis et l'on permet encore aux comédiens de jouer l'*Écossaise* dans laquelle ils disent que je suis représenté, sous le nom de *Wasp*, et il me sera fait un crime d'indiquer vaguement, dans un écrit approuvé par un censeur, une comédienne dont j'ai lieu d'être mécontent personnellement. — La persécution que j'éprouve est bien étrange, Monsieur : si la demoiselle Clairon ressemble en effet au portrait que j'ai tracé, comment ose-t-on protéger une créature aussi infâme que celle que je dépeins? Si ce portrait n'est pas le sien, comment a-t-on l'injustice de me punir?

avilir impunément, et qu'en conséquence elle persistait à demander sa retraite.

Et elle allait, en personne, épancher son cœur chez le duc de Choiseul, et lui faire part de son projet.

« Mademoiselle, lui aurait dit le spirituel et ironique ministre, nous sommes, vous et moi, chacun sur un théâtre, mais avec la différence que vous choisissez les rôles qui vous conviennent, et que vous êtes toujours sûre des applaudissements du public. Il n'y a que quelques gens de mauvais goût, comme ce malheureux Fréron, qui vous refusent leurs suffrages. Moi, au contraire, j'ai ma tâche souvent très désagréable, j'ai beau faire de mon mieux, on me critique, on me condamne, on me hue, on me bafoue, et cependant, je ne donne point ma démission. Immolons, vous et moi, nos ressentiments à la Patrie, et servons-la, de notre mieux, chacun dans notre genre. D'ailleurs, la Reine ayant fait grâce, vous pouvez, sans compromettre votre dignité, imiter la clémence de Sa Majesté. »

La reine de théâtre, fort mécontente de ce persiflage, revenait chez elle, où se tenait un comité composé de ses amis et de la troupe des comédiens, présidé par le duc de Duras, et l'on

18.

convenait qu'on ferait craindre à M. de Saint-
Florentin le retrait de toute la troupe, si l'on
ne faisait raison à la Melpomène moderne de
l'insolence de Fréron. Si bien que M. de Saint-
Florentin, effrayé de la conjuration et incertain
sur le parti à prendre, devant la division que
cette grosse affaire mettait chez les gens de cour,
se demandait un moment, malgré son profond
respect pour la Reine, s'il ne devait pas prendre
les ordres du Roi [1].

1. *Mémoires secrets de la République des Lettres*, vol. II.

XLVI

En cette même année 1765, à deux mois de
l'affaire Fréron, c'est l'affaire Dubois[1] : deux
affaires de la Comédie-Française, où Mlle Clairon
apparaît, comme le boute-feu et le brandon de
discorde.

Au mois d'avril, la rentrée des théâtres était
arrivée, et la Comédie-Française, dont les loges
étaient louées pour plusieurs représentations,
allait ouvrir par la reprise du Siège de Calais,
s'annonçant de la manière la plus brillante.

Un incident imprévu mettait à vau-l'eau les
espérances de la Comédie.

Le comédien Dubois, honoré depuis vingt-
neuf ans de la confiance de tous les héros tra-

---

1. Clairon dit dans ses Mémoires : « La ridicule affaire Dubois, commencée par M. le duc de Duras, trop étourdi, trop
inconséquent pour en prévoir les suites, et conduite après,
par la légèreté despotique du maréchal de Richelieu... »

giques, le confident habituel d'Agamemnon,
d'Achille, de Mahomet et qui, dans la pièce de Du
Belloy, jouait le personnage du généreux Manny,
le comédien Dubois, maltraité par l'amour et
soigné par un petit chirurgien de Saint-Côme,
eut une difficulté avec son Esculape.

Du côté du comédien, allégation du verse-
ment de plusieurs acomptes, outre la livraison
de deux feuillettes de vin, et demande à être
reçu à prêter serment qu'il ne doit rien, — et
Dubois apportait le témoignage d'un camarade,
d'un compère, le comédien Blainville.

Du côté du chirurgien, réponse à son adver-
saire que l'impossibilité par lui de prouver et
d'articuler la quotité des comptes, implique contradiction dans ce qu'il avance, et lui refuse,
comme comédien, d'être admis à prêter serment
qu'il ne doit rien.

Là-dessus, exaspération du tripot comique,
de ces hommes, de ces femmes qu'on déclare
exercer un métier infâme, et qu'on veut priver
de la faculté d'*ester* en justice. Et la Comédie-
Française prend, tout entière, fait et cause pour
Dubois et Blainville, enchantée de trouver une
occasion de tirer satisfaction de l'insulte publique faite à l'état du comédien.

Malheureusement, la chose tirée au clair, il

se trouve que Dubois et Blainville sont deux fri-
pons. Alors la troupe paye le chirurgien, et,
après avoir pris l'agrément des gentilshommes
de la chambre, raye Dubois et Blainville du
tableau des comédiens ordinaires du Roi; et les
affiches de la Comédie, posées d'avance pour
la réouverture d'avril, annoncent à la cour et
à la ville que Bellecourt est chargé du rôle de
Manny.

Mais la fille de Dubois était une des plus jolies
actrices de Paris, et ayant eu l'avantage, au
dire de Clairon, de rendre heureux tous les
gentilshommes de la chambre, M. de Villequier,
M. de Fitz-James, le duc de Fronsac [1], qui, —

---

1. Voici, d'après un rapport de police du 7 décembre 1759,
publié dans la *Revue anecdotique*, en 1860, le récit de l'amou-
rette du duc de Fronsac avec la Dubois :

« La demoiselle Dubois, actrice de la Comédie-Françoise,
fille du comédien actuel de ce nom au même théâtre, est,
ainsi que tout Paris le connoît, d'une très jolie figure, grande,
bien faite. A été bien élevée par ses père et mère, qui n'ont
rien négligé pour son éducation, et qui la retenoient chez eux
de très court. Mais l'amour s'étant fait sentir par les fleurettes
que M. le duc de Fronsac lui débitoit à la dérobée, quand il
la trouvoit au spectacle, il y a de cela environ un an, il lui fut
indispensable de s'y rendre, et comme pour se voir particulièrement, il y avoit beaucoup d'obstacles à surmonter, ce jeune
seigneur, de convention avec elle, se servit d'un stratagème
qui le fit réussir à lui cueillir sa première fleur. Ce fut de s'introduire chez les père et mère sous le travestissement d'un
garçon limonadier qui, tous les matins, portoit à cette demoi-

reçu tout dernièrement, en survivance de son
père, le duc de Richelieu, — arrangeait les
choses de telle façon, que, le lundi 15 avril, il
arrivait seulement, vers les deux heures, à la
Comédie, un second ordre portant injonction de
faire jouer à Dubois le rôle de Manny, le Roi se
réservant la connaissance de l'affaire et la décision sur le sort du comédien.

Il n'est pas besoin de dire qu'il avait transpiré,
au dehors, quelque chose du complot de la
jeune Dubois et des gentilshommes de la
chambre, et que la Clairon, qui s'était constituée la gardienne, en même temps que l'orateur,
de l'*honneur* des comédiens, dans une réunion
chez elle, en prévision de l'ordre du Roi, avait
obtenu de ses camarades la parole de ne pas
jouer avec Dubois.

Et la scène se jouait ainsi : Lekain arrivait
au théâtre, et demandant aux semainiers qui
jouait le rôle de Manny : C'est Dubois, selon
l'ordre du Roi ! lui répondait-on. Cela étant,

---

selle du chocolat. Cette intrigue dura quelque temps, sans être
découverte, et elle ne m'est parvenue que parce qu'elle l'a elle-
même racontée à quelqu'un qui est à ma dévotion. Mais l'in-
constance de M. le duc la rompit, et notre demoiselle resta
vacante jusqu'au moment de son début au théâtre, où M. le
marquis de Villeroy, qui prit du goût pour elle, lui fit présent
de tous ses premiers habits de théâtre... »

répliquait-il, voilà mon rôle! Et il s'en allait.
Et Molé l'imitait. Puis c'était Brizard, puis c'é-
tait Dauberval. En dernier lieu, entrait Clairon,
assurant qu'elle était malade, qu'elle sortait de
son lit, mais qu'elle savait ce qu'elle devait au
public, et qu'elle mourrait sur le théâtre plutôt
que d'y manquer, et finissant enfin par l'inter-
rogation : Qui fait le rôle de Manny? Et sur
la réponse, se trouvant mal, et retournant se
mettre au lit [1].

Cependant il est cinq heures et demie, et le
public est assemblé dans la salle, attendant le
Siège de Calais. Lekain, Molé, Brizard ne sont
point au théâtre. Mlle Clairon, qui a paru un
moment, bien assurée que ses camarades ne
joueront pas, ne s'est pas donné la peine de
s'habiller, et est remontée dans la chaise à por-
teurs qui l'a amenée.

Pendant ce temps, les partisans de la Dubois
plaident sa cause au parterre, tandis qu'elle-

---

1. *Correspondance littéraire de Grimm*, vol. VI. — *Mémoires
secrets*, vol. II. — *Journal de Collé*, vol. III. — Collé dit : que
les comédiens, les chambres assemblées en hâte, arrêtèrent
une députation chez le duc de Duras pour y faire leurs remon-
trances et y porter le vœu de leur compagnie... mais au bout
d'une heure et demie, ils ne rapportèrent que les gestes d'un
monseigneur bien fâché, ne sachant que dire qu'il fallait
obéir.

même, les cheveux épars[1], va suppliante, de loge en loge, cherchant à émouvoir les cœurs, en faveur d'un père infortuné, et demandant vengeance des atrocités de Mlle Clairon[2].

Au fond, les comédiens se trouvaient fort empêchés d'annoncer la déplaisante nouvelle d'un changement de spectacle. Enfin, à plus de six heures, la toile levée, le timide Bouret, ses gants blancs à la main, se hasarde au compliment d'entrée : *Messieurs, nous sommes au désespoir...* « *Point de désespoir, Calais* », crie tout d'une voix le parterre. Et les cris du parterre gagnent l'orchestre, les loges, la salle entière. Préville, Préville l'idole du public, tente de commencer son rôle dans la comédie du Joueur, qu'on a substituée au Siège de Calais. Il est sifflé, et obligé de se retirer. C'est un vrai tintamarre, où l'on entendait au milieu des huées et des sifflets : *Molé, Brizard, Lekain, Dauberval au Fort-l'Évêque... Clairon à l'hôpital... Frétillon aux cabanons.*

---

1. Voici dans quels termes s'exprime sur le compte de Mlle Dubois, la Clairon : « Mlle Dubois oubliant qu'elle me devait le peu de talent qu'elle avait, ... bête à l'excès à la vérité, et pour le moins aussi coquine... »

2. Mlle Dubois réussissait si bien, que, pendant le cours de la représentation, on entendait, dans le parquet, un officier du régiment de Fitz-James, crier tout haut : « qu'il fallait au moins la pendre » (la Clairon).

Et l'émeute de la salle, et les vociférations : *La Clairon à l'hôpital !* durent jusqu'à sept heures, où l'on baisse la toile, et où l'on rend l'argent au public.

Le lendemain, 16 avril, Mlle Clairon recevait la visite d'un exempt de police, qui avait l'ordre de la conduire au For-l'Évêque. Malade d'une inflammation d'entrailles, et alitée, la tragédienne avait au chevet de son lit Mme de Sauvigny, la femme de l'intendant de Paris, la petite tête folle bien connue. Et après que Mlle Clairon eut fait tous ses préparatifs d'embastillement, avec toute la sublimité tragique convenable [1], l'intendante voulut ostensiblement conduire à la prison, dans son carrosse, *sa philosophe et son illustre amie,* ainsi qu'elle l'appelait. Mais comme elle était venue en vis-à-vis, et qu'il fut impossible de faire démordre l'alguazil de sa prétention de monter dans la voiture, on l'installait devant, et Mme de Sauvigny prenant dans le fond son amie sur les genoux, les deux *femmes à sen-*

---

1. Avec la hauteur de *Viriate,* quand elle parle à *Perpenna,* elle aurait dit à l'exempt de police « *qu'elle était soumise aux ordres du Roi; que tout en elle était à la disposition de Sa Majesté, que ses biens, sa personne, sa vie en dépendaient, mais que son honneur était intact et que le Roi lui-même n'y pouvait rien !* » A quoi l'exempt de police aurait répondu : « *Vous avez raison Mademoiselle, là où il n'y a rien, le Roi perd ses droits.* »

timent traversaient ainsi les rues, donnant le public spectacle de leur tendre intimité.

On plaçait Mlle Clairon dans le meilleur logement de la prison, meublé presque richement. On lui permettait de donner à souper, et c'était, du matin au soir, une affluence prodigieuse de carrosses à la porte de la prison. Une disgrâce convertie en un éclatant triomphe[1].

Au bout de cinq jours, Mlle Clairon avait assez de la prison, et elle obtenait d'en sortir sur la représentation de son chirurgien, que sa santé était en danger, mais elle devait rester aux arrêts chez elle, ne pouvant recevoir que six personnes, parmi lesquelles étaient son médecin et son chirurgien.

---

1. Cette disgrâce lui valait cette lettre de Voltaire, qui dut avoir une influence sur les déterminations futures de la tragédienne :

« L'homme qui s'intéresse le plus à la gloire de Mlle Clairon et à l'honneur des beaux-arts, la supplie très instamment de saisir ce moment, pour déclarer que c'est une contradiction trop absurde d'être au Fort-l'Évêque, si l'on ne joue pas, et d'être excommuniée si l'on joue, qu'il est impossible de soutenir ce double affront, et qu'il faut enfin que les Velches se décident. Les acteurs, qui ont marqué tant de sentiment d'honneur dans cette affaire, se joindront sans doute à elle. Que Mlle Clairon réussisse ou ne réussisse point, elle sera révérée du public et si elle remonte sur le théâtre comme un esclave qu'on fait danser avec ses fers, elle perd toute sa considération. J'attends d'elle une fermeté qui lui fera autant d'honneur que son talent, et qui sera une époque mémorable. »

Toutefois la surveillance, exercée sur la personne, n'était pas si sévère, qu'elle ne pût pas faire tenir ce billet à Lekain :

« De chez moi, ce 22 avril 1765.

« *Je viens d'avoir une conférence avec une personne parfaitement instruite.*

« *L'indigne protégé du maréchal *** ne reparaîtra jamais*[1]. *On ne me l'a pas articulé aussi positivement ; mais on m'a dit que* tous *ceux dont notre sort dépend, sont convenus qu'il falloit renoncer à la Comédie ou au projet de nous dégrader. On craint les désistements ; tenons ferme respectueusement et tout ira bien. J'ai demandé qu'on vous changeât de lieu, par la crainte que j'ai que vous ne tombiez tous malades, où vous êtes ; que*

---

1. Mlle Clairon était bien renseignée. Dubois était obligé de se retirer de la Comédie-Française, ainsi que le témoigne cette lettre de Mme Riccoboni à Garrick, en date du 15 mai 1765 :

« On vous aura sans doute écrit que les Comédiens françois l'ont emporté sur le maréchal de Richelieu. Dubois (*poor rascal*) est retiré, mais avec les honneurs de la guerre. Le plaisant c'est qu'il a demandé son congé, ne pouvant, dit-il, vivre avec un tas de maroufles comme ses camarades. Enfin le combat est fini, et le champ de bataille reste à Clairon. Ses ennemis, fâchés de sa victoire, font courir le bruit que vous avez dit à milâdy Holland que Mlle Dumesnil est très supérieure à Clairon. C'est assurément de quoi flétrir ses lauriers et les entrelacer d'absinthe. » *The private Correspondence of David Garrick with the most celebrated persons of his time*, Henri Colburn et Richard Bentley. London, 1831-1832, vol. II.

l'on fixât le temps de votre détention; et l'on est convenu que j'avois raison de croire qu'elle étoit un prétexte pour cabaler et tenir de mauvais propos plus longtemps. Enfin, mon ami, j'ose espérer que cela ne sera pas bien long, et que la semaine prochaine, au plus tard, nous serons tous chacun chez nous, jouissant de notre gloire. Dites bien des choses de ma part à nos trois amis. Vous pouvez être bien sûrs tous du cas que je fais de votre estime et de votre amitié; tant que je vivrai, mon cher ami, je vous jure que je la mériterai [1].

« CLAIRON. »

Elle restait ainsi aux arrêts, trois semaines après sa sortie de For-l'Évêque, trois semaines, pendant lesquelles elle écrivait à Garrick une épître, encore toute chaude de son indignation, à propos de ce coup révoltant du plus *injuste despotisme :*

« *De Paris, ce 9 may 1765.*

« *Mon âme, à jamais pénétrée d'un traitement aussi barbare qu'injuste, avoit besoin, mon cher ami, du plaisir que votre lettre vient de lui faire : cette lettre a suspendu quelques instants l'indi-*

---

1. *Mémoires de Lekain.* Paris, Ledoux, 1825.

gnation et la douleur qui me consument. Jamais
ma santé n'a donné d'aussi grandes inquiétudes
pour ma vie, jamais les accidents auxquels je
suis sujette, n'ont été aussi multipliés, aussi vio-
lents, mais, soyez tranquille, mon courage est au-
dessus de mes maux.

« Le croirez-vous, mes camarades sont encore
en prison ; moi, l'on m'a fait sortir le cinquième
jour, mais l'on m'a mise aux arrêts chez moi,
avec défense de recevoir plus de six personnes
nommées. On dit que Dubois a demandé son congé,
on espère qu'il sera accepté et que nous serons
libres ce soir ou demain, il en est temps ! Comme on
n'a voulu permettre à aucun de mes camarades
de me venir voir, j'ignore ce qu'ils pensent et ce
qu'ils feront tous.

« Je suis décidée à ne leur donner aucun conseil,
à ne m'occuper que de moi, et surtout de l'estime
des honnêtes gens ; je l'obtiendrai, j'ose en être
sûre. Je ne vous ferai point part de toutes mes
réflexions sur le passé, le présent et l'avenir, non
que je craigne de les soumettre à vos lumières
et à votre amitié, mais ma lettre peut être ouverte,
on pourroit m'interpréter mal, je ne veux donner
aucun prétexte à la persécution. Embrassez pour
moi Mme Garrick, soyez sûrs tous deux que je
vous aime, vous estime, et vous regrette autant

19.

qu'il est possible, et que vous avez droit de l'at-
tendre du cœur le plus sensible et le plus recon-
naissant.

« CLAIRON. »

« *Ma petite société vous fait mille et mille com-*
pliments ; si vous voyez milord Farnham, excu-
sez-moi de ne pas lui avoir répondu.

« *Le comte de Valbelle a arrangé votre « Siège*
de Calais », vous l'auriez depuis longtemps, sans
une estampe qu'il y veut insérer et qui n'est pas
finie [1]. »

---

1. Lettre autographe signée, tirée du fonds Stassart à l'Académie royale de Belgique. La lettre est également donnée dans
la correspondance imprimée de Garrick.

XLVII

Le 6 mai, les Comédiens français, dans un compliment au public, annonçaient une suspension de représentation, causée par la détention de leurs camarades, l'absence de Mlle Dumesnil, la maladie de Mlle Clairon[1]. Le retour de Dumesnil mettait les comédiens en état de jouer le 13 mai, SÉMIRAMIS, mais Mlle Clairon, qu'on disait toujours incommodée, ne rejouait pas. Enfin, au milieu du mois de juin, il était de notoriété publique que la grande tragédienne avait demandé un congé absolu[2].

1. Dans une lettre de Molé à Garrick, en date du 11 mai 1765, Molé écrit : « Mlle Clairon ne se porte pas encore bien, elle ne peut à peine se soutenir, tant elle est affaiblie par des pertes continuelles. Il court un bruit sourd qu'elle ne jouera plus à Paris, et, moi qui vous parle, je puis en avoir quelques notions ; je souhaite me tromper, mais j'en ai peur. » *The private Correspondence of David Garrick with the most celebrated persons of his time.* London, vol. II.

2. La popularité apportée à Mlle Clairon, par son emprisonnement au Fort-l'Évêque et sa retraite éclatante de la Comé-

Le maréchal de Richelieu, il est vrai, se refusait de souscrire à sa demande, lui faisait dire
gracieusement qu'il ne signerait jamais sa retraite, pendant l'année de son exercice, et qu'il
ne lui accordait un congé que jusqu'à Pâques,
afin qu'elle eût le temps d'aller à Genève et de
consulter Tronchin.

A Genève, elle obtenait la consultation qu'elle
désirait : consultation sans doute concertée entre
l'Esculape et la tragédienne. Tronchin la menaçait d'une mort prochaine, si elle remontait sur
le théâtre[1].

De Genève, Mlle Clairon se rendait à Ferney,
où, déjà invitée par le maître de la maison, en
1763, elle était invitée une seconde fois, par
cette irrésistible lettre du 21 juin 1765 : « S'il
était vrai qu'une dame de vos amies vienne
à Genève, je me flatte que vous l'engagerez
à prendre à la campagne le même apparte-

die-Française, nous est signalé par un curieux petit fait. Cette
année paraît LA CLAIRON, *contre-danse nouvelle dédiée à*
Mlle LATUDE CLAIRON, *actrice à la Comédie Française, par*
M. DESHAYES, *maître de ballets du même théâtre, la musique
par* M. DESNOYERS, *premier danseur au même spectacle...*

Quatre pages, la première contenant la dédicace et un ma-
drigal à Mlle Clairon, la deuxième la description des figures
de la contredanse, la troisième le plan des figures de la contredanse et la musique de contredanse.

1. *Mémoires secrets de la République des Lettres*, vol. II.

ment que M. de Valbelle a bien voulu occuper.
Vous ne trouverez dans cette maison que des
partisans, des admirateurs et des amis. On y
honore les beaux-arts et surtout le vôtre, on y
déteste ceux qui en sont les ennemis : c'est un
temple où l'encens fume pour vous. »

Le 12 juillet, Voltaire renouvelle l'invitation
dans ces termes flatteurs :

« Il n'y a, Mademoiselle, que le plaisir de
vous voir et de vous entendre qui puisse me
ranimer, vous serez ma fontaine de Jou-
vence. »

Et au commencement d'août, lorsque enfin
Voltaire possède sa tragédienne[1], dont il ne

---

1. Voici une amusante peinture de la première entrevue de
Clairon et de Voltaire, que donne une lettre de Cailhava à
Garrick, en date du 22 août 1765 :

« ...Mlle Clairon nous menace, en effet, du coup affreux que
vous redoutez avec tous les gens de goût ; elle a commencé de
vendre sa garde-robe, elle a même écrit de chez Tronchin auprès de qui elle est, que l'Hippocrate moderne la condamnait
à la mort la plus prompte, si elle jouait encore. J'espère cependant que tout cela est fait pour nous rendre plus précieux le
jour heureux, où elle daignera embellir notre scène. Elle a dit,
avant de partir, que le seul moyen qu'il y avait pour l'y déterminer était de ranger les comédiens dans la classe des citoyens,
en les faisant jouir des privilèges qu'a le dernier des mécani-
ques. On ramasse, pour y réussir, toutes les pièces qui prouvent
qu'un comédien ne déroge pas... Avant de finir l'article de
notre Melpomène, il faut que je vous fasse part d'une aventure
qui lui est arrivée chez M. de Voltaire : elle entre chez lui, on
lui dit que le doyen des poètes était presque anéanti entre son

connaît encore le talent que de réputation, et
par ouï-dire, et qu'il l'a vue et entendue jouer,
à ses côtés, sur son petit théâtre, Tancrède et
Oreste, il écrit à d'Argental qu'elle a joué supérieurement Amenaïde, mais que dans Électre
« elle aurait ébranlé les Alpes et le Mont Jura ».
Et il écrit encore au marquis d'Argence de
Dirac, à propos de ces deux représentations :
« J'ai vu la perfection en un genre, pour la première fois de ma vie. »

Pendant le séjour de la tragédienne chez lui,
Voltaire et sa muse font à la Clairon toutes les
fêtes imaginables. On connaît les vers :

> Dans la grand'ville de Paris
> On se lamente, on fait des cris ;
> Le plaisir n'est plus de saison,
> La comédie n'est plus suivie ;
>   Plus de Clairon.
> Melpomène et le tendre amour
> La conduisirent tour à tour ;
> En France elle donnait le ton,
>   Paris répète :
>   Que je regrette
>   Notre Clairon[1] !

médecin, son chirurgien, etc., mais que si elle voulait lui réciter
quelques-uns de ses vers, elle le ressusciterait ; elle s'y prête
de bonne grâce, et déclame avec tant de force son rôle dans
l'*Orphelin de la Chine*, que l'auteur enchanté, ravi, oublie sa
maladie. »

1. Chanson portant, dans les pièces mêlées de Voltaire, ce

Et dans une lettre il nous peint la regrettée
malade, qu'il compare au phénix qu'on ne voit
qu'une fois dans sa vie, partant de Ferney
« couchée dans son carrosse, et soutenue par
son courage » et emportant la moitié de l'édition
des versiculets du vieux poète, en son honneur.

Sur cette villégiature de Mlle Clairon à Ferney, Monnet, le directeur de l'Opéra-Comique,
qui me paraît un connaisseur en humanité,
écrit à Garrick : « Mlle Clairon, comme vous le
savez, est à Genève pour sa santé, sous la direc-
'ion du docteur Tronchin ; elle a déclamé chez
M. de Voltaire qui nous a écrit qu'elle l'a ra-
jeuni de vingt ans : le médecin lui sera plus
essentiel que M. de Voltaire, car celui-ci a souvent gâté ceux qui ont eu la faiblesse de se fier
à ses compliments ou, pour mieux dire, à sa
fausseté[1]. »

De Ferney, Mlle Clairon allait retrouver M. de
Valbelle à Marseille[2], d'où elle annonçait son

titre : *Couplets d'un jeune homme*, chantés à Ferney le 11 auguste 1765, veille de Sainte-Claire, à Mlle Clairon.

1. Cette lettre de Monnet est du 14 août. Le 18, il écrivait
encore à Garrick : « ...A propos d'appartement, Mlle Clairon a
quitté le sien pour en prendre un, rue Vivienne, près le Palais-
Royal, et pour surcroît de bonheur M. Valbel (*sic*), son ami,
vient de faire un gros héritage de son frère, qui est mort depuis huit jours.

2. A Marseille, quand elle se présentait à la Comédie, tout

retour à Paris pour la fin de l'automne.

Pendant toute cette longue absence de Paris,
à Genève, à Ferney, en Provence, il y avait une
incessante correspondance entre Mlle Clairon et
ses amis, au sujet de sa retraite.

Un de ses affectueux correspondants était le
duc d'Aumont, auquel elle avait fait la concession de ne pas se retirer immédiatement, sur
l'assurance qu'il lui aurait son ordre de retraite,
à la première demande qu'elle ferait.

Toutefois, il avait essayé de lui ôter le désir de
cette demande par les offres les plus avantageuses. Il lui aurait proposé de la faire payer
par le Roi, et de n'avoir plus rien à démêler avec
les comédiens, de ne jouer que quand bon lui
semblerait, sans autre exigence que celle d'écrire
à l'assemblée : « Je désire telle pièce pour tel
jour. » Si cela était tout à fait vrai, la proposition était belle, tellement belle qu'elle fit peur
à Clairon : elle craignit, dit-elle, de se faire encore de nouveaux ennemis, en s'affranchissant
des servitudes de son état, d'une façon aussi
orgueilleuse.

---

le parterre se levait et demandait : *Le Siége de Calais et
Mlle Clairon !* Le duc de Villars, gouverneur de la province,
était obligé de faire dire : que Mlle Clairon était venue pour rétablir sa santé et non pour jouer, que cependant il ferait tous
ses efforts pour l'engager à donner cette satisfaction au public.

Le duc s'adressait à son idée fixe, caressait son *dada* ; il lui parlait de la gloire qu'elle aurait à relever la Comédie, de l'abaissement de l'excommunication, et lui offrait de l'aider dans cette glorieuse entreprise.

Là-dessus, elle était partie sans avoir dit ni un oui ni un non. Pendant son voyage elle apprenait que M{ue} Dubois se trouvait dans un état intéressant si visible, qu'elle ne pourrait pas jouer, au mois de novembre, à Fontainebleau. Prise d'un beau moment de générosité cornélienne, elle écrivait au duc d'Aumont qu'elle s'offrait de tenir le répertoire de la cour, quel qu'il fût, ajoutant qu'il lui était doux de se venger de M. de Richelieu, en le tirant de peine, et de prouver respectueusement sa reconnaissance au Roi, pour tout ce qu'il avait daigné lui faire dire de flatteur sur sa personne et son talent[1]. Le duc d'Aumont, enchanté d'une offre qui facilitait les arrangements, allait trouver le

---

1. Voltaire avait écrit à Clairon, sur une lettre de Richelieu, que tout le monde à Versailles voulait savoir de ses nouvelles, « le Roi tout le premier », gracieuseté à laquelle la tragédienne avait répondu en disant à Tronchin, lorsqu'il lui avait défendu de remonter sur le théâtre, que, « toute forcée qu'elle était d'obéir à ses ordonnances, néanmoins toutes les fois que le Roi voudrait l'entendre, elle ferait comme ses autres sujets, qu'elle hasarderait sa vie pour lui plaire ».

maréchal de Richelieu qui lui disait : « Non, cela ferait de la peine à la petite Dubois : nous ferons comme nous pourrons. » Et le duc, qui laissait percer dans sa lettre son étonnement de l'étrange conduite du maréchal, la terminait par cette phrase : « Ne songez pour le moment qu'à raffermir votre santé ; on est indigne de l'effort que vous voulez faire[1]. »

Enfin Mlle Clairon était de retour à Paris, le 1er novembre, et ne s'expliquait pas encore sur sa rentrée au théâtre. En attendant, c'était chez elle, tous les jours, des consultations de jurisconsultes et des réunions de comités, au milieu desquelles s'élaborait un mémoire, qu'on disait devoir apporter de grands changements à la Comédie-Française. On prétendait qu'elle serait érigée en Académie royale dramatique, par lettres patentes enregistrées au Parlement. L'excommunication était encore trop ancrée dans les mœurs, pour la faire lever, et cette Académie était le moyen de donner des droits civiques, un état légal aux comédiens et aux comédiennes, que l'on voulait faire, en même temps, valets de chambre du Roi et femmes de chambre de la Reine, en vertu d'un vieux titre, que l'on pré-

1. *Mémoires de Mlle Clairon.* Paris, Ponthieu, 1822.

tendait avoir été retrouvé, et où les comédiens
étaient qualifiés de valets de chambre du Roi.
A ces conditions, Mlle Clairon consentait à reprendre son service, à oublier les duretés du maréchal de Richelieu, et les horreurs de la prison
de For-l'Évêque[1].

Or le bruit de la rentrée de Mlle Clairon prenait une consistance d'autant plus grande,
qu'on savait qu'il y avait eu, sur cette question,
division d'opinion entre Mlle Clairon et M. de
Valbelle, son amant. Le goût naturel de l'actrice pour la scène, l'ambition de maintenir sa
célébrité, des raisons peut-être d'argent, l'avaient
décidée à passer par-dessus la satisfaction,
qu'elle se croyait en droit d'attendre, pour un
châtiment qu'elle ne s'était attiré que pour des
motifs aussi nobles que louables. M. de Valbelle,
plus susceptible sur le point d'honneur, prétendait qu'il fallait tout sacrifier, plutôt que de
s'abaisser à une concession. Et la dispute avait
été assez vive, pour que le bruit d'une rupture
entre les deux amants courût dans le public.
Mais des amis communs avaient décidé le couple
à s'en rapporter à un comité de gens à cheveux
blancs, et la majorité avait été pour que

1. *Correspondance littéraire de Grimm*, vol. VI.

Mlle Clairon rentrât à la Comédie, et M. de Valbelle s'était incliné devant la décision du comité.

Mais quand tout Paris s'attendait à voir
Clairon jouer, à la rentrée, GABRIELLE DE VERGY,
la tragédie nouvelle de M. de Belloy, n'ap-
prend-on pas, soudainement, que Mlle Clairon a nettement déclaré sa volonté de ne plus
remonter sur les planches, a écrit aux comédiens pour qu'ils aient à la rayer de leur *catalogue*, et à fixer sa retraite[1].

Voici ce qui s'était passé :

Le 1er avril, le fameux *mémoire* était remis à
M. le comte de Saint-Florentin, et devait être
lu au conseil du samedi ou du dimanche, par
le duc de Duras ; les protecteurs de l'actrice lui
ont promis leur appui, l'archevêque consent à
se taire, le Roi sait que Mlle Clairon doit lui demander une grâce, et a promis de l'accorder,
s'il lui est possible.

Dans ces heureuses conditions, le malheureux
duc de Duras, « voulant toujours le bien et ne
faisant jamais que le mal », balbutie en trem-
blant quelques mots de l'affaire. Le Roi l'écoute
avec bonté, et demande ce que veut Mlle Clairon.

1. *Mémoires secrets de la République des Lettres*, vol. III.

Le moment était favorable pour présenter le mémoire, mais la crainte de déplaire à M. de Saint-Florentin arrête tout à coup le zèle du duc, et il se contente de répondre que l'ennui d'être excommuniée empêche Mlle Clairon de rentrer au théâtre. « Cela est assez ridicule, en effet, dit Louis XV, nous verrons quels sont ses moyens : je ferai tout ce que je pourrai... » Le duc de Duras, la tête perdue, ne trouve rien à dire.

Enfin, arrive le jour où l'on doit prononcer définitivement sur les prétentions de la tragédienne. Le conseil, à sa fin, voyant tous les portefeuilles fermés, le Roi daigne dire :

—Apprenez-moi donc ce que veut Mlle Clairon.

— Forcer la main de Votre Majesté comme le Parlement, dit le duc de Praslin [1].

---

1. D'après le dire de Mlle Clairon, le duc de Praslin était l'amant d'une de ses camarades retirées, et qui ne pouvait la souffrir, parce qu'elle avait refusé d'épouser un de ses frères. Cette camarade trouvait de la dernière insolence à la Clairon, de vouloir être plus qu'elle n'avait été, et avait fait partager son indignation à son amant, qui obtint du rapporteur qu'il demanderait le contraire des conclusions de la demanderesse, et le duc de Choiseul, malgré les promesses faites à Clairon, lui avouait qu'il n'avait vraiment pas pu contredire son cousin au conseil. La camarade dont parle Mlle Clairon était Dangeville, qui vécut plus de trente ans avec le duc de Praslin, et qui avait sur son amant une influence assez grande pour avoir fait nommer Duclairon, l'auteur de la tragédie de CROMWELL, en qualité de consul et de commissaire de marine à Amster-

— Je la sais trop sage pour cela, reprit le Roi, sachons ce qu'elle désire.

Alors M. de Saint-Florentin lut, sur un petit bout de papier, que Mlle Clairon demandait à Sa Majesté la réimpression de la déclaration de Louis XIII, confirmée par elle, cette déclaration qui dit : Nous voulons que l'exercice des comédiens qui peut divertir innocemment nos peuples, c'est-à-dire détourner nos peuples de diverses occupations mauvaises, ne puisse leur être imputé à blâme, ni préjudiciable à leur réputation dans le commerce public.

Louis XV, qui ne connaissait pas plus cette déclaration que le Mémoire de Clairon, crut tout faire en ordonnant la réimpression de la déclaration.

Clairon ayant conscience qu'elle avait des ennemis dans le conseil, et sentant l'inutilité de revenir à la charge, demandait définitivement se retraite [1].

Et voici l'ordre de retraite de Mlle Clairon :

« Nous, maréchal duc de Richelieu, pair de France, premier gentilhomme de la chambre du Roy :

dam, et de faire également entrer dans la diplomatie Rochon de Chabannes.

1. *Mémoires de Mlle Clairon.* Paris, Ponthieu, 1822.

« Nous, duc de Duras, pair de France, premier gentilhomme de la chambre du Roy :

« Mlle Clairon, après avoir servi le Roy et le
public pendant vingt-deux ans, avec la plus
grande assiduité et la plus grande distinction,
se trouvant forcée, à cause de sa mauvaise santé,
de quitter le théâtre, lui avons accordé en conséquence son congé de retraite avec la pension
conformément au règlement.

> « *Signé :* LE MARÉCHAL DUC DE RICHELIEU.
> LE COMTE DE DURAS [1]. »

« Fait à Paris, ce 23 avril 1766. »

---

1. *Archives de Théâtre-Français.* — L'ordre de retraite
porte en marge 23 ans de service au lieu de 22.

XLVIII

Mais tout le récit que nous venons de faire
ici, ce récit des événements depuis la sortie de
Mlle Clairon de For-l'Évêque jusqu'à la signification de sa retraite, nous le retrouvons plus
sincère, plus détaillé, plus intime, dans trois
lettres de la tragédienne, adressées à Garrick [1],
l'illustre acteur anglais : trois lettres qui, jointes
à celle que nous avons déjà donnée, jettent une
vive lumière sur ces deux années de la vie de
la tragédienne.

« *Je voudrois bien vous donner le détail exact
de tout ce qui s'est passé depuis votre départ :*

1. *The private Correspondence of David Garrick with the
most celebrated persons of his time.* London, Henry Colburn
and Richard Bentley, 1831-1832, vol. II.
La lettre commence ainsi : *M. de Marolles, conseiller à la
Cour des aides, curieux d'admirer ce qui distingue, honore,
embellit chaque nation, homme d'esprit et de mérite ayant déjà*

ma foiblesse ne me le permet pas, je ne puis
qu'esquisser.

« On m'a fait sortir de prison, le cinquième
jour, on m'a conduite chez le lieutenant de police
comme mauvais train (sic); là on m'ordonna de
la part du Roi de garder les arrêts jusqu'à nouvel
ordre; de ne recevoir que six personnes, et de
donner leurs noms par écrit; au bout de vingt-
quatre jours, on rendit la liberté à mes camarades et l'on oublia de me rendre la mienne, qui
enfin arriva vingt-quatre heures après. M. le duc
d'Aumont, que je vis alors, me demanda quels
étoient mes projets pour l'avenir; je lui dis que je
ne parlerois de moi que lorsque la Comédie seroit
entièrement calmée. Au mois de juin, tout ayant
pris son cours ordinaire, d'accord avec Lekain et
Molé, pour lesquels je m'étois sacrifiée, je signifiai
mon congé. On me répondit que le Roi me le refu-
soit; j'insistai, et M. le duc d'Aumont vint alors
me demander, au nom du Roi, du public et de la
Comédie, de suspendre au moins jusqu'à mon
retour de Genève, où j'avois dit que j'allois. Les
motifs de sa demande étoient raisonnables : je

beaucoup voyagé, veut faire connaissance avec vous, et croit que
vous m'aimez assez pour le bien traiter à ma recommandation.
Je suis trop flattée de cette idée pour ne pas l'adopter. Je le dois
d'autant plus que personne ne vous aime plus que moi, ne sait
mieux tout ce que vous valez, et ne vous croit plus juste.

*m'y rendis. Il m'offrit alors pour rentrer au
théâtre tout ce qui peut séduire une âme ambi-
tieuse ou intéressée ; je refusai tout, je ne voulus
faire le sacrifice de ma vengeance et de ma vie
qu'à la gloire ; je dis que si l'on vouloit abolir
l'infâme préjugé attaché à la Comédie, lui accorder tous les droits dont jouissent tous les autres
citoyens, je reparoîtrois, mais que c'étoit à ce seul
prix : on me promit d'y travailler. A mon retour,
j'appris que cette affaire avoit la plus grande publicité ; personne ne doutoit de son succès ; mais
l'étourderie, la maladresse et la méchanceté l'ont
fait manquer, au point même que les comédiens
sont pis qu'ils n'ont jamais été. De là, je suis libre.
Cependant on s'obstine à me refuser toujours mon
congé, il n'est point de persécutions que je
n'éprouve ; je viens d'être à la mort, mais dussé-je
périr, je ne changerois pas. Ce seroit foiblesse
ou lâcheté ; mon âme est incapable de l'une et de
l'autre, ma fermeté lassera les persécuteurs :
gloire entière ou repos, voilà mon seul refrain.*

« *Bonjour, mon cher ami : ressouvenez-vous de
moi ; priez votre charmante femme d'en faire autant, et venez nous revoir le plus tôt possible.*

« *Il faut encore que je vous dise que le plus co-
quin, le plus fourbe, le plus méchant des hommes
est M. Lekain ; ce n'est pas un ouï-dire, j'en ai*

les preuves écrites de sa main. Cependant, c'est à
moi seule qu'il doit un quart de plus pour sa femme,
une pension du Roi pour lui, et un certificat sur
sa probité, attaquée par un de ses supérieurs même,
et plus que suspectée par les autres [1].

« *De Paris, ce 29 décembre 1765.*

« *Une des choses que j'aime le mieux dans le*
monde, c'est mon Garrick : j'irois sûrement le voir,
si j'en étois la maîtresse, mais comment voyager
sans fortune? La Comédie-Françoise ne procure
que de la fatigue et des infirmités, l'honneur de lo-
ger quelquefois chez le Roi, comme vous l'avez vu,
voilà tout. Il faudra bien que ce soit vous qui me
veniez voir. Vous n'attendez pas, sans doute, que
je rejoue; puisque vous avez de l'amitié pour
moi, vous savez que je ne suis pas capable de faire
une démarche foible et basse. J'ai fait pendant
vingt-deux ans le bien de ma société, et les plaisirs
du public; je n'ai jamais eu un tort; j'ai sauvé
la Comédie; j'étois l'amie de mes supérieurs; à
peine ai-je de quoi vivre et l'on m'a traînée mou-
rante, et sans m'entendre, dans une prison. Quel
seroit mon espoir? Je trouve dans mon âme tout

1. Cette lettre non signée n'est pas datée, mais dans la
correspondance de Garrick elle était placée entre une lettre
du 1er et du 15 juin 1765.

ce qu'il faut pour pardonner la barbarie, l'injustice, l'injure ; mais je m'en ressouviendrai jusqu'à
mon dernier soupir. Si, comme vous, je n'avois
de maître que le Roi, je n'hésiterois pas. Mais,
— mais, — mais, — d'ailleurs, je me porte à
merveille, depuis que je ne joue plus, et Tronchin
m'a condamnée à perdre la vie, si je réjouois ;
de la 'out est dit. On prétend cependant que tout
n'est pas dit : on espère pouvoir donner aux
comédiens l'état que j'ai désiré ; l'envie de me
revoir fait travailler à ce projet avec ardeur ;
s'il réussit, il me couvrira de gloire, et je rentrerai
sans doute ; mais comme il me paroît impossible
qu'il ait lieu, je reste fort tranquille. On me refuse toujours mon congé, on me retient mon fonds,
je ne jouis point de ma pension, on veut que je
reçoive toujours ma part qui est en séquestre :
autre bassesse que je ne ferai sûrement pas ; les
comédiens paroissent oublier que j'existe encore :
voilà, mon cher ami, où en sont toutes mes affaires. Mais je me porte bien. J'ai des amis qui flat-
tent ma vanité, un amant qui fait le bonheur de
ma vie, et point de besoins. Votre ananas étoit le
meilleur du monde : votre lettre m'a fait le plaisir le plus sensible, et s'il étoit possible de me
donner quelques-uns de ces moments délicieux,
que vous passez avec vos amis, et cette femme

charmante, quoiqu'elle soit la vôtre, vous contri-
bueriez beaucoup au bonheur de ma vie, parce
que c'est très réellement et très vivement que je
vous aime.

« J'ai trouvé, à mon retour à Paris, un rouleau
de toutes vos estampes, et un billet de M. Kaye,
qui me les envoyoit; ne sachant où adresser ma
réponse, je n'ai pu le remercier de son attention;
faites-le pour moi, je vous en prie, et dites-lui bien
qu'il ne pouvoit pas me faire une galanterie qui
me fût plus chère. Le comte de Valbelle, le mar-
quis de Villepinte et M. de Nélinski vous font
mille et mille complimens, faites les miens à
Mme Garrick, le plus tendrement que vous le
pourrez, et causez quelquefois ensemble de la
pauvre Clairon, qui vous aime à jamais tous les
deux [1]. » . . . .

. . . .

1. Valbelle est l'amant de cœur; Nélinski m'a tout l'air
d'être l'entreteneur russe qui, d'après un mot de Sophie
Arnould, se contente de baiser la main de la tragédienne;
Villepinte est l'entreteneur français. A propos dudit Villepinte,
l'entreteneur en ce moment de Mlle Clairon, M. Nisard a donné
dans sa *Correspondance littéraire* une curieuse lettre de Voltaire à Clairon, la priant d'user de son influence près de son
amant, pour faire obtenir une cure à un de ses protégés :
« Vous allez croire que c'est la cure de quelque malade,
ou de quelque esprit faible, ou la cure de quelque pauvre
amant, à qui vos talents et vos grâces auraient tourné la tête.
Rien de tout cela : c'est une cure de paroisse. Un drôle de

Enfin, une dernière lettre de la tragédienne à
Garrick, dans les jours qui précédèrent la signa-
ture définitive de sa retraite de la Comédie-
Française, nous peint bien certainement la crise,
causée par cette retraite, à la délicate santé de
l'artiste :

« *Depuis le 15 avril, je cours journellement*
risque de la vie, et du jour que M. l'abbé Bon-
tems m'a remis le paquet de gaze, dont votre
charmante femme a eu la bonté de le charger,
j'ai été si mal que je n'ai pû songer même à la
remercier. Je ne vois pas, j'entends à peine, je ne
puis, sans aide, aller d'une chaise à l'autre : la
mort me seroit mille fois moins cruelle que mon
état; mais cependant le cœur est encore entier, il
est reconnoissant, il vous aime tous deux à
jamais, et ne désire rien tant que de vous le
prouver. Le sieur Carara, que je ne puis trop

corps du pays d'Henri IV, nommé Doléac, demeurant à Paris,
sur la paroisse Sainte-Marguerite, meurt d'envie d'être curé
du village de Cazeaux. M. de Villepinte donne ce bénéfice.
Le prêtre a cru que j'avais du crédit auprès de vous, et que
vous en aviez bien davantage auprès de M. de Villepinte. Si
tout cela est vrai, donnez-vous le plaisir de nommer un curé
au pied des Pyrénées, à la requête d'un homme qui vous en
prie du pied des Alpes... Les curés qui ont pris la liberté de
vous excommunier, vous canoniseront, quand ils sauront que
c'est vous qui donnez des cures. »

remercier de ses attentions, vous dira le reste ; je
ne peux plus! Ahi! »

1. La lettre n'est pas datée, mais, dans la correspondance
de Garrick, elle venait immédiatement avant une lettre du
15 avril 1766.

XLIX

La pension de retraite de Mlle Clairon était réglée à la Comédie-Française, sur un mémoire de Lekain à Messieurs du Conseil [1].

Lekain, s'appuyant sur une ordonnance de de 1757, qui fixait à vingt années la durée du service d'un comédien pour lui donner droit à la pension de 1 000 livres, et le terme de trente ans pour acquérir la pension de 1 500 livres, repoussait la prétention de Mlle Clairon à une pension de 1 500 francs, comme injuste [2], et demandait qu'on ne s'affranchît pas de toutes

---

1. MÉMOIRE A MESSIEURS DU CONSEIL tendant à prouver l'injustice de la demande de Mlle Clairon, touchant sa pension de 1 500 livres. Ce mémoire porte la date du 14 avril 1766. Mémoire à rapprocher d'une lettre de Lekain, où il déplore que Mlle Clairon ait abandonné la Société des Comédiens français comme *un composé de gens infâmes et sans le moindre soupçon d'honneur.* (Catalogue des lettres autographes du 15 février 1864.)

2. Mlle Clairon demandait une pension de 1 500 livres pour récompense de vingt et un ans et demi de services.

les règles, quand il s'agissait d'une femme à talents reconnus, concluant à la pension de 1 000 livres.

Il rappelait que, lorsque Mme Grandval, infirme et toujours malade, avait été obligée de demander son congé, on lui avait accordé seulement une pension de 1 000 livres, et cependant elle avait quatre années de services de plus que Mlle Clairon.

Puis il trouvait que la jouissance de sa part, dès le moment de sa réception, les récompenses de la cour, les *grâces particulières* qu'elle en avait reçues, avaient dû pourvoir suffisamment à ses besoins. Et à ce sujet, il se faisait un malin plaisir de lui remettre en mémoire qu'en 1760, M. le duc de Duras avait imaginé de faire jouer la Comédie-Française, pendant deux jours consécutifs à Choisy, à l'effet de lui faire obtenir une gratification de cent louis, pour l'aider dans un voyage qu'elle devait faire aux eaux, et que finalement elle n'avait pas fait. Il lui rappelait également que ses camarades lui avaient remis les émoluments de sa part de l'année, qui venait de s'écouler, quoiqu'elle ne leur eût été d'aucune utilité.

Enfin, il relevait l'inconséquence qu'il y avait de la part de Mlle Clairon, à solliciter des grâces

21.

d'une société qu'elle quittait au moment où ses
services lui étaient le plus utiles, d'une société
qu'elle abandonnait, parce qu'elle jugeait mé-
prisable l'état qu'elle exerçait.

Dans ce mémoire, où l'on sent percer une ancienne rancune[1], Lekain en droit strict a peut-

---

1. Lekain dit en note de son Mémoire : « J'ai ouï dire que
Mlle Clairon ne m'avait jamais pardonné d'avoir mis obstacle
à ses prétentions, mais je m'en suis consolé, car il n'est pas possible d'être juste et de plaire à tout le monde. »

Et voici l'acte qui assure à Mlle Clairon cette pension de
1 000 livres et qu'a donné l'*Intermédiaire* du 25 mai 1885 :

« Les Comédiens françois ordinaires du Roi, assemblés en
leur hôtel, à Paris, rue des Fossés-Saint-Germain, paroisse
Saint-Sulpice,

« Lesquels, attendu la sortie de demoiselle Claire-Josephe-
Hippolyte de la Tude-Clairon, retirée de la troupe le 1er avril
dernier, en vertu de l'ordre de Sa Majesté du... portant injonction auxdits sieurs et dames comédiens de la faire jouir de
la pension annuelle de mille livres, ainsi que des droits et prérogatives, attribués aux acteurs qui se retirent avec permission.

« En exécution dudit ordre, signé de Mgr le maréchal de Richelieu et de Mgr le duc de Duras et des articles 10, 11, 14 et
15, tant de l'arrêt du Conseil d'État du Roi, que de l'acte de
société fait en conséquence entre les comédiens, le 9 juin 1758...

« Ont constitué à la demoiselle Clairon, demeurant rue des
Marais, paroisse Saint-Sulpice, mille livres de pension viagère, payable en quatre payements égaux de trois en trois mois.

« Fait et passé à Paris, auxdits hôtel et salle, où se tiennent
ordinairement les assemblées desdits sieurs et demoiselles comédiens, l'an mil sept cent soixante-six, le vingt-six mai. »

Et l'*Intermédiaire* du 10 novembre 1884 donne cet autre acte :

« Acte du 10 décembre 1766. Remboursement du fonds de
Mlle Clairon par les Comédiens françois.

« En présence desdits conseillers du Roi, notaires au Châtelet

être raison, mais la pension de 1 000 livres accordée à une femme d'un talent comme Mlle Clairon, pour vingt-deux ans de service, c'était vraiment une bien médiocre récompense, et la tragédienne a le droit, dans ses Mémoires, de faire remarquer ironiquement, en comparaison de sa pension de cent pistoles, le sort fortuné fait aux danseuses de l'Opéra, où Mlles Allard et Guimard avaient obtenu des pensions de 1 200 livres, au bout d'un an, et où Mlle Heinel était gratifiée d'une pension de 8 000 livres, à la fin de quatorze ans de service.

de Paris soussignés, demoiselle Claire-Josephe-Hippolyte de la Tude-Clairon, pensionnaire du Roi, demeurant à Paris, rue Vivienne, paroisse Saint-Eustache,

« A reconnu avoir reçu des sieurs et dames Comédiens françois, ordinaires du Roi, par les mains du sieur Jean-Baptiste de Noelle, chargé desdites affaires et de la caisse de la Comédie-Françoise, demeurant à Paris, rue de Tournon, paroisse Saint-Sulpice, à ce présent, en espèces, au cours de ce jour, comptées et réellement délivrées à la vue des notaires désignés, la somme de *treize mille cent trente livres quinze sols* dus à ladite demoiselle Clairon par lesdits sieurs et dames Comédiens, comme ayant été par elle fournis pour le fonds, qu'elle était tenue de faire dans l'établissement de la Comédie, suivant lesdits traité et règlement concernant ce spectacle... »

L

ROLES CRÉÉS PAR Mlle CLAIRON [1]

— 1745 —

Alzaïde. — ALZAÏDE, de Linant.

— 1746 —

Belvidere. — VENISE SAUVÉE, de La Place.

— 1747 —

Vanda. — VANDA, de Linant.
Amestris. — AMESTRIS, de Mauger.

— 1748 —

Aretie. — DENYS LE TYRAN, de Marmontel.
Azema. — SEMIRAMIS, de Voltaire.

1. J'emprunte ce travail à la *Galerie historique de la troupe de Voltaire,* par E. de Manne. Lyon, N. Scheuring, éditeur, 1861.

— 1749 —

Léonide. — ARISTOMÈNE, de Marmontel.

— 1750 —

Électre. — ORESTE, de Voltaire.
Cléopâtre. — CLÉOPATRE, de Marmontel.
Arthésis. — AMENOPHIS, de Saurin.

— 1751 —

Calciope. — ZARÈS, de Palissot.
Zoraïde. — VARON, de Grave.

— 1752 —

Olympie. — LES HÉRACLIDES, de Marmontel.

— 1754 —

Cassandre. — LES TROYENNES, de Château-
brun.

— 1755 —

Idamé. — L'ORPHELIN DE LA CHINE, de Voltaire.

— 1757 —

Adèle. — ADÈLE DE PONTHIEU, de La Place.
Iphigénie. — IPHIGÉNIE EN TAURIDE, de La
Touche.

— 1758 —

Astarbé. — Astarbé, de Colardeau.

Hypermnestre. — Hypermnestre, de Lemierre,

— 1759 —

Cassandre. — Wenceslas, de Rotrou, retou-
ché par Marmontel.

— 1760 —

Ametis. — Zulica, de Dorat.

Émilie. — Spartacus, de Saurin.

Amenaïde. — Tancrède, de Voltaire.

Caliste. — Caliste, de Colardeau.

— 1761 —

Progné. — Terée, de Lemierre.

Atide. — Zulmie, de Voltaire.

— 1762 —

Zaruchma. — Zaruchma, de Cordier.

Zelmire. — Zelmire, de Du Belloy.

Irène. — Irène, de Boistel.

Eponine. — Eponine, de Chabanon.

Cariclée. — Théagène et Cariclée, de Dorat.

— 1763 —

Blanche. — BLANCHE ET GUISCARD, de Saurin.

— 1764 —

Érigone. — IDOMÉNÉE, de Lemierre.
Olympie. — OLYMPIE, de Voltaire.
Sophie. — CROMWELL, de Duclairon.
Eroxime. — TIMOLÉON, de La Harpe.

— 1765 —

Aliénor. — LE SIÈGE DE CALAIS, par de Belloy.

LI

Quand Clairon quitte la Comédie-Française, elle n'est point regrettée. Tout le temps qu'elle a été au théâtre, elle s'est montrée, à l'égard de presque tous et de toutes, une mauvaise camarade.

On connaît sa jalousie féroce de Dumesnil, jalousie qu'elle ne peut parvenir même à dissimuler, dans le moment où sa rivale, la moins rancunière de toutes les femmes, lui donne une preuve d'affection. Une des nombreuses fois où Mlle Clairon menace de quitter la Comédie, Mlle Dumesnil vient-elle la trouver chez elle, au nom de la troupe, pour la décider à renoncer à sa résolution, au milieu de remerciements très dignes et très pénibles, savez-vous la phrase que Mlle Clairon adresse à Mlle Dumesnil ? La voici :

« Ce que je ne comprendrai jamais, mademoiselle, c'est que vous soyez p lus applaudie que moi, »

Elle est restée, elle reste, elle restera, toute sa vie, la rivale envieuse de Mlle Dumesnil : envie dont Clément rapporte, dans ses *Cinq Années littéraires,* ce trait comiquement caractéristique, fourni par la répétition de Sémiramis. Dans cette tragédie, où Voltaire s'est montré prodigue de coups de tonnerre, il y en a un au 3e acte, pendant une scène de Dumesnil, jouant le grand rôle, et un autre au 5e acte, où, durant une scène de Clairon, Benoît, le gagiste de la Comédie, qui avait le département de la foudre, étant prêt à lancer le carreau, et ne sachant s'il devait frapper un coup sec ou faire durer le bruit grondant, criait du haut du ciel à l'actrice : — *Le voulez-vous long?* — *Comme celui de Mlle Dumesnil!* répondait Clairon.

Quant à Dangeville, on n'ignore pas qu'elle abandonna le théâtre dix ans plus tôt qu'elle ne l'aurait quitté, à cause de Mlle Clairon, auprès de laquelle elle déclare la vie intolérable. « Il n'y a plus moyen de vivre avec cette créature-là, » répétait la douce et inoffensive actrice.

Pour Mlle Gaussin, non contente d'avoir fait oublier à Voltaire qu'il avait été son amant, Mlle Clairon travaillait à la faire passer pour une bête, avec ce mot qu'elle répétait sur elle : On peut très joliment dire *ma bonne, j'ai tant*

22

vu le Soleil[1], et être incapable de se prononcer sur le mérite d'un ouvrage dramatique.

C'est avec celle-ci, avec celle-là, qu'aux représentations de la ville, de la cour, et même lorsqu'elle a quitté le théâtre, à quelques représentations particulières ou des Menus, que Mlle Clairon suscite toujours des embarras, des difficultés, des froissements d'amour-propre, en raison de ses exigences, de son despotisme; et c'est ainsi qu'à propos d'une représentation qui devait avoir lieu aux Menus, en 1768, elle trouve le moyen de blesser Mlle d'Oligny une seconde fois, sans que toutes les politesses, et les apparentes excuses de cette lettre écrite pour se faire pardonner, aient, on le pense bien, désarmé le ressentiment de la jeune actrice.

« *On vient de me dire, mademoiselle, que je vous causois la peine la plus sensible en désirant qu'une autre que vous, jouât le rôle d'Iphise... Il faut qu'on ne vous ai pas dit, ni mes raisons, ni les termes dont je me suis servi ; vous seriez sûrement contente de l'un et de l'autre.*

« *Si je n'étois pas malade, et même obligée de garder mon lit, je volerois chez vous, pour justi-*

---

1. Allusion à la pièce de l'ORACLE que jouait divinement Mlle Gaussin.

fier la droiture de mes intentions. En attendant
que je le puisse, je proteste au moins que je n'ai
jamais voulu, que je ne veux pas, que sûrement
je ne voudrois jamais ni vous affliger, ni vous
nuire. Si vous trouvez votre talent compromis en
ne jouant pas, je cède : mon refus portoit sur
l'inégalité de nos forces, de nos organes, sur le
peu de vraisemblance que nos âges mettroient
dans la confiance d'Électre pour sa sœur, et voilà
tout. On auroit dû vous dire que je n'avois parlé
de vos talents qu'avec éloge, et que j'avois exigé
les plus grands ménagements dans la demande
qu'on devoit vous faire; mais enfin, mademoiselle,
si la représentation des Menus-Plaisirs a lieu, je
vous laisse maîtresse absolue, je n'apporterai
d'obstacle à rien de ce qui pourra vous plaire.

« J'ai l'honneur d'être, mademoiselle, votre très
humble et très obéissante servante.

« CLAIRON. »

« A Paris, ce 14 novembre 1768[1]. »

Jusqu'à la fin, il en est toujours de même. Après
la représentation, donnée en mai 1770, pour le
mariage de Marie-Antoinette, on parle un moment de représentations que Mlle Clairon doit,

---

1. Lettre autographe signée, de la collection de Mlle Bartet,
de la Comédie-Française.

pendant le mois d'octobre, donner à Fontainebleau, devant le Roi, et dans lesquelles la tragédienne doit reprendre le *premier fort,* c'est-à
dire ses anciens rôles d'amoureuse. Et devant
cette prétention de cette femme, d'un âge auguste, de jouer non seulement les rôles de
second fort (les rôles de Dumesnil), mais encore
d'accaparer les autres, et par cette occupation et
possession de tout, d'anéantir les espérances des
jeunes sujets, Mlles Dubois et Vestris faisaient
répandre dans le public qu'elles renonceraient
plutôt à jamais au théâtre, que de subir cette
révoltante injustice.

Les hommes, Mlle Clairon n'a pas pour eux
des procédés beaucoup meilleurs que pour les
femmes. On a vu comment elle s'est conduite
avec Lekain, on voit, dans ses Mémoires, la façon dont elle traite Préville, Monvel, etc. Et je
ne lui connais guère à la Comédie que deux
amitiés : Mlle Drouin, qui avait été sa directrice
à Rouen, et Molé !

Quant à ceux de ses camarades, hommes ou
femmes, avec lesquels, par extraordinaire, elle
n'avait pas eu quelque dispute, quelque alterca-
tion, quelque *pique,* ils se trouvaient heureux
d'être débarrassés de l'artiste, qui, depuis de
longues années, avait été une perpétuelle cause

de troubles, de tracasseries, de vexations pour la compagnie.

Et tous et toutes se félicitaient de n'avoir plus à subir dorénavant les insolences de la femme qui répondait à ses camarades, se plaignant tout doucement du petit nombre de fois qu'elle jouait dans l'année :

« Il est vrai que je joue rarement, mais une de mes représentations vous fait vivre un mois[1]. »

1. *Galerie historique des acteurs du Théâtre français,* par Lemazurier. Chaumerot, 1810.

22.

LII

Les auteurs n'ont guère plus à se louer de Mlle Clairon que les comédiens.

« Je me trouve quelquefois des mouvements de hauteur, dont je ne suis pas la maîtresse, et que j'entretiens peut-être avec trop de complaisance. » C'est Mlle Clairon, qui se confesse en un coin de ses Mémoires.

Eh oui, la Melpomène de la Comédie-Française est indécemment hautaine avec tous et toutes, et de préférence avec les gens de lettres, avec ces *petits messieurs*, que, dans sa correspondance privée avec Larive, elle lui recommande de ne pas fréquenter.

Il n'y a pas vraiment, je crois, un auteur dramatique du temps que la tragédienne n'ait blessé par l'énormité de ses prétentions, l'exagération ridicule de son importance, la brutalité de ses dédains. Dans les gazettes et les bro-

chures, il n'est question que de ses mauvais
procédés à l'égard de Duclairon, de Dorat, de
Sainte-Foix, de Rochon de Chabannes, de
Cailhava, de La Harpe, sur le compte duquel
elle favorise, elle accrédite les calomnies répan-
dues dans le public — et cela, pour le crime
d'avoir donné, dans le COMTE DE WARWICK, le
rôle de *Marguerite d'Anjou* à Mlle Dumesnil [1].

N'est-ce pas Clairon qui, un jour, jette son
rôle au visage de Lemierre, et n'est-ce point
encore elle qui, par ses insolences, ayant forcé
Sauvigny à quitter l'assemblée des comédiens,
après la lecture d'une pièce, lui crie : « Allez,
monsieur, si vous avez du talent, vous nous re-
viendrez ! »

Voltaire lui-même, en dépit de ses cajoleries,
se plaint amèrement qu'elle sacrifie une pièce à
son rôle.

Non, depuis que le théâtre existe, aucune
femme de théâtre, je crois, n'a poussé aussi loin
l'irrespect du talent et de la personne des auteurs
dramatiques.

Et le jour où ces auteurs dramatiques ont

1. Les *Mémoires secrets* parlent, à la date du 20 mars 1764,
d'une lettre où La Harpe se défend de ne point aimer Clairon,
mais regarde ses talents comme très artificiels. Du reste, c'est
La Harpe qui, je crois, a fait la plus juste critique du talent de
Mlle Clairon, en l'accusant de monotonie.

cherché à soustraire la réception de leurs ouvrages au jugement des comédiens, c'est vraiment amusant de voir la façon colère, dont elle
s'indigne et s'emporte contre la prétention des
auteurs de vouloir bien disposer de la fortune
et de la volonté d'une société, sans laquelle ces
auteurs dramatiques ne seraient rien, — et elle
espère bien qu'aucun de ses camarades, homme
ou femme, ne se prêtera à cet *avilissement*.

C'est qu'au fond, pour la Clairon, la création,
la conduite, le style, enfin, la poésie d'une pièce
en vers, n'est qu'une chose secondaire, et qui
n'a de valeur que par le talent de l'acteur, et sa
phrase d'habitude est celle-ci : lorsqu'un auteur a achevé une tragédie, il n'a fait que la
moitié de sa besogne, et les acteurs font le reste[1].

Outrecuidance trop commune à la gente théâtrale de tous les temps, et qui fait dire, au sujet
de la Clairon, par Dulaurens indigné : « On
aime, on choye, on admire davantage un *chiffon
coiffé* qui prononce bien les vers, qu'un auteur
qui les fait bien[2]. »

---

1. « Quand un auteur a fait une pièce, il n'a fait que le plus
facile. » C'est la phrase textuelle de la Clairon, affirme Cailhava
dans son *Mémoire en réponse à des défenses faites par les
Comédiens Français aux directeurs du théâtre du Palais-
Royal de jouer ses pièces.*
2. *Imirce, ou la Fille de la Nature.* Londres, 1774.

LIII

A peine avait-elle signifié sa démission, sa démission irrévocable[1], que Mlle Clairon éprouvait un mortel chagrin de ne plus occuper le public de son talent, de voir qu'une Durancy, qu'une Sainval, la faisait oublier, — elle une actrice en pleine gloire dramatique, et aimant son métier avec passion, et encore jeune.

Écoutez le charmant débinage psychologique de la pauvre femme par une autre femme, dans cette lettre de Mme Riccoboni à Garrick, en date du 29 janvier 1767 :

1. Les *Mémoires secrets de la République des Lettres* disent à la date du 20 juillet : « M. Jourdain de Rocheplatte, amateur du théâtre, ayant écrit successivement à Mlle Clairon trois lettres, où il l'engage à profiter de la circonstance de la maladie de Mlle Dubois pour reparaître généreusement dans les ILLINOIS, sans contracter aucun engagement nouveau, a reçu deux réponses de cette actrice, que les curieux recherchent et dont on prend des copies. » L'auguste Melpomène y consigne ses résolutions de la manière la plus irrévocable.

« Clairon n'est point du tout philosophe. Elle
se repent du jour glorieux où elle excita la rage
du public, en pensant attirer son admiration :
pâle et verte le matin, le rouge de l'après-dîner
ne cache point la lividité de ses traits emprun-
tés. Le parterre l'a tout à fait oubliée, elle s'efforce en vain de rappeler son attention. Elle
paroît dans une loge modestement d'abord, à
demi cachée sous son éventail, puis elle le baisse
un peu, puis entièrement. Les vilains yeux de
ce parterre s'ouvrent sur elle, on la voit, on
la connoît, on dit : *Voilà Clairon!* Mais on le
dit simplement, on ne le crie pas, on ne fait
éclater ni regret ni désir; on applaudit, à son
nez, à sa barbe, toutes les laides guenons qui
aspirent à remplir son trône. L'empire de Melpomène est en proie à deux maussades divinités. La meilleure et la plus laide est Mlle Sainval.
Son visage est une grimace; quand elle s'anime,
c'est une furie. Elle a un amant, oui, Monsieur!
Il lui fait des enfants et lui donne des coups de
couteau par *jalousie,* ne vous déplaise. Le duc
de Duras et le lieutenant de police ont voulu en
imposer à ce terrible amant, mais l'actrice tragique en est contente, elle le veut, et on le lui
laisse. L'autre laideron est la petite Duranci,
aidée de la cabale du prince de Conti; en copiant

froidement et gauchement Clairon, elle se fait
des partisans. O temps! O mœurs! O divine
Clairon! »

Oui; Mlle Clairon en 1766 n'a que 44 ans, et
c'est la mort pour elle de n'avoir plus, tous les
soirs, les bravos du public, et tout en disant
qu'elle sait bien qu'elle a commis une faute, en
quittant la Comédie-Française, mais que ce
serait en commettre une plus grande de demander à y rentrer ; elle cherchait un moyen,
un expédient, une voie détournée qui la rame-
nât triomphalement sur les planches. Et dès le
mois d'août 1766, nous la trouvons jouant le
rôle d'*Ariane* chez la duchesse de Villeroy, devant le prince héréditaire de Brunswick, et la
joie qu'elle éprouvait de son succès, faisait
croire à des représentations périodiques à l'hôtel de Villeroy [1].

Au mois d'octobre, la maladie de Molé, attaqué
d'une fluxion de poitrine, et qui, pendant que
Mlle Clairon était à son chevet, se tourmentait
l'esprit de ses dettes et des frais de sa maladie,
donnait à la tragédienne, en non-activité, l'idée
de jouer à son profit sur un théâtre particulier.
Immédiatement elle organisa une représenta-

1. *Correspondance littéraire de Grimm*, vol. VII.

tion, à un louis par place, avec la faculté pour
chaque souscripteur de donner au delà.

La duchesse de Villeroy, la comtesse d'Egmont, et d'autres illustres femmes de la cour, se
faisaient placeuses de billets, apportant à la
souscription une extrême passion, et faisant
impitoyablement *boursiller* les amis et connaissances, et même les princes de l'Église. Et sur
la sollicitation des places, la dispute des billets,
et l'activité brouillonne de la grande organi-
satrice de la représentation, écoutez Mme du
Deffant : « Mme de Villeroy, à qui Pont-de-Veyle
a demandé pourquoi elle ne m'avait pas priée à
sa comédie, vient de m'envoyer dire qu'elle était
au désespoir de n'avoir pas imaginé que j'aurai
été bien aise d'y venir, qu'elle m'aurait gardé
une bonne place, mais qu'actuellement il n'y en
avait pas une. Cette femme ne vous déplaira pas,
c'est le tintamarre personnifié : elle ne manque
pas d'esprit, elle pourrait bien être étourdissante
et fatigante à la longue, mais on ne la voit
qu'au passage, elle a tant d'affaires, tant de
mouvements ! C'est un ouragan sous la forme
d'un vent coulis. Mais nous aurons des places
à sa comédie [1]. »

1. Lettre de Mme du Deffant du 3 février 1767.

Mais la suffisance et la fatuité de Molé, mais l'importance insupportable prise par la Clairon en cette affaire, mais même l'âpreté des placeuses de billets, indisposaient un grand nombre de gens, et c'était un *tolle* de plaintes, d'ironies, de paroles indignées contre cette souscription, destinée à payer les dettes d'un histrion, et qui aurait pu préserver du froid et de la faim tous les pauvres de Paris, pendant un hiver. Et des satires, des épigrammes, des chansons, dont voici l'une :

> Tout le bruit de Paris, dit-on,
> Est que mainte femme de nom
> Quête pour une tragédie
> Où doit jouer Frétillon,
> Pour enrichir un histrion.
>   Le faquin,
>   La catin
>   Intéresse
> Baronne, marquise et duchesse.
>
> Pour un fat, pour un polisson,
> Toutes nos dames du bon ton
> Vont quêtant dans leur voisinage :
> Vainement les refuse-t-on.
> Pour revoir encor Clairon,
> Dans Paris elles font tapage.
>   La santé
>   De Molé
>   Les engage,
> Elles ont grand cœur à l'ouvrage.

23

Par un excès de vanité,
La Clairon nous avait quitté;
Mais depuis ce temps elle enrage,
Elle sent son inutilité.
Comptant sur la frivolité,
Elle recherche le suffrage
          Du plumet
          Du valet.
          Quel courage,
Pour un aussi grand personnage !

Le goût dominant aujourd'hui
Est de se déclarer l'appui
De toute la plus vile espèce,
Dont notre théâtre est rempli.
Par de faux talens ébloui,
A les servir chacun s'empresse.
          Le faquin,
          La catin
          Intéresse
Baronne, marquise et duchesse.

En dépit de la mauvaise humeur publique, la
souscription était couverte, et le spectacle avait
lieu, le 19 février 1767, rue de Vaugirard, à l'hôtel de l'Esclapon, où était représentée la tragédie de ZELMIRE. Et les 24 000 livres que Molé
tirait de cette représentation, étaient employées,
disent les *Mémoires secrets,* à acheter des diamants à sa maîtresse[1].

---

1. Donnons d'autres vers, visant la même souscription :

L'argent est rare, nous dit-on :
Oui, pour en faire un bon usage;

Mais pour un fat, un histrion,
Pour seconder l'orgueil de la Clairon,
Toutes nos dames font ravage,
Et Paris est à contribution.
Sur un théâtre qu'on élève,
On veut encor nous forcer au bonheur
D'admirer le talent fatigant et trompeur
De Clairon, avant qu'elle crève.
Là, des soins que l'on aura pris,
Chacun, s'applaudissant, chantera sa victoire.
Les quêteuses compteront alors leurs amis,
Clairon tous les suppôts ou valets de sa gloire;
Molé plus sûrement comptera ses profits,
Et tous ensemble iront au Temple de Mémoire.

LIV

Quelque temps après la représentation de chez le baron de l'Esclapon, dans laquelle Mlle Clairon « n'avait pas été enivrée d'encens, autant qu'elle l'espérait [1] », le bruit d'une tournée de la tragédienne à l'étranger, qui n'avait été jusque-là qu'une vague rumeur, prenait la consistance d'une chose faite et arrangée. On annonçait le prochain départ de l'actrice pour la Pologne, où elle devait jouer jusqu'au mois d'octobre [2].

1. Mme du Deffant exprime une opinion contraire, elle écrit le lendemain à Walpole : « Je fus hier à la représentation de Molé : mon Dieu, que je vous regrettai ! Mlle Clairon fut admirable, c'était véritablement Melpomène, la pièce était Zelmire, de l'auteur du Siège de Calais ; elle est faiblement écrite, mais les sentiments, les situations sont du plus grand intérêt. J'aurais voulu entendre Corneille, lui seul avait l'énergie, la force et l'élévation qui rendent les grandes passions et la sublimité des grands sentiments. Le jeu de Mlle Clairon y suppléa autant qu'il était possible... Je fus transportée, ravie... »

2. *Correspondance littéraire de Grimm*, vol. VII. — *Mémoires secrets de la République des Lettres*, vol. III.

Racontons ce qui s'était passé.

Au mois de janvier, Mlle Clairon priait Mme Geoffrin d'user de son crédit auprès du Roi Stanislas-Auguste, pour qu'il agréât le désir qu'elle avait d'aller jouer à sa cour. Et à la lettre dans laquelle elle écrivait au Roi : « Mlle Clairon m'a dit qu'elle désirait aller passer un mois ou deux en Pologne, et qu'elle ne ferait d'autres conditions que d'être défrayée pendant son séjour, et son voyage payé ! » A cette lettre, Mme Geoffrin joignait une copie de lettre de Mlle Clairon, adressée au prince Repnin, où l'orgueil de la femme se montre dans la forme hautainement et humanitairement excentrique, donnée à sa supplique :

« *J'ai des propositions à faire à Votre Excellence. Vous allez peut-être me croire folle, il me semble pourtant que je ne le suis pas ; jugez-en. A Paris, vous m'avez témoigné de l'amitié, et j'en ai pris beaucoup pour vous ; les bontés que vous avez eues pour Marsan et que je m'approprie toutes, me sont on ne peut pas plus chères, je meurs d'envie de vous en rendre grâces. Vous ne pouvez pas venir ici, moi je puis aller où vous êtes : cela vous conviendroit-il ?*

« *Je ne vous cacherai rien. Par tout ce que j'en-*

23.

tends dire, le Roi de Pologne excite ma cu-
riosité; je voudrois être à portée de l'admirer
d'après ce que j'en verrois moi-même. Je n'ar-
range pas bien mes idées sur un être galant,
populaire, compatissant, grand, bon ami et
roi !

« *Il faut voir ce composé-là pour le bien conce-*
voir. Il aime les talents, dit-on, et ne dédaigne
pas de les accueillir. Si le spectacle l'amuse,
pourquoi n'irois-je pas lui jouer quelques rôles ?
C'est un moyen de le voir. Ma principale étude
fut, de tout temps, à connoître le genre humain;
si le sien offre un si beau modèle, j'en profiterai
pour devenir encore meilleure. Vous voyez qu'il
n'est pas d'état exempt d'ambition, mais vous
devez convenir que plus l'espace qu'on occupe est
petit, plus il est naturel de chercher à le grandir.
Maîtresse à présent de mes volontés, je ne m'oc-
cupe que de plaisir et de gloire; si je parvenois
à intéresser le Roi de Pologne, d'après ce que l'on
en dit en public, j'aurois amplement l'une et l'au-
tre. Vous croyez bien qu'à mon âge on n'a pas de
projets indiscrets, et, je vous le jure, je n'en ai
pas; l'intérêt n'entre même pour rien dans ma
démarche. Ma fortune est médiocre; ma raison la
rend suffisante. Je me borne à désirer que mon
voyage ne me coûte rien, et je ferai ce voyage

très bourgeoisement. C'est à Votre Excellence à me décider sur ce que je dois faire : je puis disposer de trois mois, donner une douzaine de représentations, » etc., etc.

. . . .

Dans le premier moment, la demande de Mlle Clairon était accueillie avec enthousiasme par Stanislas-Auguste, qui dit dans sa réponse à Mme Geoffrin : « Voir et entendre la Clairon à Varsovie, est une de ces choses uniques dans la vie, et que je désire assurément au possible... » Mais là-bas l'avenir est déjà si incertain pour le monarque polonais, qu'il ajoute : « Lorsque le prince Repnin me pressait de lui donner ma réponse pour la Clairon, je lui ai dit : Faites-la, vous, mon prince, vous savez mieux que moi, si dans trois mois d'ici, je serai à même de l'entendre. En cas de malheur pour moi, vous aurez soin d'elle, et vous en répondrez, puisqu'elle s'est adressée à vous. »

C'était le 10 mars que Stanislas-Auguste écrivait cette lettre, où il reculait devant la prise d'une décision, mais le 20 mars, cette hésitation à faire venir la tragédienne dans ses États faisait place à un refus catégorique, qu'il exprimait en ces termes :

« *Ma chère maman,*

« Je vous envoie ceci par estafette, pour que vous avertissiez au plus tôt Mlle Clairon de ne pas songer au voyage de Varsovie pour cette année. Ces jours-ci, il m'est revenu de différents côtés, que ce même public qui s'amuse de mon spectacle, me blâme cependant du soin et de l'argent que j'y mets dans ce moment de crise. Il est certain que l'épargne de mon théâtre ne me donnera pas une armée ; il est certain que je me prive d'un délassement que j'aime, mais surtout il est certain que je me prive de Mlle Clairon. Mais n'importe, il faut obéir à la voix du peuple, quand il s'agit de lui prouver qu'on sent et qu'on partage sa peine. Il faut que chacun s'exécute dans des temps de malheur, et je donne volontiers l'exemple.

« Maman, je vous embrasse mille fois. Faites mes excuses, pour cette fois, à Mlle Clairon. Mais si le calme revient après l'orage, son arrivée à Varsovie en sera, j'espère, une des plus belles preuves. La colombe apportera le rameau à l'olivier [1] ! »

Le projet caressé par Mlle Clairon, au mo-

---

1. *Correspondance inédite du roi Stanislas-Auguste Poniatowski et de Mme Geoffrin.* Paris, Plon, 1775.

ment où Paris le considérait comme réalisé,
tombait dans l'eau, et l'illustre tragédienne de
la Comédie-Française retombait à jouer sur le
théâtre particulier de la duchesse de Villeroy,
un théâtre dont la salle ne contenait que quelques centaines de places.

Et à propos de ces représentations devant un
public si restreint, Élie de Beaumont écrivait à
Garrick, à la date du 22 mars 1767 :

« Ici les talens sont cachés et ne se montrent
presque que dans les ténèbres¹. Mlle Clairon a
quelquefois la complaisance de jouer pour ses
amis, et ce divin talent est concentré dans une
chambre. Demain, je dois souper avec elle, et
la voir jouer chez Mme de Florian, nièce de M. de
Voltaire dont on donne jeudi, pour la première
fois, les *Scythes*. »

1. Mlle Clairon était condamnée à jouer en chambre. Mme du
Deffant commence ainsi une lettre à Walpole, datée du mard
23 août 1768 : « Il y a aujourd'hui un an que ce ne fut point
une lettre qui m'arriva, mais une personne qui interrompit les
belles scènes de Phèdre, que récitait Mlle Clairon, vous en
souvenez-vous? « Et dans le journal que Walpole avait tenu
de son voyage en 1767, on trouve : « Le 23 août, arrivé à Paris
à 7 heures moins un quart; à 8 heures, chez madame du Deffant. Trouva la Clairon jouant Agrippine et Phèdre. Elle n'est
pas grande, mais j'aime sa manière de jouer plus que je ne
m'y attendais. »

La *Correspondance littéraire de Grimm* parle, à la date

de décembre 1768, de deux grandes représentations, où
Mlle Clairon jouait à l'hôtel de Villeroy les rôles de *Didon* et
de *Roxane*, dans BAJAZET, devant le roi de Danemark et le
prince héréditaire de Saxe-Gotha. Après la pièce, la duchesse
de Villeroy présentait Mlle Clairon au Roi, qui tirait une bague
de son doigt et la passait au doigt de la tragédienne.

LV

Lors de l'invention et de la préparation des
fêtes qui devaient entourer de leur pompe, à
Versailles, le mariage de Marie-Antoinette, soit
que la duchesse de Villeroy, dans son engouement pour la tragédienne, crût qu'on ne pouvait
célébrer l'hymen d'un dauphin de France, sans
Mlle Clairon, soit plutôt que la ci-devant actrice
fût en quête d'une illustre occasion pour rentrer
à la Comédie-Française, on annonçait vaguement qu'elle devait rejouer devant la cour. Donc,
à la fin d'avril, il n'était bruit à Paris que d'une
répétition qui avait eu lieu sur l'ancien théâtre
de la Comédie, d'une répétition d'ATHALIE, telle
qu'elle devait être exécutée avec les chœurs sur
le théâtre de Versailles, et les gens qui avaient
assisté à cette répétition, étaient représentés
comme ayant été tout à fait subjugués par la majesté théâtrale déployée par Mlle Clairon. Puis,

dans les premiers jours de mai, quelques-uns allaient, disant partout que Mlle Clairon à sa grande
mortification, ne jouerait pas le rôle d'*Athalie*,
qu'elle avait déjà répété. Mme du Barry ayant
obtenu du Roi[1] qu'on ne fît pas un passe-droit
aussi révoltant à Mlle Dumesnil, à laquelle le rôle
avait appartenu de tout temps, et qui n'avait été
que très rarement joué par Mlle Clairon, et toujours
sans succès. Mais Mme la duchesse de Villeroy remuait le ciel et la terre, et sa protégée l'emportait[2].

Mlle Clairon jouait à Versailles le jeudi 24 mai,
ATHALIE et, le mercredi 20 juin, TANCRÈDE[3], attendant un mot du Roi, lui faisant dire qu'il verrait
avec plaisir qu'elle remontât sur le théâtre;
mais le Roi ne se prêtait pas à cette insinuation[4].

Sur cette injustice faite à la Dumesnil, celle-

1. Le Roi n'était pas aussi admirateur de Clairon que Voltaire avait voulu lui faire croire. Mme Riccoboni écrit le
29 janvier 1767 à Garrick : « Cette désolée Clairon fit dire au
Roi qu'elle jouerait à Versailles, quand Sa Majesté l'ordonne-
rait. C'était au commencement de l'hiver. Sa Majesté a répondu qu'elle trouvait les autres actrices fort bonnes. O rage,
ô désespoir. Je vous rendrai compte de cette représentation,
dont on espère le retour de la Clairon sur la scène française. »

2. *Mémoires secrets de la République des Lettres*, vol. V.

3. *Spectacles du Roy,* année 1770.

4. *Correspondance littéraire de Grimm,* vol. IX. — Voici
ce que dit, sur cette représentation, M. Papillon de La Ferté,
dans son journal, encore inédit : « Vendredi 25 mai 1770.
Avant-hier mercredi, ATHALIE, avec les chœurs où Mlle Clairon n'a point eu autant de succès que M. le duc d'Aumont et

ci ne pouvait plus paraître à la Comédie-Française, sans soulever des transports d'enthousiasme, des applaudissements frénétiques, et cette chaude et fiévreuse admiration du public enflammant son génie, elle jouait plusieurs rôles « avec une sublimité nouvelle et continue ».

Alors Mme du Barry, qui avait tout d'abord cédé, et laissé triompher la duchesse de Villeroy et Mlle Clairon, se sentant soutenue et appuyée dans sa protection à la Dumesnil par le public de Paris, reparlait au Roi en faveur de sa protégée, et obtenait de Louis XV, que les fêtes de la Cour seraient augmentées d'une représentation de SÉMIRAMIS, où Mlle Dumesnil jouait, habillée d'une splendide robe, donnée par la favorite : représentation, après laquelle le Roi lui fit dire « qu'il n'avait jamais été aussi content d'elle ».

Dans cette espèce de duel dramatique entre les deux actrices, sur le triomphal théâtre de la cour de France, il est incontestable que l'avantage resta à Mlle Dumesnil.

Cinq ans de retraite ont toujours nécessaire-

---

la duchesse de Villeroy l'espéraient ; d'ailleurs tout le monde a été enchanté de la magnificence de ce spectacle, tant pour la partie des décorations que pour les habillements des acteurs, chœurs et comparses, dont le nombre était prodigieux.

« Vendredi 22 juin 1770. TANCRÈDE, mercredi dernier, Mlle Clairon y a mieux réussi que dans ATHALIE. »

ment une influence sur un talent théâtral, et le jeu de Mlle Clairon s'en ressentit. Grimm, qui assistait à ces représentations, s'étonne de la lenteur et de la monotonie, que Mlle Clairon mit dans le rôle d'*Aménaïde*, qui lui avait fait autrefois une réputation si brillante, et dont les actrices les plus médiocres se tirent toujours avec un certain succès.

Un autre sujet d'étonnement pour le chroniqueur, c'était de trouver Mlle Clairon, mal habillée, habillée d'une robe d'une couleur fausse, mi-brun, mi-jaune, et qui lui donnait l'air d'une « vieille ratatinée ». Et même Grimm ne dit-il pas que la salle fit la remarque qu'elle avait la bouche de travers, comme si elle venait d'avoir une attaque de paralysie[1].

Sur le *fiasco* de la malheureuse femme, qui amena une envolée de méchants petits vers de poétereaux insulteurs[2], lisons la féroce lettre de Lekain :

---

1. *Correspondance littéraire de Grimm*, vol. IX.

2.   A LA CLAIRON PUBLIQUE.

De la cour tu voulois en vain
Expulser, ô Clairon ! ton illustre rivale.
Dumesnil paroit et soudain,
D'elle à toi, l'on voit l'intervalle.
Renonce, crois-nous, au dessein
De surpasser cette héroïne ;
Ton triomphe le plus certain ·
Est d'avoir en débauche égalé Messaline.

« A Fontenay, le 21 juillet 1770.

« Je mériterais peu, mon cher ami, d'être un
de ceux qui ont le plus applaudi au talent de ma
chère reine (Mlle Dumesnil) et qui chérissent
davantage sa personne, si je ne me réunissais
dans ce moment à tous ceux dont elle a enlevé
les suffrages, dans sa dernière représentation de
Semiramis, à Versailles. Ce n'est pas peu que
d'avoir subjugué tous ces êtres de cour, pour la
plupart faux ou prévenus. Elle a fait ce miracle,
il était bien digne d'elle. Je vous jure que la
satisfaction que j'en éprouve est au-dessus de
toute expression. Les succès pleins et modestes
de ma chère reine ont toujours terrassé l'orgueil
et humilié l'envie. *Cette dernière* (Mlle Clairon)
se déchire les bras : plût à Dieu qu'elle se dé-
chirât le cœur, ou qu'elle s'empoisonnât de
l'âcreté de son sang !

« Adieu, mon ami[1].

« LEKAIN. »

1. Lettre autographe signée de Lekain, sans nom du desti-
nataire, publiée par Dussault dans les *Mémoires de Mlle Dumesnil.*

LVI

Depuis que Mlle Clairon s'était retirée de la
Comédie-Française, elle avait ouvert une sorte
d'école de jeunes élèves, qu'elle se complaisait à
former pour le théâtre.

Parmi ces élèves, il y en eut un, âgé seulement de seize ans, et de la plus jolie figure du
monde, et qu'elle avait surnommé l'*Amour*
et qui n'avait plus d'autre nom. Mais l'*Amour*
ne s'avisait-il pas de prendre des leçons d'un
autre genre, chez un autre professeur, et
Mlle Clairon, dit-on, prise de jalousie, renvoyait
de chez elle l'*Amour*, tout nu, dans le costume
sous lequel est représenté le petit dieu de l'antiquité. Et l'on avait beaucoup causé de l'aventure, dans l'été de 1767, parmi le monde des
actrices et des filles de *haut style* [1].

1. *Mémoires secrets de la République des Lettres*, vol. III. —
Une conduite aussi inhumaine faisait dire à Sophie Arnould :

D'autres préférés succédaient à l'*Amour*, et recevaient les soins dramatiques de la tragédienne. Parmi ceux-là, en première ligne, le jeune Larive était instruit, formé, couvé par Mlle Clairon, pour faire oublier, pour écraser sa bête noire : Lekain.

Aussi cherche-t-elle à produire son élève dans le plus haut monde, et l'entendez-vous, un jour qu'elle le fait répéter devant une très grande dame, l'entendez-vous lui dire, sur le noble ton de Melpomène : « Allons, monsieur Larive, votre extérieur est fort beau, montrez à madame la duchesse que votre intérieur ne le cède en rien[1] ! »

Et pendant trois grands mois, avant les débuts du tragédien de vingt-deux ans [2], les amis de l'actrice, Marmontel en tête, allaient partout répétant que Paris était au moment de posséder la perle des acteurs. Enfin, le 3 décembre 1770, jour de son début, la sollicitude maternelle de Clairon pour son jeune homme était telle, qu'elle avait pris place dans le trou du souffleur, et c'est de là que, toute la représentation, à chaque vers, à chaque hémistiche, elle soute-

---

« Qu'on voyait bien que la reine du théâtre n'était pas la mère de l'*Amour*. »

1. *Correspondance secrète de Grimm*, vol. IX.
2. Larive était né le 6 avril 1747.

nait son élève, des yeux, de la voix, du geste.

Doué de traits pleins de noblesse et fortement accusés, d'une taille élégante, d'un organe sonore et doux, d'une prononciation très pure, d'une figure malheureusement sans grande mobilité, et qui faisait comparer l'homme à un superbe et bête oiseau de proie, Larive avait, à son début, un assez grand succès, qu'il devait surtout aux grâces de la jeunesse,et au bruit,fait d'avance, autour de son talent par sa protectrice.

Larive demeurait l'élève préféré, aimé, chéri de Mlle Clairon, et lors des tracasseries qui lui étaient suscitées à la Comédie-Française, et le forçaient à aller jouer à Bruxelles, et plus tard à Lyon, il s'établissait, entre Mlle Clairon et son protégé, une correspondance intime des plus curieuses [1] pour l'histoire de la vie familière, et de la pensée et du cœur de la grande tragédienne.

1. Cette correspondance faisait partie de la collection Dubrunfaut, dont, après beaucoup de sollicitations et de démarches, j'avais obtenu communication de M. Charavay. Au moment de la publication de mon livre, je la trouve publiée *in extenso* dans le *Coureur des Théâtres* (juillet-août 1849), par Charles Maurice, un curieux d'autographes, en ces années où les historiens de profession ignoraient encore les lumières apportées à la biographie des gens célèbres par la publication de la lettre autographe. Maintenant il faut dire que publiée dans le *Coureur des Théâtres,* c'est absolument comme si cette correspondance n'était pas publiée.

LVII

Une correspondance où, dans chaque lettre, il est toujours, toujours, question de nouvelles du répertoire ou d'indiscrétions de coulisses, ou de petits détails d'art dramatique.

Un jour, Mlle Clairon entretient Larive de la réouverture de la Comédie-Française, et de la décadence du talent de Lekain :

« *On a rouvert le théâtre par Alzire. Tout le monde a été confondu de la lenteur, de l'inattention, de l'oubli de Lekain. Jamais, à ce que l'on m'a dit, il n'a montré moins de talent. Mlle Dumesnil a été très monotone, et le public a murmuré assez hautement deux ou trois fois. Il étoit mécontent du changement de la salle, il faisoit tant de bruit que tous les acteurs, hors Brizard, n'ont su ce qu'ils faisoient. Vous croyez bien que je n'y étois pas, je le sais par tous*

*ceux qui soupoient chez moi, ce jour-là, et qui
y avoient été; je puis les croire, vous savez
qu'ils sont sages et sans intérêt à la chose[1]. »*

Un autre jour elle loue le jeu de Mlle Sainval :

*« J'ai été voir la petite Sainval. Son succès
est prodigieux, mais elle le mérite; c'est un
talent réel et charmant. »*

Un autre jour, elle lui parle de Mlle Luzy,
hors d'état de quitter son lit ou sa chaise longue,
disant de la pauvre actrice :

« Elle est toujours souffrante et « belle. »

Un autre jour, elle lui écrit ce mot sur
Mlle Dubois :

*« Gardez le secret sur ceci : Mlle Dubois a été
voir ses supérieurs, pour leur dire qu'elle se reti-
reroit à Pâques, si son enrouement qu'elle a
toujours, continuoit; deux jours après, on lui
signifioit son ordre de retraite pour le moment.
Elle en est au désespoir, parce que cela lui fait*

---

1. La lettre est adressée à « *Monsieur Larive, chez M. Paper,
rue des Dominicains, à Bruxelles* ». Elle porte un cachet où un
L et un C sont entrelacés.

perdre sa recette de l'hiver, et qu'elle aime un
peu l'argent. »

Un autre jour, elle lui dit le début éclatant de
Mlle Raucourt, et revient encore, un autre jour,
à la continuité de triomphes, qui enchantent ses
haines :

« *Mlle Raucourt a débuté (23 décembre 1772)*
avec le plus grand succès. Tout Paris en raffole,
et quoique Brizard soit son seul maître connu, on
nomme, à chaque vers qu'on lui entend dire, la
personne dont elle a pris des leçons[1]. *Elle n'a*
que seize ans et demi; elle est belle comme un
ange, sensible, noble. Ce sera, je l'espère, un
charmant sujet, et j'ose croire que Mme Vestris se
mordra les doigts, plus d'une fois, de m'avoir
désobligée.

« *Le succès de Mlle Raucourt continue toujours;*
elle transporte tout le monde et cela est juste.
Hier, toute la salle, d'une voix unanime, de-
manda que les comédiens donnassent une repré-
sentation à son profit. J'ignore si messieurs les
gentilhommes de la chambre, de qui cela dépend,

---

1. Grimm dit, en effet, que Brizard a désiré que l'instruction
de Mlle Raucourt fût *saupoudrée* de quelques leçons de la
Clairon.

y consentiront, mais cette demande qui prouve l'engouement où l'on est, est d'un bien fâcheux augure pour ma chère amie, Mme Vestris. Le public pourroit bien la traiter, comme il traite l'Achille, qu'elle trouvoit si convenable. Cette femme est la première personne, que j'ai réellement haïe. Mlle Raucourt mérite tous les soins, que je prends pour la former, mais j'avoue que je trouve bien doux, en la servant, de me venger de toute l'ingratitude et de l'insolence de l'autre. »

D'autres fois, un rien, une des petites nécessités de la vie des planches fait les frais de plusieurs épîtres :

« Ce 8 au soir.

« J'aurai donc toujours raison : lorsque vous étiez à Paris, je vous parlois du besoin que vous auriez d'un habit riche, vous ne voulûtes pas me croire, et maintenant vous me chargez de vous en trouver un[1] *. Il eût bien mieux valu que vous*

---

1. Dans une première lettre, Mlle Clairon refuse très nettement au jeune Larive de lui avancer l'argent de cet habit. Voici la lettre :

« Il me seroit bien doux, mon cher enfant, de ne vous rien laisser désirer, et vous pouvez être sûr que toutes les fois que je pourrai quelque chose pour vous, j'oublierai volontiers mes besoins pour m'occuper des vôtres; mais je ne puis vous avan-

l'eussiez choisi vous-même, je n'aurois pas l'inquiétude de craindre que ce que je ferai ne vous
convienne pas.

« J'ai été aujourd'hui chez plusieurs fripiers,
je n'ai trouvé que des vilenies très chères. On
doit m'en apporter demain. J'ai fait dire à votre
tailleur d'en chercher. J'ai prié M. Lorel de tâcher
de m'en faire trouver par le valet de chambre de
M. de Chauvelin, dont quelque camarade en a
peut-être à vendre. Il seroit plus avantageux de
l'avoir de la première main. Tout ce que je pour-

cer votre habit, mes devoirs et mes charges sont au-dessus de
mes moyens dans ce moment. Je me passe du nécessaire pour
moi, je vends pour le donner aux autres, et je vous avoue que
lorsque je pourrai davantage, c'est à votre bien-être à venir
que je veux songer. Je sais que vous avez besoin d'un habit,
mais nous sommes convenus qu'à toute rigueur, vous pouviez
vous en passer cette année. Vous n'êtes point si mal que vous
ne puissiez attendre, attendez donc. Vous me mandez que vous
n'avez point d'argent et pourquoi n'en avez-vous pas? Vous
ne m'avez encore envoyé que onze cent quatre livres sur les
mille écus, que vous devez m'envoyer dans le courant de
l'année.

« Je n'ai jamais vu de couronne à Néron : c'est une coiffure
toujours effroyable, quand elle est seule, les Romains n'avoient
pour coiffures que des casques à la guerre et des espèces de
bonnets, tels que celui de votre bonnet de Cinna, dans le courant de la vie civile, et les empereurs n'étoient couronnés
qu'avec des lauriers. Si vous voulez plus que vos cheveux dans
Néron, mettez une couronne de lauriers.

« Bonjour, mon cher enfant, j'attends le comte, de moment
en moment. — Mercredi, 4 novembre ». (Lettre autographe de
Clairon à Larive, de la collection Morrisson.)

*rai faire, pour que vous l'ayez promptement, je
le ferai. Mais le voulez-vous de velours, d'étoffe ?
Faut-il qu'il soit brodé sur toutes les tailles ? Le
désirez-vous d'or ou d'argent ? De quelle couleur ?
Quel prix voulez-vous y mettre ? Tout cela m'embarrasse beaucoup. Oh ! vous êtes un terrible
enfant !* »

« *... Je ne vous ai point encore trouvé d'habit.
Ceux qu'on m'a fait voir ne me convenoient ni
pour le prix ni pour le genre. On m'en cherche
et j'attends, car le temps qu'il fait est trop rigoureux pour que je sorte*[1]. »

Mais ce qui remplit les lettres de la tragédienne, ce sont des enseignements, des leçons,
de petits traités ingénieux de l'art dramatique, à
l'usage de son élève, et voici une lettre à propos
de la pièce de Boissy : LA VIE EST UN SONGE :

« *Vendredi au soir 17.*

. . . .

« *Je vas de mieux en mieux, j'ai reçu votre
lettre de change, et j'ai eu l'honneur de recevoir
hier M. le prince de Ligne. Je n'entreprendrai*

1. Lettre autographe de Clairon à Larive, appartenant à
M. Caille, de Condé-sur-Escaut.

*pas de détailler tout ce que je trouve d'aimable,
d'honnête et de recommandable de lui, je ne fini-
rois pas, je me borne à dire qu'il me paroît impossible d'être mieux.*

*« Je viens de lire : La vie est un songe. C'est
une pièce tronquée, manquée en plein, mais dans
laquelle on peut cependant faire de bien belles
choses, en paroissant songer à l'extrême noblesse
qu'il faut annoncer par toute l'habitude de votre
corps. Peu de gestes, le visage le plus austère, des
sons lugubres et lents, et lorsque vous dites à Clo-
tilde : Ce discours me révolte... point de cris,
de la rage, de l'impatience intérieure, est tout ce
que vous pouvez vous permettre. Il faut garder
les éclats pour le second acte, dans la scène avec
votre père, lorsque vous ne savez pas encore qui
il est. Ne faites qu'adoucir votre visage et votre
ton, soyez ému, mais n'allez pas plus loin ; que ce
soit toujours le même homme. Dans le couplet des
reproches, mettez toute la chaleur, toute l'anima-
sité, tout le désir de vengeance qu'il vous sera possible, mais en asservissant tout à la plus grande
noblesse. Dans le monologue suivant, donnez-
vous le temps de sentir et par conséquent de causer. Je ne vous parle point de la scène d'Arlequin : « c'est une monstruosité révoltante. »*

Votre premier mouvement, en voyant Sophro-

nie, doit être un étonnement d'extase ; à mesure que vous la regardez, votre visage doit s'adoucir et devenir aussi touchant qu'il étoit austère. Vos inflexions doivent aller au cœur, et quant au jeu total de la scène, le canevas vous est prescrit par ces vers :

> Je me sens entraîné par un désir rapide,
>   Et retenir par le respect.
> Vous enflammez mon cœur et le rendez timide.

« *Les visites qui m'arrivent, m'empêchent de vous écrire davantage, mais le reste est comme on dit : Le Pont aux ânes. Profitez de ce que je vous indique, et ce sera toujours cela.* »

Et à la fin d'une autre lettre, Clairon indique à Larive les nuances délicates, supérieurement distinguées, qu'il doit mettre dans le rôle du *Glorieux :*

. . . .

Appliquez-vous dans le rôle du Glorieux à faire valoir mon petit croquis : comme le personnage est jeune, qu'il n'est fier que par erreur, qu'il est vraiment noble et qu'il se repent à la fin, il faut faire sentir les deux nuances, dont je viens de vous parler. C'est avec Pasquin, Lisette, Lafleur et Lisimon qu'il est fier, dans tout le reste il doit être digne. Vous demanderez peut-être comment vous ferez sentir cette différence, par un rien ou presque rien. Tant que vous serez glorieux, n'ayez rien de moelleux, d'affable dans votre figure, votre maintien et votre voix, n'appréciez vos entours que comme de la fange, parlez d'un ton bref, sec, avec poids et mesure, que votre rire soit amer et dédaigneux, et quand vous aurez besoin d'être digne, en gardant l'air le plus noble possible, radoucissez votre maintien, votre visage et votre ton : vos entours, tout inférieurs qu'ils sont, sont des hommes, gagnez-les autant que votre caractère peut le permettre[1]. »

1. C'est la fin d'une lettre donnée plus loin, où elle croque le portrait du duc d'Arenberg, qu'elle n'a jamais trouvé que digne et pas fier, et elle veut que Larive se modèle sur lui, pour ce rôle du *Glorieux*.

LVIII

Cette correspondance de Clairon avec Larive, elle a surtout le mérite de nous montrer l'actrice, dans le train-train de la vie tranquillement intime, dans le repos apaisé et les occupations de son coin du feu, parmi les êtres de sa domesticité; sur ce fond d'intérieur, hélas! fermé, perdu, irretrouvable des comédiennes du passé, — dont nous n'avons guère, de la vie privée, que les amours, les grosses agitations, les tumultes de l'existence.

Nous la voyons travailler à ce grand lit, « un ouvrage si long, qu'elle désespère en jouir dans l'année »; nous la voyons partir pour aller promener son *importance* au bois de Boulogne; nous la voyons interrompre sa correspondance « devant le monde qui lui arrive pour ses soupers des *mardis* ».

Aujourd'hui la tragédienne, à laquelle on

prête une langue si dramatique dans les petits riens de la vie privée, nous apprend que sa foulure va mieux, qu'elle marche, qu'elle se sert de son bras, mais que *le derrière lui fait toujours de la douleur*. Un autre jour c'est la grande nouvelle : Louvet [1], son domestique, qui a été fort mal, est hors de danger, et sa cuisinière la quitte ! mais, Dieu merci, elle ne peut être que mieux, avec une nouvelle *fricasseuse*.

Quelquefois cinq ou six lignes d'un bout de lettre lèvent, tout à coup, comme un voile, sur des habitudes, des goûts, une délicate nervosité, et révèlent, en un sentimental croquis d'âme, une femme inattendue.

1. Ce Louvet a-t-il remplacé ou précédé Pierre Bernier, en faveur duquel nous trouvons, dans l'*Intermédiaire* du 25 mai 1785, une donation de Mlle Clairon à la date du 23 décembre 1768.

« Demoiselle Claire-Josephe de Latude Clairon...

« A donné, à titre de donation entre vifs irrévocables,

« A Pierre Bernier, valet de chambre chirurgien,

« Et à Marie-Michelle Martin, sa femme,

« Les meubles et effets mobiliers garnissant la chambre que la femme Bernier occupe dans la maison de la demoiselle Clairon (rue du Bacq) chez laquelle elle demeure en qualité de femme de chambre.

« Cette donation est faite sous la condition expresse que, si la femme Bernier venait à renoncer à la communauté de biens établie entre son mari et elle, elle aurait reprise sur tous les meubles et objets mobiliers... »

Dans cet état de meubles et effets mobiliers, dont le montant s'élève à 1 000 livres, signalons l'estampe encadrée de Mlle Clairon en Médée, estimée 54 livres.

« *Vous savez mon désir pour une campagne; ne
pouvant m'en procurer une, j'ai pris le parti
d'aller m'établir à l'hôtel de Valbelle*[1]*, depuis
mon dîner jusqu'à mon souper. Je reçois mes visites. J'ai fait porter de l'ouvrage et des livres. De
demi-heure en demi-heure, je vais faire le tour du
jardin, et je me trouve à merveille de ce petit
exercice, et surtout du calme qui règne dans cette
maison : la mienne, sans cesse ébranlée par les
voitures qui passent, donnoit des secousses à mes
nerfs qui m'étoient insupportables. Depuis la dernière attaque que vous m'avez vue, je n'ai cessé
de souffrir que dans les moments où je n'ai pas
été chez moi.*

« *Baisez Fidèle de ma part...* »

Et *Fidèle*, dans une lettre qui suit, amène, sous
la plume de la tragédienne, un autre tableautin
de sa vie intérieure, dans l'effort d'une tentative de maternité sans grande chaleur.

. . . .

« *Vous avez donné l'hospitalité à un chien,
moi je l'ai donnée à un petit garçon. Molé m'a*

---

1. Les *Anciens Hôtels de Paris,* par le comte d'Aucourt, indiquent l'hôtel Valbelle, comme situé rue du Bac, 34, en face la
rue de Gribeauval. Il est devenu la propriété de Fouché duc
d'Otrante, et en 1834 du comte de Lanjuinais.

adressé une malheureuse veuve avec six enfants
sans pain. J'en ai pris un, et je m'occupe des
moyens de faire vivre le reste. Je ne garderai
point cet enfant chez moi : c'est un petit diable,
cela m'embarrasse et m'ennuie, mais comme il
ressemble beaucoup au margrave (d'Anspach) et
que je compte le voir arriver ici cet automne, j'ai
pris cet enfant avec l'espoir de l'envoyer en Alle-
magne. Si cela ne réussit pas, je le mettrai en
métier, je payerai l'apprentissage que sa mère
aura choisi, et n'en entendrai plus parler. Bon-
jour, mon cher enfant; mes chevaux sont mis, je
n'ai que le temps de vous embrasser. »

Dans cette correspondance, il y aura une
après-midi sur des gens de sa connaissance, des
jugements où se rencontre un peu du recueille-
ment d'une pensée qui philosophe, en attendant
le souper.

« Je suis fort aise que M. le duc d'Arenberg
vous permette de lui faire votre cour; quand il
venoit à Paris, lorsque j'étois au spectacle, il
venoit me voir dans ma loge, et me traitoit avec
toutes sortes de bontés. On dit qu'il est fier, mais
je ne l'ai jamais trouvé que digne, et c'est une
grande différence. Connoissez-la, elle est utile au

*métier que vous faites, la fierté naît toujours
d'un vice de cœur ou de l'esprit, la dignité de la
noblesse de notre âme. La première attire presque toujours la haine, la seconde force au respect. L'une porte au dédain de ses semblables,
l'autre ramène à l'humanité... La nature a fait
tous les êtres égaux, le hasard a fait des grands
et des roturiers. Se prévaloir du hasard est tyran-
nie ou petitesse. »*

Une autre après-midi, en la confiance et
l'abandon de ses lettres, ce sera une soudaine
effusion de sentiments étroits, envieux, jaloux,
une confession violente d'âme ulcérée, l'aveu de
cette curieuse hostilité intérieure des femmes
intelligentes de la classe moyenne contre l'aris-
tocratie, que ces femmes s'appellent Mme Roland
ou Mlle Clairon.

. . . .

*« Comme je n'ai point l'honneur d'être connue
de Mme la princesse de Starenberg, que mon attⱥ-
chement pour vous a pu permettre beaucoup de
commentaires, et qu'une grisette, comme moi,
n'est jamais rien pour une grande dame, je ne
m'étonne pas qu'on s'attende à me voir faire des
démarches ridicules. Sans titre, la bonne con-*

duite, l'esprit, la noblesse de l'âme ne sont rien
pour les grands que des chimères; s'ils osoient, ils
nous refuseroient même les droits à l'humanité.
Plaignons-les, c'est tout ce qu'ils méritent. Se
fâcher seroit une sottise, et pour nous consoler de
notre néant, ouvrons les fastes de l'histoire ; nous
y trouverons les plus grands noms, souillés par
les vices, les crimes les plus atroces. »

Et après cette tirade, la tragédienne, tout à
fait montée sur ses grands chevaux, rabroue
presque durement Larive d'avoir fait espérer à
la princesse de Starenberg une représentation
de Sa Grandeur tragique en Belgique.

« Lorsqu'on vous parlera de l'espoir de me voir
à Bruxelles, je vous prie de songer qu'on croit que
la tête me tourne, et qu'il ne faut pas que vous le
laissiez croire. Si je voulois jouer la comédie
pour un public et de l'argent, ce ne seroit pas la
peine d'aller à Bruxelles, j'ai tout cela sous ma
main, et rien, dans ma vie, n'a prouvé que je cou-
russe les rues pour les honneurs, ainsi tout ce qui
se dit à cet égard est bêtise et impertinence :
tenez-le pour tel et conduisez-vous en conséquence. L'honnêteté que m'a fait faire la princesse de Starenberg par vous, m'a fait offrir, si

j'allois au printemps en Flandre, si elle avoit un
théâtre à la campagne, et qu'en effet elle désirât
m'entendre encore, d'aller lui jouer une pièce,
au cas où ma santé le permet... » Et voilà tout,
ajoute Mlle Clairon, elle ne se compromettra
pas, et ne partira pas *froidement* dans ce temps,
*sans autre affaire que d'aller jouer pour son
abonnement.*

LIX

« *Que m'importe, mon cher Larive, qu'on voie ce que nous écrivons, nous ne nous mêlons des affaires de personne, nous ne sommes point méchants, nous n'avons pas de secrets. Ceux qui perdront leur temps à nous lire, seront plus attrapés, que nous.*

« *Je ne cache à personne que je vous regarde et vous aime comme mon enfant, vous ne devez pas être plus embarrassé de l'expression de vos sentiments, des détails où ils vous portent, que je ne le suis moi-même, laissez donc faire...* »

Voici en quels termes Clairon avoue sa sollicitude maternelle pour son cher élève, sollicitude d'une exaltation toute particulière, et tout le temps qu'elle dure, aussi bien éveillée sur les importants événements de la carrière du jeune acteur, que sur les plus petits détails de son existence matérielle.

C'est Clairon qui, pendant les années passées par Larive à Bruxelles, a le soin et la garde de *ces petits riens d'un transport facile et moins coûteux que l'achat...*

C'est Clairon qui place l'argent du jeune artiste, tantôt le pressant de lui en envoyer :

« *J'ai reçu de l'argent, je ne crains plus d'en manquer, mais je ne vous en presserai que plus pour m'en envoyer : ce qui vous intéresse, est bien plus pressant pour moi, que ce qui me regarde personnellement. Il importe à mon bonheur que votre sort se fasse, et tout ce que vous ferez pour l'accélérer, me prouvera votre tendresse, votre reconnoissance, et vos égards pour moi...* »

Tantôt l'engageant à en retenir par devers lui, avec ces nobles paroles :

. . . .

« *J'espère que vous ne m'envoyez pas tout l'argent que vous avez reçu; je vous exhorte à ne rien dépenser d'inutile, mais j'exige de vous de ne jamais vous refuser le nécessaire : rien ne rétrécit l'âme comme l'économie sur le besoin.* »

A travers le babillage de toutes ces lettres, c'est toujours au commencement, ou à la fin, ou

au milieu, un léger et doux cours de morale, où
se mêle le sérieux de la parole d'un père à des
tendresses de mère aimante.

« *Bonjour, mon enfant, soyez prudent, soyez*
raisonnable, jouez bien, portez-vous bien, comp-
tez sur l'attachement le plus inviolable, et méri-
tez-le.

« *Je vois que votre caractère s'adoucit, que*
votre raison se forme, que votre cœur ne change
pas. Continuez : plus vous vous perfectionnerez,
plus vous vous acquitterez envers moi : c'est as-
surer votre bonheur, c'est sacrifier cet intérêt si
tendre que j'ai pris, dès le premier moment, pour
vous, et qui assurément ne finira qu'avec moi,
c'est assurer la consolation de ma vieillesse, et
tout cela doit être quelque chose pour vous. »

Dans une lettre, Clairon s'est-elle montrée
trop sévèrement grondeuse, elle se fait vite
pardonner par l'enfant gâté de son cœur, en
ces quelques lignes de la lettre qui la suit bien
vite :

« *Vous avez trouvé une lettre sèche et sévère,*
vous me croyez, de là, fâchée contre vous; vous
pouvez m'affliger, mais vous ne me fâchez point:

26

c'est avec trop de tendresse que je vous aime,
pour qu'il soit en mon pouvoir d'écouter ce pre-
mier mécontentement. »

Quel bonheur et quelle hâte à lui envoyer la
nouvelle flatteuse, à lui envoyer toute chaude
l'admiration que provoque le talent du jeune
acteur chez des amis, des relations, des connaissances !

« *M. Marmontel a trouvé avant-hier Mlle Ar-*
nould à l'Opéra, elle l'a chargé de me dire
qu'elle n'osoit se présenter chez moi, mais qu'elle
le prioit de me dire qu'elle avoit été enchantée
de vos talents, que vous lui aviez fait grand
plaisir dans Tancrède et que vous l'aviez con-
fondue dans la Métromanie. Eh bien, si vous
aviez donné le chapeau, c'étoit fait de moi, elle
venoit ! »

Et Sophie Arnould se fait-elle, dans un autre
moment, la *trompette* de mauvais bruits relatifs
à son protégé : c'est la même hâte à le prévenir,
à le mettre en garde, à lui donner les moyens
de se défendre :

Mlle Arnould me fit dire par Marmontel qu'elle
venoit de recevoir des lettres de Bruxelles, où on

lui détailloit toutes les injures que vous aviez dites à Chevalier, et les excuses qu'on vous avoit forcé de lui demander. J'ai répondu comme je devois répondre, mais ne faisant pas, comme elle, métier de trompette, je ne puis parer à son propos, si elle le tient à d'autres. Engagez votre amie à lui écrire la vérité, afin qu'il soit en son pouvoir de lui rendre hommage. »

. . . .

Le soin et la défense de l'honneur de Larive, elle le prend en toute occasion, et même contre lui-même, quand il semble l'oublier, quand il va, selon l'expression de la tragédienne, *dégrader le cothurne*, quand il a commis la bassesse d'écrire au comte de Duras, pour rentrer à la Comédie-Française. C'est alors que lui disant de s'en rapporter à elle, pour les conditions de sa rentrée au Théâtre-Français, elle lui écrit ce fier bout de lettre :

. . . .

« *Vous ne devez penser à Paris que lorsqu'on sesa venu me dire :* Nous vous prions de faire revenir Larive. *Alors, je stipulerai pour vous, je calculerai ce qui pourra convenir à votre intérêt, votre gloire et votre plaisir... Je vous aiderai de*

mes conseils, de ma fortune. J'aurai pour vous
les sentiments d'une mère tendre et sa foiblesse.
Travaillez, c'est l'état de l'homme : lorsque vous
aurez assez fait, lorsque l'âge m'aura mise à
l'abri de toute critique, je vous rappellerai, vous
viendrez jouir près de moi des fruits de vos tra-
vaux, et de l'économie où je vais m'asservir pour
que vous n'ayez rien à désirer. L'envie de vous
être utile, l'amitié que je vous porte, me feront
trouver des ressources dans ma fortune, toute
médiocre qu'elle est, pour peu que je vive, vous
n'aurez besoin sûrement qu'à moi, et je ne mets
d'autre condition que de vous prier de me justifier
l'intérêt que je prends à vous...

« *Votre démarche vis-à-vis de* M. *le duc de*
Duras est ce que vous avez fait de plus incroyable,
c'est l'oubli le plus complet de tout. Quoi, c'est
pour vous offrir, au bout de six semaines, que
vous m'avez donné tant de peine, que votre indi-
gnation contre les comédiens se change en désir
de vous retrouver si vite avec eux. »

Et cette occupation continue des faits et
gestes du jeune acteur, et des gros et des petits
événements de sa vie, va, avec une surveillance
affectueuse, de la dignité de l'homme à ses *plai-*
sirs, comme on disait au siècle dernier. Elle ne

craint pas d'entr'ouvrir le chapitre : Femmes —
un chapitre auquel elle revient souvent, montrant, il me semble, une curiosité inquiète des
personnes du sexe qui l'approchent.

« *Vous avez donc une ménagère, j'en suis fort
aise pour vous et pour Fidèle. Est-elle jeune,
jolie ? De la façon dont je vous sais fait, je suis
bien sûre que cela vous est égal, n'importe, dites-
le-moi toujours ?* »

Souventes fois, le Mentor femelle du jeune
homme le plaisante spirituellement sur ses
bonnes fortunes, lui prêchant une indulgente
morale de frère aîné, et lui recommandant de
préférence les amours, où n'interviennent *ni
les tuteurs ni les chirurgiens* : la morale bien
digne de l'actrice qui, surprenant une aimable
femme, en train de considérer avec attention
son portrait, lui disait : « Vous voyez, là, une demoiselle qui s'est bien divertie ! »

« *Vous avez donc fait une conquête, et d'une
belle dame, dites-vous ? Je n'en suis pas étonnée,
vous êtes fort joli homme ! mais je ne puis m'empêcher de vous dire que vous êtes un grand imbécile. Si c'est une femme qui fasse métier de*

26.

*galanterie ou une fille à marier, vous avez bien
fait de refuser. Il faut fuir la première de crainte
d'accident pour sa santé, et n'avoir jamais à se
reprocher le désordre de l'autre. Mais si c'est une
femme mariée ou veuve, c'est une monnaie cou-
rante, appartenant à tout le monde, et vous avez
tort de ne pas vous en servir. Nul engagement,
nul préjugé ne vous retient. Vous êtes homme,
jeune, vous vous ennuyez. Garantissez-vous d'un
attachement sérieux; c'est bien fait, mais pourquoi
ne pas donner à vos sens et à la nécessité de se
distraire le tribut que l'un et l'autre vous demandent ?* »

Et toujours dans les lettres de la tragédienne,
où il est question de l'amour, règne, professée
par elle, la théorie de l'amour physique de M. de
Buffon, avec la permission des *passades*, et toujours avec la mise en garde contre les attache-
mens sérieux :

« *M. de Buscher m'a dit que vous faisiez beaucoup de conquêtes. Je vous exhorte de céder à
des plaisirs sûrs, il en faut nécessairement à votre
âge, mais je vous exhorte encore plus à vous défendre de toute passion : ces moments de plaisirs
sont toujours achetés par des siècles de peine.* »

Toutefois, en dépit de l'apparente absence de
jalousie, et quelque soin que l'amour prenne à
se cacher, dans la correspondance de la tragédienne, sous le masque d'une affection pure et
désintéressée, ne nous trouvons-nous pas en
présence d'une passion de femme âgée pour un
jeune homme? Il perce en ces leçons une chaude
et sensuelle tendresse qui sent l'amante, et les
reproches de la femme, quand elle se plaint de
Larive, ne témoignent rien des mécontentements
calmes et contenus d'une mère. Ces reproches
ont l'accent passionné, colère, dépité des que-
relles amoureuses.

Écoutez si ce billet est un billet échappé à
l'amitié d'une femme, quelque affectueuse qu'elle
puisse être :

« *J'oublie tout ce que j'ai souffert, tout ce que
je puis souffrir encore, pour ne m'occuper que de
vous. Vivons pour jouir du sentiment le plus tendre que vous inspirâtes jamais, pour réparer
votre étourderie et votre injustice, et pour faire
le charme de ma vie. Je n'ai pas le temps d'en
écrire davantage.* »

Écoutez si cette lettre, sous ses appellations
« mon enfant », « mon cher enfant » et le men-

songe de beaux sentiments honnêtes, a le ton
d'une lettre inspirée par une maternité d'adoption :

« 15 *septembre au soir.*

. . . .

« *O mon enfant, mon cher enfant! Je pardonne ce que votre trouble vient de tracer, mais
vous verrez, un jour, que je ne méritois pas des
menaces si terribles; plus à vous-même, vous
nous jugerez tous les deux, et vous verrez que
depuis que je vous connois, je n'ai rien dit,
rien pensé, rien écrit, rien fait, rien voulu, qui
ne fût une preuve de tendresse pour vous. Mais
oublions l'un et l'autre les affreux moments que
nous venons de passer. Nos caractères sont vio-
lens, mais ils sont tendres et vrais. Ce que nous
venons d'éprouver, doit nous garantir à jamais
de toute espèce d'orage. Je ne doute plus de vous.
C'est sur vous seul que je fonde le dédommagement du passé, le charme du présent, et le calme
de l'avenir. Mon frère, mon fils, mon amant,
n'obtiendroient pas de sentimens plus tendres
que ceux que j'ai pour vous.*

« *Vous le verrez, Larive, je vous ai toujours
laissé lire dans mon cœur; à votre passage en
carême, j'espère vous faire convenir qu'il est impossible de s'occuper plus de votre bonheur que*

je ne le fais... Enfin, je fais tout ce que je peux
pour vous prouver que vous m'êtes plus cher, mille
et mille fois, plus que moi-même. »

Enfin, Larive vient-il à éprouver des velléités
de mariage et en fait-il part à sa mère adoptive !
— lisez sa dernière lettre — et l'ironie stridente,
et les douloureux cris d'âme de l'épistolaire, et
l'aveu enfin qu'elle fait, de ne pouvoir, après
l'annonce de son mariage, de quelque temps se
forcer à voir Larive, ne nous disent-ils pas
qu'elle l'aime, qu'elle l'aime jalousement d'un
amour tout matériel?

« 10 novembre.

« *Je pourrois être votre mère, mes jours doi-*
vent finir longtemps avant les vôtres; vous avez
raison de désirer que quelqu'un de votre âge vous
assure un bonheur durable.

« *Jamais ma fortune ne me permettroit de*
vous faire un sort égal à celui qu'on vous offre.
Douze mille livres de rente, si on les a, et si on
vous en laisse jouir, sont fort beaux.

« *On vous promet d'être fidèle, cela va tou-*
jours sans dire, et vraisemblablement on le sera.

« *Il vous en coûte de refuser. Votre âme sen-*
sible ne peut faire le malheur de quelqu'un qui
vous aime. C'est mon avis que vous demandez,

pour savoir ce que vous devez faire? A chaque mot que vous traciez, vous deviez vous dire quelle seroit ma réponse. Vous m'estimez sans doute, vous estimez mon cœur, il fait des sacrifices, il n'en demande point. Je ne puis regarder comme une simple bonté d'âme la crainte que vous avez d'affliger Mlle Eugénie[1]. Vous aimez, sans cela vous n'auriez nulle excuse, vous qui n'êtes point assez sensible, pour vous rappeler que je fondois sur vous la douceur, la consolation de mes vieux jours, ou que vous le rappelant, vous ne vous occupez que de la peine d'une autre, sans songer à la mienne. L'amour est un sentiment naturel, il est fait pour votre âge, je ne suis pas étonnée que tout votre cœur s'y livre. Ouvrez les yeux, libre vous eussiez prononcé, sans me demander mon avis, vous ne diriez pas, vous ne penseriez pas qu'il faut renoncer à tout jamais à ce que nous nous étions proposé : le renversement de mes projets, l'inutilité de mes soins ont été quelque chose dans votre tête. Vos offres sont seulement un acte de reconnoissance, et vous me connoissez trop pour ne vous être pas promis que je n'en abuserai pas : mariez-vous donc, si bon vous semble, mais comme l'amour passe, et que la

---

1. Eugénie, la fille de d'Hannetaire, le directeur du Théâtre de Bruxelles, que Larive épousa.

femme reste, je vous exhorte à voir clair sur la réalité du bien... Voilà le seul avis que je puisse vous donner, et pour mon compte à moi, voici ce que je vous demande, c'est de ne point venir à Paris dans le carême, ou de me laisser ignorer que vous y êtes. Je me nourris depuis quelque temps de la chimère de me voir un enfant, dont la tendresse et les soins devoient faire la consolation de ma vieillesse; je l'ai perdu, ne réveillez pas ma peine, en me présentant son fantôme... »

Et après lui avoir demandé de faire reprendre les papiers qu'il lui a remis en garde, Mlle Clairon finit ainsi :

« Adieu, soyez heureux, c'est le seul dédommagement que je vous demande, et puisse ce qui m'arrive, vous servir de leçon sur l'instabilité des événements de la vie. Je disois hier que je comptois sur vous comme sur moi-même, que vous feriez le charme de ma vie, et je suis forcée de me dire aujourd'hui que nous sommes perdus à jamais l'un pour l'autre. »

LX

Dans le courant du mois d'octobre 1772, Clairon avait écrit à Larive :

. . . .

« *J'ai une petite fête chez moi*[1]. *M. de Mar-*

1. Cette fête en l'honneur de Voltaire a lieu dans la maison *à porte cochère* de la rue du Bac, que Mlle Clairon occupe depuis le mois de juillet 1768, et dont M. Lucien Faucou, l'habile et l'heureux fureteur historique, a donné le bail dans l'*Intermédiaire* du 10 novembre 1884 :

« Acte du 4 février 1768. Bail à loyer par M. Girard à mademoiselle Clairon. — Benjamin Chaillou, huissier, procureur de sieur Gabriel-François Girard, bourgeois de Paris, demeurant en la ville de Saumur... donne à loyer pour neuf années consécutives, à compter du premier juillet prochain, à demoiselle de la Tude Clairon, pensionnaire du Roi, demeurant à Paris, rue Vivienne, paroisse Saint-Eustache, une maison à porte cochère, située à Paris, rue du Bac, près le pont Royal... en laquelle madame la marquise de Chaumont est demeurante... Ce bail est fait moyennant la somme de *trois mille six cents livres* de loyer par chacun an... Il est convenu qu'il sera en outre fait des réparations pour lesquelles la demoiselle Clairon s'oblige de payer une augmentation de loyer, qui sera fixée à raison de quatre pour cen

*montel a fait une ode pour l'érection de la statue
de M. de Voltaire ; habillée en prêtresse et cou-
ronnant le buste de ce grand homme, j'ai récité
cette ode avec toute la pompe possible. Vous aurez
le récit par le Mercure de ce mois ou du mois
prochain, mais je veux que vous ayez, avant tout
le monde, les vers que ça m'a valu. »*

Ce souper donné, disent les *Mémoires secrets,*
pour rappeler sur la tragédienne l'attention
lassée du public, eut un grand retentissement

du montant desdits ouvrages et réparations... *Signé :* CHAIL-
LOU, DE LATUDE, BARON, TRUTAT. »

A cette pièce se trouve annexé cet État des réparations,
que demande mademoiselle Clairon pour louer la maison de
M. Girard :

Premièrement, supprimer le siège d'aisances, près le premier étage de l'appartement en aile, dont l'odeur incommode.

Ouvrir une porte sur le petit escalier pour dégager la chaise
percée du premier.

Rétablir la fosse d'aisances de fond en comble. Acheter à
madame de Chaumont la fermeture en vitrages au bas du
grand escalier, et celle de planche et porte vitrée du petit
escalier.

Boucher les fractions aux murs du grand escalier. Dans le
cabinet de compagnie sur la rue, rétablir le parquet, boucher
les fractions aux tuyaux de cheminées, garnir de plaque de
fonte l'intérieur de ladite cheminée, fournir un chambranle
de marbre.

Dans la deuxième antichambre, fournir un foyer de marbre,
au lieu de celui brisé, rétablir le parquet.

Dans la chambre sur la rue, faire à neuf le parquet, placer
le manteau de la cheminée dans le milieu, fournir un cham-

27

à Paris, dans les chroniques et les gazettes. Et la Correspondance littéraire le raconta avec tous les détails donnés à Grimm par Mlle Clairon, rencontrée par lui dans une visite.

Marmontel ayant composé une ode, dans laquelle il recommandait à l'admiration et à la reconnaissance des contemporains et de la postérité, les talents et les mérites de Voltaire, avait prié Mlle Clairon de réciter cette ode devant leurs amis communs.

Or, un mardi, le jour où elle avait l'habitude de donner à souper, personne n'étant prévenu,

branle de marbre, garnir l'intérieur de plaques de fonte, fournir les cinq croisées sur la rue, garnies de verres de Bohême ferrés, d'espagnolettes.

Dans la chambre sur la cour, faire à neuf le manteau de la cheminée, y fournir un chambranle de marbre, des plaques de fonte.

Boucher en général les fractions aux tuyaux des cheminées, faire à neuf celui passant dans l'autre chambre du second.

A l'entresol, baisser le plancher, pour donner plus de hauteur, et faire une salle à manger, et la carreler en carreau noir et blanc.

Refaire le fourneau potager de la cuisine, rétablir le mur qui la sépare d'avec la remise.

Mlle Clairon habite, depuis son entrée à la Comédie-Française, la rue de Bussy, puis vers 1748 la maison de la rue des Marais, habitée par Racine et Lecouvreur, jusqu'en mai 1776, puis la rue Vivienne, où nous la trouvons établie au mois de décembre de cette année, puis enfin la rue du Bac, à partir de juillet 1768, où elle signe un bail la menant jusqu'en juillet 1777.

elle se fait excuser auprès des arrivants de ne
pas recevoir son monde, prétextant une affaire
indispensable qui lui était parvenue, mais annonçant qu'elle ne tarderait pas à paraître. Et,
tout le monde arrivé, soudain dans la pièce où
il est réuni, deux rideaux s'ouvrent, et l'on voit
le buste de Voltaire placé sur un autel, et, au
pied de l'autel, Mlle Clairon, habillée en prêtresse antique, et plaçant une couronne de laurier sur la tête du dieu de Ferney, tandis qu'elle
s'écrie :

> Tu le poursuis jusqu'à la tombe,
> Noire Envie, et pour l'admirer,
> Tu dis : Attendons qu'il succombe,
> Et qu'il vienne enfin d'expirer...

Et le vieux Voltaire, ému et charmé de cette
apothéose privée, en ce boudoir de l'actrice,
devenu un petit temple de gloire, lui adressait
ces vers :

> Les talents, l'esprit, le génie,
> Chez Clairon sont très assidus.
> Car chacun aime sa Patrie.
> Chez elle ils se sont tous rendus
> Pour célébrer certaine orgie,
> Dont je suis encor tout confus.
> Les plus beaux moments de ma vie
> Sont donc ceux que je n'ai pas vus !

Vous avez orné mon image
    Des lauriers qui croissent chez vous :
    Ma gloire, en dépit des jaloux,
    Fut, en tous les temps, votre ouvrage [1]

1. *Correspondance littéraire de Grimm*, vol. X. — Sur ce
souper, les *Mémoires secrets* donnent cette pièce de vers,
attribuée à Dorat, et parue sous le titre : *Vers de l'abbé Lilas,
ex-jésuite, à M. de Voltaire au sujet de son apothéose, chez
Mlle Clairon :*

Grand peintre aimable, sage et sublime écrivain,
    Toi qui sais tour à tour nous instruire et nous plaire,
            C'en est fait, ta gloire est entière.
    Te voilà le héros d'un souper libertin
    Chez une courtisane : un laurier clandestin
            A couronné ta tête octogénaire ;
    Et tu mets de moitié dans un brillant destin
            Une émérite de Cythère.
    Pour elle, en vérité, c'est avoir trop d'égard ;
            L'auguste Clairon, qu'on oublie,
        Voudrait bien, pour comble de l'art,
    Des honneurs immortels escamoter sa part,
    Et couvrir Frétillon du manteau d'Athalie :
    Vivre dans l'avenir est, dit-on, sa folie,
        Voilà pourquoi la belle, à tout hasard,
    Sur ton char de triomphe arrogamment s'appuie.
    Elle espère qu'un jour, au temple d'Uranie,
    Son buste avec le tien sera mis en regard.
    Limite enfin, crois-moi, l'orgueil de la princesse,
        Car entre nous ceci passe le jeu ;
        Ton apothéose intéresse,
    Mais chez nos bons plaisants, on la critique un peu,
            Et le renom de la déesse,
    A te parler sans fard, discrédite le dieu.

LXI

Le comte de Valbelle, tout possesseur qu'il devait être dans l'avenir de cent mille livres de rentes[1], ne recevait, en les premières années de sa liaison avec Mlle Clairon, qu'une pension modique de sa mère. Indépendamment des dépenses considérables auxquelles l'entraînait son grade, l'homme aimait le faste, la bonne chère et le reste. Donc, il avait des dettes, beaucoup de dettes, et Mlle Clairon affirme que pour satisfaire aux goûts, aux besoins de son amant, elle avait été contrainte de vendre tout ce qui n'était pas première nécessité dans son existence, et hors la dépense de ses habits de théâtre, se privait de tout, et vivait dans la plus extrême pauvreté.

En la misère dorée du couple, un riche héri-

---

1. Le bien de sa mère lui était substitué. (*Note de Mlle Clairon.*)

27.

tage, l'héritage de son frère tombait au comte,
mais le comte ne payait pas ses dettes, se jetait
dans de folles dépenses, et demeurait toujours
dans la même gêne et les mêmes embarras.
Puis cette grande fortune changeait le cœur du
comte à l'égard de Mlle Clairon, il cessait d'être
l'âme et le boute-entrain de la société de l'actrice; ses absences se faisaient fréquentes et
longues, le nombre de ses infidélités devenait
légendaire, et Mlle Clairon sentait que l'amour
de son amant s'en allait d'elle, et qu'il n'y avait
plus à compter sur lui. Là-dessus la banque-
route de l'abbé Terray réduisait de quatre mille
livres les dix-huit mille livres de rente de la tragédienne [1], la privait des aises d'une grande

---

1. L'*Intermédiaire* a donné, dans ses numéros de novembre
1884 et mai 1885, quelques actes notariés avec l'aide desquels
on peut à peu près rétablir les dix-huit mille livres de rente
de Mlle Clairon et se rendre compte de leur placement.

Un acte du 17 mai 1763 mentionne l'inscription sur la ville
d'une rente viagère de *quatre mille six cents livres* au profit
de Mlle Claire de Latude Clairon, moyennant un capital versé
de *quarante-six mille livres*.

Un acte du 13 septembre 1764 relate la constitution d'une
rente de *cinq mille livres* pendant sa vie durant, par le sieur
Boucher qui promet et s'oblige de lui bailler et payer, aux
quatre quartiers de l'an ordinaire : ladite constitution faite
moyennant la somme de *cinquante mille livres,* que ledit sieur
Boucher reconnaît avoir reçue de ladite demoiselle en espèces
sonnantes.

Un acte du 15 janvier 1765, par lequel Mlle Clairon recon-

maison, de ses jolis soupers, et cela mêlé au déchirement de son cœur, à la peur de l'affreuse
solitude qu'elle entrevoyait pour la fin de sa
vie, lui donnait un moment l'idée de se réfugier en province, de se retirer dans un couvent.

Dans ces dispositions d'esprit, elle songeait
à vendre son cabinet d'histoire naturelle et ses
curiosités, et à en placer le produit en rentes
viagères. Mais au moment de prendre ces dis-

naît avoir reçu de M. Blondel de Gagny la somme de *douze
mille livres,* à quoi demeure fixé le capital à trois pour cent
de *six cents livres* de rente, reconstitué au profit de ladite demoiselle sur les deniers provenant du droit sur les cuirs...
sous le n° 6120, qui est sorti par tirage de la loterie du remboursement, fait le 19 décembre 1764.

Un acte du 9 février 1765 lui constituant un revenu de *deux
mille livres* de rente viagère : constitution faite moyennant
une somme de vingt mille livres, que le sieur Boucher reconnaît avoir précédemment reçue.

Un acte du 19 juillet 1765, qui lui assure un titre de cent
cinquante livres de rente perpétuelle, à trois pour cent, sur les
cuirs au principal de *cinq mille livres,* remboursable au prix
de trois mille livres, et délivré par le prévôt des marchands
et les échevins de Paris.

Un acte enfin du 26 mai 1766, par lesquels les Comédiens
français ordinaires du Roi lui assurent une pension viagère de
mille livres, payable en quatre payements égaux, de trois en
trois mois.

Relevé assez incomplet, et dans lequel n'entrent pas les pensions faites par les étrangers, entre autres une pension faite
par milord de Piewerscourt, dont Clairon donne une quittance
de cinq cents livres pour six mois, d'une rente viagère que lui
fait ce seigneur comme héritier de son frère, quittance passée
à la vente du baron de Trémont.

positions, elle se rappelait qu'elle avait promis au comte de Valbelle de laisser ce cabinet à un de ses neveux[1]. Sur l'avertissement que l'actrice en donnait au comte, le comte lui écrivait que cette vente allait le déshonorer, qu'il la priait en grâce de chercher un autre moyen de se tirer d'affaire, et qu'il n'avait jamais si bien connu l'horreur du désordre que dans le moment, — lui qui avait plus de cent mille livres de rente, et pas vingt-cinq louis à prêter à une amie.

A cette lettre si extraordinaire, si curieuse, pour l'histoire des grandes fortunes du temps, Clairon répondait par ce billet ironique :

« *Vous êtes dans une position si fâcheuse, mon pauvre comte, que j'en ai réellement pitié. Je ne vous ai rien demandé. Je n'attends rien de vous, je trouverai toujours les moyens de vivre dignement avec ce que le sort me laissera. Je vous offre même de vous envoyer cinquante louis, si vous avez besoin, je les ai, et si je ne les avois pas, je ferois comme autrefois : je vendrai ce que j'ai, pour vous l'offrir*[2]. »

1. Outre son frère, le marquis qui était mort célibataire, le comte de Valbelle avait une sœur, Anne-Marguerite-Alphonsine, mariée en 1739 à Henri de Castellane, marquis de Majastre.

2. *Mémoires de Mlle Clairon*, Paris, 1822.

Puis, satisfaite de cette petite vengeance d'une plume spirituelle, toute refroidie cependant qu'elle était à l'égard de son amant, Mlle Clairon s'engageait à prêter au comte de Valbelle l'argent qui lui reviendrait des deux ventes de son cabinet, pour un laps de dix ans, à raison de cinq pour cent.

LXII

La vente de son cabinet décidée, Mlle Clairon s'occupe activement de cette vente, écrivant à Larive :

« *Il faut un temps considérable pour préparer une vente ; la mienne ne s'ouvrira que le 3 février, elle durera sûrement six semaines ; ainsi trois mois y seront employés. Ce que je mets en vente a coûté cinquante mille écus, je n'espère pas en avoir le tiers, mais ce tiers sera quelque chose, et ajoutant à mon bien-être, il assurera votre avenir : cette jouissance sera plus réelle que celle de tous ces superbes rien*[1]. »

Dans une autre lettre à Larive, elle s'excuse de ne pas apporter dans le moment une très

1. Lettre autographe de Clairon à Larive, de la collection Dubrunfaut.

grande exactitude à sa correspondance, à cause
des tracas qu'apporte la préparation de sa vente,
dans une vie déjà si prise, si allante et venante :

« *Ce mardi 12 janvier au soir.*

« *Vous devez être bien sûr, mon cher enfant,*
que c'est toujours malgré moi que je mets du re-
tard dans mes réponses; j'aime à causer avec
vous... mais il est impossible d'être toujours à la
minute. Vous n'avez point l'idée de l'embarras
que ma vente me cause, de plus j'emménage dans
une autre maison[1]. Tout à défaire et à refaire,
être seule à donner des ordres, régler la maison,
recevoir, donner à souper tous les jours, écrire,
aller, souvent souffrir : tout cela fait de la besogne,
je ne sais pas quand j'aurai du relâche, mais je
le savourerai bien, si cela jamais arrive[2]. »

Le catalogue du cabinet d'histoire naturelle
était tout d'abord rédigé, et Clairon essayant de
tenter la vente de la totalité des objets près d'un
particulier, dans un séjour que Larive faisait à
Bruxelles, elle lui annonçait qu'elle allait lui en

1. Mlle Clairon résiliait donc, en 1773, sa location de la maison rue du Bac, qu'elle avait prise à loyer pour neuf années
consécutives, à partir du mois de juillet 1768.

2. Lettre autographe de Clairon à Larive, de la collection
Dubrunfaut.

voyer un catalogue, mais que, comme chaque
copie coûtait un louis, elle lui recommandait
de se le faire rendre, si on ne s'accommodait pas
du cabinet.

Enfin, au moment où le catalogue était imprimé pour tenter une vente en détail, le comte
Paul Demidoff achetait le cabinet, 30 000 livres
selon une note manuscrite de mon exemplaire,
65 973 livres d'après l'affirmation de M. C. H.
dans l'*Intermédiaire* du 25 avril 1884 [1].

Au mois de mars se vendaient, aux enchères,
les curiosités, et voici le titre du catalogue :

CATALOGUE

DES

OUVRAGES DE L'ART

DU CABINET

De M*lle* C*** *tels que : armes et habillemens
étrangers; ouvrages en argent, nacre et ivoire,
pagodes de terre des Indes, porcelaines, instru-*

---

1. CATALOGUE DU CABINET D'HISTOIRE NATURELLE *de M*lle *C***
*dont la vente se fera, rue du Bacq, près le pont Royal, dans
le mois de février 1773, et dont le jour sera annoncé par des
affiches publiques.* A PARIS, *de l'imprimerie de Michel Lambert,* MDCCLXXIII. Ce catalogue, tout en gardant son appro-
bation de Cochin et le permis d'imprimer de Sartines, est
devenu, par la substitution d'un nouveau frontispice, le cabinet
de Paul Demidoff, Moscou, 1788.

mens de physique, bijoux d'or, tableaux de
grands maîtres et estampes, qui seront vendus rue
du Bacq, près le Pont-Royal, dans le mois de
mars 1773, et dont le jour sera annoncé par des
affiches publiques.

A Paris
De l'Imprimerie de Michel Lambert
Rue de la Harpe, près Saint-Côme
MDCCLXXIII

Elles sont amusantes, ces curiosités de la
tragédienne par la réunion et l'assemblage d'objets étranges, bizarres, hétéroclites : une *humaine*
d'Égypte (momie de femme) dans sa boîte de
sycomore, des chaussures de sauvages, des
masques chinois ou plutôt japonais, un livre
malabare écrit sur des feuilles de palmier, enfilées
l'une au bout de l'autre, un parasol de plumes
d'autruche du Mogol, un poids des temps hé-
roïques avec l'inscription grecque *Saderdi age-*
sopil, un soulier et un bas de soie du petit comte
Joseph, nain célèbre. Objets mêlés à des tableaux, des estampes, des porcelaines, à des
choses de goût, que la collectionneuse aimait à
faire voyager du coin d'une pièce à l'autre, à
changer de place, à éclairer différemment, ainsi
qu'elle en faisait confidence à Larive :

« *Présenter la même chose à vingt endroits*

28

différents, est un grand plaisir pour moi : immuable dans mes sentiments, j'aime à changer tout ce qui m'environne ; les mêmes objets toujours à la même place, finissent par n'être pas aperçus[1]. »

Dans cette vente, les tableaux sont médiocres ; mais il s'y trouve une très importante réunion d'estampes, parmi lesquelles on compte un nombre considérable de Rembrandt. Il existe aussi beaucoup de livres à figures[2].

Mais la série vraiment intéressante de la vente est la série des bijoux d'or, qui vous fait entrer dans la connaissance des objets de ville usuels et familiers de la grande actrice ; une navette de laque rouge à cartouche de laque noir et or, doublée de nacre et garnie en or ; une écritoire de trois pièces en cristal de roche, garnie en or, sur un plateau en éventail de laque fond noir avec arbres et fabriques en or et bordure aventurinée ; un souvenir de couleur avec des cartouches à portraits et cure-oreille

1. Lettre autographe de Clairon à Larive, de la collection Duhrunfaut.

2. Les livres de Clairon, généralement reliés en veau, portent sur le plat en caractères d'or : Mlle CLAIRON. Je possède venant de sa bibliothèque, ainsi relié, le Saint-Évremont en 10 volumes, de l'édition de 1740.

d'or d'Allemagne; une montre, ovale à huit pans, dans une boîte de cristal de roche, d'un travail ancien et délicat; un porte-crayon et un dé d'or, un étui à aiguille d'or; un berloquier d'acier, garni de cinq flacons, d'une paire de ciseaux damasquinés d'or, d'une lorgnette à deux verres, d'un tire-bouchon d'argent en olive à secret, d'un couteau de nacre en perle, garni de deux lames dont une d'or[1]; — et, ne l'oublions pas, une boëte quarrée, à rouge et à mouches en or de couleur, *très agréable*, qui se vendait 444 livres 10 sols.

D'après mon catalogue, qui porte en marge les prix manuscrits, les tableaux donnaient 3 358; les estampes, 11 445; — les curiosités, 8 692 : total, 23 496 livres.

Pour la vente de son cabinet d'histoire naturelle et de ses curiosités, les deux collections estimées 50 000 écus, Clairon affirme dans ses Mémoires avoir touché 90 000 livres, — et ajoute que son huissier-priseur était un fripon.

---

1. Dans la vente de Rachel était vendue, sous le n° 160, une tasse à déjeuner et sa soucoupe (*au dauphin couronné*), une tasse faite pour la Clairon, qui portait ces vers:

Toi dont la gloire est immortelle,
Illustre et sublime Clairon,
Il n'est parmi les fleurs que la simple immortelle
Digne de couronner ton nom.

LXIII

M{{lle}} Clairon a prêté l'argent des deux ventes
de son cabinet à son ancien amant, mais sans
un *revenez-y* de tendresse, sans une illusion, et
même au milieu d'une grosse colère de cœur,
qui éclate et se fait jour à travers une lettre,
écrite deux mois après ces ventes, une lettre
d'Anspach à la date du 12 mai 1773 :

« *J'ai reçu hier une lettre de Provence, et
c'étoit la première. Son aperçu ne m'a pas laissé
une goutte de sang dans les veines, mais sa lecture a redoublé mon indignation; ce ne sont pas
des excuses, ce sont des plaintes. Je n'ai répondu
que quatre mots, mais j'espère qu'ils prouveront
que mes yeux sont enfin ouverts, et qu'on perdroit d'autant plus son temps à me tromper encore, que je ne veux ni ouvrir les lettres, ni par
conséquent y répondre. Eh ! je dois en convenir,*

il est plus que temps que mes maux et ma duperie
finissent[1]*. »*

Un an après, calme, apaisée, rassérénée,
guérie à tout jamais de son vieil attachement,
à une demande de rapprochement faite par Valbelle, elle signifie au comte un net : « c'est fini ! »
dans de belles phrases littéraires. Cette lettre à
prétentions sentimentales, et écrite à froid, bien
certainement pour les donner dans ses Mémoires, est un pédant cours de morale, à l'usage
de l'homme qu'elle n'aime plus, ou après un
hautain et glorieux inventaire de tous ses actes
d'abnégation, de dévouement, d'immolation, la
favorite du Margrave daigne l'assurer à la fin de
sa solide amitié.

« *D'Anspach, ce 20 février 1774.*

« *Née pour les passions consolantes et douces,*
je n'ai jamais conçu comment on pouvoit haïr,
et s'il vous restoit le plus léger souvenir de mon
caractère et des sentiments que vous m'inspiriez,
vous seriez sûr que je ne commencerois pas par vous.
Vous m'avez fait une nécessité de cesser de vous
aimer ; et contre mon espérance j'en suis venue à

1. Lettre adressée à Larive. (Collection d'autographes Dubrunfaut.)

*bout. Vous avez aussi tout fait, pour ne laisser
au cœur le plus tendre qui fut jamais, que le pénible choix de l'indignation ou de l'indifférence;
mais je n'ai pu ni voulu renoncer à vous chérir.
Malgré vous, je vous ai conservé l'amitié la plus
vive et la plus désintéressée : c'est elle en ce moment qui m'ordonne de vous faire réponse. Puisque vous êtes dans l'affliction, vous devez me
retrouver.*

« *Être mal avec votre mère est donc une peine
pour vous? Je suis persuadée que ce que vous
dites d'elle est faux*[1]. *Non sûrement son animo-
sité ne va pas jusqu'à vous maudire. Altière,
violente, elle a pu s'emporter trop loin; l'orgueil
de femme et de mère peut aussi l'empêcher de
retourner sur ses pas; mais les plus vifs ne sont
pas les plus méchants. Je sais positivement
qu'elle est plus ulcérée par la douleur que par la
haine. Mme de Sauvigni, qu'elle voit souvent, m'en
parle dans toutes ses lettres. On vous trompe ;
mais jugez-en vous-même : comparez l'austérité
de ses mœurs et l'excès de vos galanteries, l'ordre
qu'elle met à sa fortune et le désordre de la vôtre,*

---

1. Mme du Deffant, dans une de ses lettres, dit que la mère
de l'amant de Clairon, Mme la comtesse de Valbelle, tenait à
Courbevoie un salon, dont la compagnie était détestable, mais
où le jeu faisait oublier la compagnie.

rappelez-vous vos dédains pour votre frère
qu'elle aimoit, vos légèretés sur M. Dam...[1] dont
la personne et la fortune étoient les objets de ses
attentions, votre improbation de tout ce qu'elle
faisoit, et la manière sèche et tranchante que
vous employiez à toutes vos discussions. Ajoutez
à cela le dépit de voir que toute la fortune de sa
maison va passer en des mains qu'elle déteste,
l'horreur de voir périr avec vous un nom qu'elle
idolâtre, et cette privation, qu'on dit si terrible à
tous les vieillards, de se voir renaître dans leurs
petits-enfants : tout cela n'a-t-il pas dû prévenir
votre mère défavorablement contre vous. Elle n'a
point dans son caractère la patience, la douceur qui
peuvent faire fléchir le vôtre : elle a même des
torts, j'en conviens, mais c'est votre mère. Qui de
vous deux doit fléchir? Ce qu'elle exige de vous,
n'est-il pas le plus juste tribut que vous devez à la
nature, à la société? Votre nom et votre fortune
vous font un crime de votre célibat. Vous croyez
qu'elle hait la femme qui vous intéresse, par
la seule raison que cette femme vous intéresse,
mais rappelez-vous les sentiments qu'elle a tou-
jours démasqués pour moi, les démarches qu'elle
a faites, pour savoir s'il existoit quelque fruit de

1. L'édition allemande donne le nom en entier : c'est M. Da-
mezure.

*notre union, les nœuds dont elle eût consenti de nous unir, que sais-je? Je ne la connoissois seulement pas, et tout prouvoit alors que vous m'aimiez ardemment!... Non, Valbelle, non, ce n'est... ni vous, ni l'objet d'un attachement naturel qu'elle poursuit. C'est une femme mariée qui se montre publiquement votre maîtresse, qui, son mari vivant, exige de vous une promesse de mariage, dont l'âge actuel ne laisse aucun espoir d'avoir des héritiers, qui vous arrête dans des lieux, où depuis le mariage de M*lle* de Mari...[1] vous ne pouvez plus rien trouver qui vous convienne, ou vous avez le faste le plus ruineux, ou tout le monde vous hait au fond de l'âme. A trois femmes près, vous m'avez dit les avoir eues toutes. Espérez-vous qu'elle vous pardonne tant de légèreté? Espérez-vous que des maris outragés, des amants, négligés pour vous, puissent être vos amis? Est-ce en Provence, où le plaisir seul vous occupe, que vous trouverez l'avancement, auquel il ne vous est pas permis de renoncer? Tant d'oubli de vous-même est suffisant pour désoler votre mère.*

« *Ouvrez les yeux sur vos vrais intérêts, renoncez à des chimères d'ostentation qui dégra-*

---

1. Marignane. La jeune fille demandée en mariage par le comte de Valbelle, et qui lui fut enlevée par le comte de Mirabeau.

dent votre grandeur réelle ; ayez dans vos affaires
l'ordre dont votre âge, votre esprit, votre honneur,
vous font un devoir, quittez des lieux où vous ne
pouvez faire que des fautes funestes au repos de
vos vieux jours et à la gloire de tous vos moments;
prenez une compagne qui vous honore : votre
nom, votre fortune, tous les dons séduisants de la
fortune vous mettent à même de choisir. Si vous
pouvez goûter le bonheur d'être père, je suis sûre
que vous ne regretterez point la vie dissipée que
vous menez aujourd'hui, et quoi qu'il arrive, vous
sauverez au moins votre vieillesse de l'horreur de
ne la voir entourée que de flatteurs, d'intrigants
et de valets.

« Votre seconde peine est l'espèce d'oubli de
vos amis. Soyez juste. Que faites-vous pour eux?
Il faut, pour nourrir l'amitié, le charme de la confiance, des services, des soins, de la société. Toujours absent, sans qu'aucun devoir vous l'impose,
ayant annoncé depuis six ans que vous ne servi-
riez plus, si la guerre ne se faisoit pas dans l'espace de dix années; ne parlant que de vos dé-
goûts pour Paris, et du désir de vous fixer en
Provence; riche, sans vous réserver les moyens
de rendre un service; trop éloigné pour qu'on
puisse attendre de vous les conseils, les soins, les
consolations, dont chaque jour amène le besoin,

*par quoi voulez-vous que l'attachement de vos
amis se nourrisse? Tout l'univers ressemble à
cette femme qni disait à son amant : « Monsieur,
s'il était en mon pouvoir d'aimer un absent, j'ai-
merois Dieu! » C'est pour ajouter à son bonheur,
pour doubler son existence, qu'on prend un attachement quelconque : rendez-vous à ceux qui vous
chérissoient, vous retrouverez tous les cœurs dont
vous avez besoin.*

*« Cette lettre, déjà trop longue, me fait
craindre de discuter votre troisième peine. C'est
vous occuper bien longtemps, je n'en ai plus le
droit, mais je suis dans un état assez misérable,
pour me défendre de compter sur le moindre
avenir. Cette lettre sera peut-être la dernière que
je pourrai vous écrire, et je désire que vous lisiez
encore une fois dans mon cœur.*

*« Avez-vous consulté le vôtre en m'écrivant? Je
vous regrette… Vous devez influer à jamais sur ma
destinée… Nous vivrons… Nous pourrons nous réunir? Ah! Val….., vous me trompez encore ou plutôt
vous vous trompez vous-même.* Vous ne retrou-
vez mon cœur nulle part ! *Je le crois, il en est
peu d'aussi vrais, d'aussi tendres, et votre inconduite m'assure que Madame de R*** ne me ressemble pas. Je vois toute l'illusion que vous tâchez
de vous faire. Je vous ai pardonné, vingt ans,*

toutes vos infidélités ; vous espérez la même indul-
gence pour vos nouvelles amours, vous espérez
me faire approuver les nœuds honteux que vous
avez promis : détrompez-vous. Assez généreuse
pour vous rendre à vous-même, lorsque je vous
ai vu de nouveaux devoirs à remplir, je vous
ai dégagé des serments, des écrits qui nous
unissoient, mais en renonçant à mon amant,
à mon époux, j'ai prétendu vous trouver éter-
nellement digne de mon estime et de nos re-
grets, et si vous me croyez capable d'envisager
sans horreur la femme malhonnête et criminelle,
déshonorant et maudissant les jours que son
époux respire, vous m'avez cruellement oubliée.
Non, jamais vous n'aurez mon aveu ; c'est à votre
honneur, à vos devoirs que j'ai fait le sacrifice de
mon amour, de mes droits. L'âme capable de cet
effort ne peut jamais consentir à votre honte. Si
vous aviez une véritable passion, je serois la
première à vous plaindre, à vous excuser. Hélas !
vous ne m'avez que trop appris quel est leur
empire. Mais les jolies filles qu'on vous mène
journellement dans votre parc, ne me permettent
pas de croire que ce soit l'amour qui vous tourne
la tête, et votre aveuglement n'a point de nom.
Cependant, quoi qu'il vous plaise de faire, nous
sommes séparés sans retour. Mon âge, mes infir-

*mités habituelles, le sentiment profond des maux
que vous m'avez causés, la* méchanceté des
hommes *et l'âpreté du climat que j'habite, viennent de me réduire aux derniers excès de douleur
et de foiblesse; je ne crois pas possible de me rétablir jamais; et si, contre mon attente, mes jours
se prolongeoient, c'est au Margrave qu'ils seront
consacrés: chaque jour sa confiance me donne de
nouveaux motifs de reconnoissance, et puisque
mon bonheur a voulu que le sien dépendît de moi,
il recevra l'hommage de tous les moments qui
me resteront. A ma santé près, jamais ma vie ne
fut si douce. J'ai des amis, on me permet de faire
tout le bien possible, je ne retrouverois nulle part
ce que je perdrois ici. Nous ne nous reverrons
sûrement jamais; mais en quelque lieu que je
vive, quoi qu'il m'arrive, vous pouvez compter,
au moins sur l'amitié la plus tendre et la plus
solide. Je vous pardonne mes malheurs et vous
prie de chérir ma mémoire... Les larmes ne me
laissent plus voir ce que j'écris. Adieu, Val.....[1]. »*

Le comte de Valbelle, en dépit du prêche de

[1]. Une note de Mlle Clairon, dans ses Mémoires, nous apprend
que c'est la seule lettre retrouvée de quinze cents écrites par
elle, pendant vingt ans, au comte de Valbelle. Lettre retrouvée
n'est pas l'expression juste, c'est lettre retravaillée, dont elle
a gardé copie pour la publier.

sa vieille maîtresse, continuait à se faire amener
de jolies filles dans son parc, continuait à outrager des maris, à supplanter des amants, arrivait à réduire d'une, de deux, de trois peut-être,
les trois seules femmes vertueuses de la Provence, qui lui eussent encore résisté... car Valbelle ne se maria pas, et mourut célibataire [1].

Il continuait également à mener grande vie,
dans son royal château de Tourves, ce château
décoré de peintures de Charles Parrocel, et de
sculptures de Chastel, qui l'avait peuplé de statues, de bas-reliefs, de fontaines surmontées
de groupes d'animaux, parmi lesquels on ad-
mirait un combat de coqs de grandeur colos-

1. Il ne resta du nom de Valbelle, dit Lemontey, dans sa Notice
sur Mlle Clairon, qu'un fils naturel, dont la naissance avait
été voilée par son introduction dans une famille étrangère. A
la suite d'un procès célèbre au Parlement d'Aix, il fut mis en
possession des grands biens des Valbelle. Ce jeune homme,
qui était d'une extrême beauté, s'appelait Cossigny (c'est le
Cossini en faveur duquel il existe, dans la collection Morrisson,
la lettre-certificat, en date du 22 août 1785, par laquelle Clairon
atteste qu'il est le bâtard du frère de son amant et d'une dame
Campion). Or, ce Cossini ou Cossigny qui avait pris le nom
de Valbelle, était guillotiné pendant la Terreur.

Maintenant n'existait-il pas d'autres Valbelle que les deux
frères ? Il est question, dans une note des Mémoires de Mme de
Genlis et dans les lettres de Mme du Deffant, d'une Mme de
Valbelle possédant 40 000 livres de fortune, et qui avait fait,
en l'épousant, la fortune de M. d'Adhémar, de la société de
Mme de Polignac.

sale : — ce château saccagé à la Révolution, et parmi les ruines duquel était restée debout toute une colonnade de colonnes de marbre d'un seul morceau, de la plus grande beauté[1].

Joseph-Alphonse-Omer, comte de Valbelle, mourait en 1778, et il avait la bonne fortune d'avoir sa mémoire célébrée dans un éloge de d'Alembert, qu'il devait à un legs de 24 000 livres fait à l'Académie [2] et peut-être un peu à la reconnaissance de d'Alembert envers Mlle Clairon, pour lui avoir procuré ses entrées à la Comédie-Française [3].

M. Octave Teissier, conservateur de la bibliothèque de Draguignan, qui a pris copie du tes-

---

1. *Annales de la Peinture et Monographie de Parrocel*, par Étienne Parrocel ; Marseille, 1861 et 1862. Les beaux volumes reliés par Derome, une des richesses de la bibliothèque de Draguignan, proviennent du château de Tourves.

2. Indépendamment de ce legs fait par le comte de Valbelle, et du legs à la Chartreuse de Montrieux, il léguait une somme suffisante pour doter, après sa mort, vingt pauvres filles ; il léguait au corps de la noblesse une somme destinée à secourir un gentilhomme qui aurait servi, six ans sur terre ou sur mer, et il léguait en outre, à la ville d'Aix, 30 000 livres, pour l'érection d'un obélisque au milieu de la place des Minimes.

3. *OEuvres posthumes de d'Alembert.* Pougens, an VII. D'Alembert dit dans une lettre du 27 janvier 1753 : «... Je viens d'avoir mes entrées à la Comédie-Françoise. C'est une galanterie que m'a faite Mlle Clairon, sur la lecture de mon livre. Car je ne la connoissois que pour lui avoir parlé, une fois, dans sa loge. »

ment du comte de Valbelle, daté du 26 juin 1773,
extrait du registre des Insinuations d'Aix
(13 août 1781), me communique ce legs, en mémoire de ses vieilles amours : « Je lègue à
Mme Clairon, pensionnaire du Roy, une rente
viagère de quatre mille livres. » Et M. Teissier
fait remarquer la sécheresse des termes de ce
legs, comparé aux phrases courtoises, presque
galantes, dans lesquelles il laisse à Mme Croze,
née de Charleval, sa montre à répétition et sa
bague en cristal vert au chiffre de diamant, dans
lesquelles il laisse à Mme Roland, née de Montva-
lon, sa tabatière d'or émaillée en rouge, et le
diamant qu'il portait au col.

Maintenant, qu'y a-t-il de vrai dans cette légende qui fait d'une statue de la Clairon, la
statue de la Madeleine de la grotte de Sainte-
Baume ? Il existe dans le pays une tradition en
vertu de laquelle le comte de Valbelle aurait
demandé à Houdon quatre statues [1] pour son

---

1. Les statues ne sont pas de Houdon. Houdon a fait un
assez petit nombre de statues, et le catalogue très exact et
très complet de son œuvre, dressé par MM. Delerot et Le-
grelle, ne peut laisser croire un moment qu'un travail de cette
importance ait échappé aux deux catalogueurs, d'autant plus
qu'ils indiquent le buste de Valbelle fait pour l'Académie, en
1781, par Houdon, buste qui fut plus applaudi, dit Mme de Genlis, que l'éloge de d'Alembert.

Du reste, pour l'histoire de ces statues et du mausolée, lais-

tombeau de la Chartreuse de Montrieux et que
pour l'une de ces statues, Mlle Clairon aurait
posé, ou du moins que la statue aurait été faite
d'après des portraits et des bustes de l'actrice.
La Révolution ayant jeté à bas et le château de
Tourves et la Chartreuse de Montrieux, au dire
de M. Dide de Peyrolles[1], une des quatre statues

sons parler M. Octave Teissier. Un article du testament du
comte de Valbelle disait en ces termes : « Je veux qu'il me
soit élevé un mausolée, pour lequel je veux qu'il soit employé
la somme de 20 000 livres. » Vers 1782, on installe dans la chapelle de la Chartreuse de Montrieux le tombeau du comte de
Valbelle, et en 1790, dans un inventaire de la chapelle, dressé
par les commissaires de la Révolution, les statues sont ainsi
désignées :

Autour de l'hôtel sont quatre statues, grandes, de marbre,
aux pieds desquelles est écrit : la *Force*, l'*Espérance*, *Sainte
Monique*, la *Provence*, et au milieu desquelles se trouve un buste
représentant feu M. de Valbelle.

En 1822, lorsque le préfet du Var, M. Chevallier, voulut res-
taurer la Sainte-Baume, il y fit transporter une de ces statues,
Sainte Monique, et confia au sculpteur Bartini Sezetti le
soin de modifier les détails et la statue elle-même, pour la
transformer en Sainte-*Marie-Madeleine*. Et le 22 juillet 1822, le
jour même où on inaugura la statue de Sainte-Madeleine à la
Sainte-Baume, un rédacteur du *Mercure marseillais*, apprenant
que cette statue provenait du mausolée du comte de Valbelle,
imprima que cette Madeleine repentante n'était autre que
Mlle Clairon, la maîtresse du comte, et ce *canard* fut répété par
vingt historiens sérieux... » Maintenant quel est le nom du sculpteur des quatre statues, on l'ignore encore, cependant M. Octave Teissier se demande si elles n'auraient pas pu être exé-
cutées par Chastel, sculpteur d'Aix, et par Fossaty que les
chartreux de Montrieux employaient souvent.

1. *L'Avenir de Menton* du 8 mars 1883.

aurait été décorer une fontaine de Fréjus, une autre le vestibule du palais de justice de Draguignan, une autre la fontaine de la rue des Marchands à Toulon, enfin la quatrième représentant une femme couchée, la tête appuyée sur son bras, les épaules nues, voilée de longs cheveux, en un mot la *pleureuse*, sculptée d'après la ressemblance de Mlle Clairon, aurait eu, elle, la singulière fortune, jusqu'à ces dernières années, d'être prise, dans la grotte vénérée, pour une statue de la pécheresse sainte[1].

---

1. La statue de Clairon n'aurait pas quitté l'ermitage, mais elle aurait été reléguée derrière l'autel, qu'occupe une nouvelle Madeleine, moins mondaine, moins courtisanesque que l'ancienne Madeleine de la Chartreuse de Montrieux.

LXIV

Au printemps de 1773, nous trouvons Mlle Clairon établie chez le Margrave d'Anspach [1], avec des attributions assez peu définies. Certes, ce n'était pas, ainsi que l'annoncent les gazettes du temps, comme gouvernante des enfants du Margrave, car d'enfants, le Margrave n'en eut jamais de l'une ou de l'autre de ses femmes. Était-ce à titre de maîtresse? Il y a, dans les lettres de la tragédienne, une furie au sujet de la soudaine licence des mœurs du petit souverain allemand, en même temps qu'une jalousie contre lady Craven, qui le donnerait à supposer. Était-ce comme la *philosophe* du Margrave, ainsi que l'a baptisé Voltaire? Était-ce simplement à titre d'amie, de

1. Dans les Mémoires de Mlle Clairon, rien n'est sincère. Ainsi elle donne, comme une raison de son expatriation, qu'après sa vente elle n'avait plus un lit pour coucher, et manquait absolument d'argent, ne devant toucher l'intérêt du capital prêté au comte de Valbelle, qu'après un an révolu, seulement.

bonne-maman [1], le nom dont l'appelait le prince : une haute et pure intimité qui semblerait avoir voulu prendre pour modèle l'intimité nouée entre Mme Geoffrin et le jeune roi de Pologne, Stanislas.

Auguste-Christian, Frédéric-Charles, Alexandre, Margrave d'Anspach, puis de Bareith, dont il avait hérité, en 1769, de son cousin, duc de Prusse, comte de Sayn, était le fils de la sœur aînée du grand Frédéric, et son neveu de prédilection. Né en 1736, il était marié, contre son gré, par son père, à une blonde et pâle princesse de Saxe-Cobourg, qu'un vice de conformation interne condamnait à un état maladif perpétuel. On comparait la princesse à un lys fané qui commencerait à jaunir [2]. Et le jeune homme vif, actif, ardent, qui était le jeune prince allemand, se trouvait heureux de fuir cette femme incapable d'être animée, vivifiée par aucune jouissance physique ou morale, et passant sa vie, retirée dans sa chambre ou stupidement absorbée par le jeu de *criblage* ou la fabrication du filet, et tout heureux de fuir une cour aux lentes heures,

---

1. Rappelons-nous que dans sa liaison, qui a tous les caractères d'une liaison charnelle avec Larive, Mlle Clairon joue pas mal de la maternité.

2. Mlle Clairon dit qu'elle était d'une pâleur à dérouter tous les désirs possibles.

réglées par les pendules. Et pour ce souverain, élevé par une gouvernante française, et qui n'aimait pas à parler la langue allemande, Paris[1] était l'endroit où, le plus souvent, il se sauvait de sa femme et de sa cour, et où l'amateur passionné de théâtre entrait en relation avec Mlle Clairon.

Pas beau, par exemple, le Margrave ! Un portrait du prince allemand nous le montre, ainsi que pourrait être une caricature et un dessin d'enfant d'après le buste de Cicéron : un front fuyant, des yeux à fleur de tête, un nez en trompette, un énorme menton de galoche, un long cou disgracieux. — Et il avait le teint clair et coloré, et ses yeux bleus lui donnaient quelque chose de la tête d'un comique ingénu. Notez qu'il possédait un talent particulier pour contrefaire les attitudes, les organes, les paroles des gens ridicules de sa cour. Toutefois, sous l'air drolatiquement *bébête* de sa physionomie,

1. Voici une note tirée des archives du ministère des Affaires étrangères, relative au séjour du Margrave à Paris, en 1770. — De Sartines au ministre. Paris, 10 novembre 1770. « Apprend qu'il y a, à l'hôtel garni de Chartres, rue de Richelieu, un étranger qui a amené avec lui un gentilhomme, un secrétaire et un médecin, et que voulant garder l'incognito, il a pris le nom de comte de Ballo. C'est le margrave d'Anspach, qui est ici, pour consulter des médecins et faire des remèdes. Demande des ordres à ce sujet. — Réponse : pas de surveillance. »

on sent l'homme sensible, l'homme bon qu'il
fut toute sa vie avec ses sujets, ses courtisans,
sa femme même, qu'il était en droit de ne pas
aimer, l'homme enfin dont le prince de Kaunitz
disait : « C'est le meilleur souverain de l'Allemagne ! »

Mlle Clairon, dont les ambitions et les regards,
depuis de longues années, étaient tournés vers
l'étranger, qui avait sollicité un engagement en
Russie, puis en Pologne, et que l'on voit jouer
assidûment chez la duchesse de Villeroy, toutes
les fois qu'il y a des princes germains à Paris,
ou le prince héréditaire de Brunswick, ou le roi
de Danemark, Mlle Clairon, après avoir si longtemps joué les reines de théâtre, était tourmen-
tée, je crois bien, par l'idée fixe de se créer une
situation princière dans une petite cour allemande, soit comme maîtresse, soit comme amie
du prince. Et le Margrave dont elle reconnut
de suite la candeur, la simplicité d'âme, la sensibilité, en même temps qu'elle savait l'état de
vacance de son cœur, lui apparut comme l'auguste mortel, prédestiné à lui assurer cette position.

Que la rupture avec le comte de Valbelle
entrât pour quelque chose dans l'expatriation
de Mlle Clairon et son installation à la cour du

Margrave [1], je l'accorde, mais j'ai bien peur que,
sous les grands et. magnanimes mots, dont la
femme a toujours l'habitude de dissimuler les
dessous égoïstes de toutes ses actions, j'ai bien
peur que, dans la détermination. de l'actrice, il
y eut surtout le rêve ambitieux de devenir, après
la mort de la maladive princesse de Saxe-Cobourg, la seconde margrave d'Anspach.

1. Mlle Clairon explique ainsi son départ dans ses Mémoires :
« Paris ne m'offrait plus que des souvenirs douloureux ; je n'y
pouvais plus rien pour personne : l'amitié d'un souverain me
laissait l'espoir d'être encore utile à mes semblables. Obligée
de fermer mon cœur au seul être qui le remplissait autrefois,
trop éclairée par ma raison et mon expérience pour m'abandonner encore à l'amour, mais dévorée du besoin d'aimer
j'étendis ma sensibilité sur la nature entière, et les moyens qui
m'étaient offerts pour en servir au moins quelques individus
me firent trouver tout possible. Je partis. »

LXV

Un numéro du *Journal de Politique et de Littérature* de Linguet nous instruit du grand état que Mlle Clairon tient à la cour d'Anspach, du rôle considérable qu'elle joue près du Margrave, dont elle est comme le premier ministre. Le publiciste la peint recevant les placets, et disposant de leur acceptation ou de leur rejet, nous la montre travaillant au bonheur et à la gloire du Margrave, avec le plus entier désintéressement, déclare enfin que « la Melpomène transformée en Minerve » dans le séjour qu'elle est en train de faire à Paris, est visitée par tous les grands personnages de la politique [1].

Un autre document attestant l'importance du

[1] Numéro du 5 octobre 1775. Dans ce numéro, Linguet annonçait que Mlle Clairon allait désormais partager son temps entre la France et l'Allemagne qu'elle passerait les six mois de l'hiver dans le premier royaume, et les six autres dans l'Empire.

rôle politique de la Maintenon au petit pied :
c'est ce significatif brouillon d'une lettre de
Suard, l'homme froid, réservé, habile, dont le
respect pour la toute fraîche grandeur de la
tragédienne se témoigne dans cette épître galamment adulatrice :

« 1773.

« Vous ne doutez pas, mademoiselle, que je
m'intéresse vivement à vos vertus, à votre
bonheur, à vos succès. Tout ce que j'ai appris
de vous, m'a charmé sans me surprendre. Je savais bien que vous aimiez la gloire et ne re-
cherchiez que la véritable ; c'est ce qui est plus
rare qu'on ne croit. Tant de gens prétendent
l'aimer, qui ne recherchent que la supériorité et
la domination. Vous aimez aussi à être adorée,
vous l'êtes de vos amis, et vous voulez l'être à
présent d'un peuple tout entier, qui n'entend
pas même la langue que vous parlez si bien.
Cette ambition n'est pas commune : vous nous
donnez par cette conduite le secret de votre rare
talent. Vous êtes facile pour tout ce qui est
grand ; la scène tragique vous remettait à votre
place. Mlle Clairon n'a plus besoin du masque
d'Émilie ou de Pulchérie pour donner l'essor
au mouvement naturel de son âme, livrez-vous-
y, jouissez du bonheur que vous cherchez à ré-

pandre autour de vous. Ménagez une santé, si
chère à vos nouveaux comme à vos anciens amis,
et lorsque vos regards se tourneront vers Paris,
daignez vous souvenir que, dans le grand nombre
de ceux qui vous honorent et qui vous regrettent,
il n'en est point qui soit pénétré pour vous d'une
plus sincère admiration et d'un plus vigoureux
attachement que, etc. [1] ». . . . .

. . . .

D'après ces témoignages, on ne peut douter
que Mlle Clairon n'ait un moment joué le rôle
d'un ministre en jupon, et elle-même n'affirme-
t-elle pas, dans ses Mémoires, qu'elle a mis à
néant la cabale qui a renversé le ministère,
qu'elle a détruit les abus, qu'elle a réformé les
dépenses, qu'elle a ouvert les moyens d'éteindre
les dettes, contractées à 28 p. 100 d'intérêt.

Et si vraiment Mlle Clairon a fait toutes ces
choses, elle ne s'est pas même bornée à cela.
Elle a cherché à nouer des relations avec les
ministres de France et de l'étranger. Aussitôt
que M. d'Aiguillon vint à réunir au ministère
des Affaires étrangères le ministère de la Guerre,

1. *Mémoires et correspondances historiques et littéraires
inédits, de* 1796 *à* 1816, publiés par Charles Nisard. Paris, Michel
Lévy, 1858.

nous la voyons complimenter le ministre, et par
toutes sortes de câlineries et même de flatteries
de style, chercher à entrer en correspondance
avec l'homme, qu'elle croit devoir diriger la politique de la France, pendant les années qui
vont suivre.

« *Monseigneur,*

« *Quoique j'habite une terre étrangère, mon
âme est tout entière à ma Patrie, et le nouveau
moyen qu'on vous donne de la faire chérir et respecter, me la rend plus chère encore.*

« *Puissiez-vous jouir longtemps, et sans inquiétude, du doux pouvoir de faire des heureux ; puissiez-vous l'être vous-même, autant que je le désire
et recevoir avec bonté les assurances de ma reconnoissance et du profond respect avec lequel je
suis*

« *Votre très humble et très obéissante servante,*

« CLAIRON. »

« *Anspach, ce 18 février 1774.* »

MONOLOGUE

« *Voilà pourtant ma prophétie accomplie !
M. le duc d'Aiguillon est ministre de la guerre !*

*J'en suis bien aise pour le bien de mon pays,
pour lui, pour mes amis et amies, et pour l'honneur de ma judiciaire. Il étoit en effet inconséquent de séparer ces deux départements. Le ministre de la guerre est forcé de se soumettre aux
événements, c'est le ministre des affaires étrangères qui les décide; lorsqu'ils ne sont pas d'accord, tout peut aller de travers : la cause nationale
devient ce qu'elle peut, tout souffre, tout gémit,
sans savoir à qui s'en prendre. Il est donc convenable que les deux pouvoirs soient dans la main
d'un seul homme, et c'est assurément très bien
fait d'avoir choisi celui-là. Un sentiment secret
me fait désirer que tout lui réussisse, et puis c'est
une honnête tête, il a l'amour de l'ordre et du
travail, et j'espère qu'ami de la justice et de l'humanité, il ne fera pas couler mal à propos le sang
des hommes et les larmes de sa patrie.*

*« Je voudrois bien lui faire mon compliment,
je crois même ne pouvoir pas même m'en dispenser, car enfin sans aucun droit à ses bontés, il
a daigné m'en témoigner, que mon âme sensible
n'oubliera jamais. Cependant mon hommage
vaut-il le temps qu'il perdroit à le lire? Pourquoi
non? Mes vœux pour lui ne sont pas seulement
sur mes lèvres, mon cœur les dicte avec chaleur
et vérité.*

« *Un hommage est toujours flatteur, de quel-*
que part qu'il nous vienne.

« *Quoiqu'il m'ait permis de rappeler M. de*
Fitz-Gerald à son souvenir, je me garderai bien
de lui rien demander, dans ces premiers moments,
ils sont dus à des affaires plus importantes. Il
faut d'ailleurs qu'il ait le temps de se convaincre
que c'est avec la permission de M. le maréchal de
Belle-Isle, alors ministre de la guerre, que ce bon
jacobite a passé dans un service étranger.

« *C'est uniquement pour manifester ma joie,*
ma reconnoissance, qu'il faut écrire. Mais com-
ment m'y prendre ? Il faut un cérémonial terri-
ble pour écrire à un ministre, et je ne connus ja-
mais d'autre style que celui de l'amour et de
l'amitié. Pour faire le moins de bévues qu'il me
sera possible, je vais d'abord faire un brouillon[1]...

1. Brouillon autographe faisant partie de la collection de
M. Morrisson, et provenant de la vente Donnadieu.

LXVI

Sur cette existence de la Clairon à l'étranger, sur cette existence lointaine, perdue, ignorée, sur cette existence qui n'a plus, par-ci par-là, les momentanés dévoilements, les petites et rares projections de jour, amenées par la *nouvelle à la main* d'un gazetier à la Bachaumont, la correspondance de la tragédienne avec Larive est un document tout à fait précieux, un document dévoilant la triomphante installation de la maîtresse ministre à Anspach, et la *lune de miel* de ses relations avec le Margrave.

« *Croiriez-vous que moi, chétive créature,* écrit-elle dans une de ses premières lettres, *j'ai cinq laquais, un valet de chambre, un maître d'hôtel...* »

Oui, quoi qu'elle en dise, l'ancienne Frétillon semble légèrement grisée par son *beau chez moi,* par le personnage qu'elle joue, et par les hom-

30.

mages, et par les respects et par la presse des
grandes dames à ses soupers. Et dans le contentement et la joie un peu enfantine de sa vanité, dès
d'abord tout est pour le mieux, et l'Allemagne,
et le Margrave, et les choses et les êtres d'outre-
Rhin.

Entendez-la dans ces deux lettres :

« *Je me porte bien, et par les soins, les hommages, le bien-être, les respects, les bontés et les
marques d'attachement qu'on me prodigue, il
seroit impossible que mon cœur et ma vanité ne
fussent pas contents. Ma maison ne désemplit
pas ; les plus grandes dames me font l'honneur de
souper chez moi. Vous ne pouvez vous faire une
idée de la tournure que j'ai dans ce pays. Je
crois rêver. Quelquefois je suis tentée de croire
que je suis un personnage, et cependant, mon cher
enfant, vous connoissez trop mon cœur pour
craindre qu'il abuse jamais de rien...* »

« *Anspach, 15 octobre 1773.*

« *Plût au Ciel, mon cher enfant, que je vous
eusse près de moi ; je pourrois bien dire n'avoir
jamais été aussi heureuse. Une fort grande aisance,
nulle espèce de tracasserie, de la considération,
un commode et beau chez moi, une vie réglée,*

douce et honnête, indépendante des caprices qui la troubloient autrefois, l'impossibilité de recevoir des ingrats, d'apercevoir et d'entendre qui les rappelle, la facilité de faire du bien, tout cela rend mon sort infiniment doux. J'ajoute à tous ces biens la certitude de faire le bonheur de l'être le plus doux, le plus humain que j'aie jamais connu. D'après ce que vous en avez vu, vous l'aimiez : ce n'étoit rien, on ne peut avoir l'idée de ce bon prince qu'en vivant auprès de lui. Je le vois tous les jours, et suis également étonnée de la candeur et de la noble simplicité qu'il met à toutes ses actions. C'est pour de semblables souverains qu'il est juste et simple de sacrifier sa vie, aussi n'ai-je nul regret de l'hommage que je lui fais de la mienne. »

Mais cela dure peu, et une année est à peine passée, que dans ses admirations et ses enthousiasmes, se sont glissés une forte désillusion, un curieux désenchantement, qui va du paysage à la cuisine.

Elle écrit, en juin 1774, cette lettre mélancolique :

« Triesdorf, 29 juin 1774.

« Eh! mon ami, je voudrois bien être près de vous ou vous avoir près de moi, l'air de ce

pays et l'ennui me tuent à qui mieux mieux.

« *Mlle Céret, qui ne veut pas jouer la tragédie, est un fort bon sujet. J'en suis toujours fort con- tente. La pauvre fille s'ennuie bien ainsi que moi. J'ai fait venir une cuisinière, la cuisine allemande m'étoit aussi déplaisante que funeste. J'ai tou- jours Louvet. Je me suis fait un valet de chambre du nouveau laquais que vous m'avez vu avant votre départ, c'est un fort joli sujet.*

« *Je suis bien servie, bien logée, rien ne me manque que le plaisir et la santé, mais pour avoir ces deux choses, je troquerois bien tout le reste.* »

Et la lettre de juin est suivie, en août, d'une autre lettre encore plus mélancolique :

« *Triesdorf[1], ce 19 août 1774.*

« *Ma dernière lettre, mon cher enfant, vous annonce le bouleversement de notre comédie, et je vois qu'il est impossible que nous en ayons ja- mais dans ce pays. Comme je n'y veux point res- ter, je ne veux point occasionner de dépenses, il en faudroit d'énormes pour la fonder, magasin, salle, tout est à faire, les appointements, les*

---

1. Triesdorf, situé à trois lieues d'Anspach. Le Margrave y passait généralement l'hiver, préférant le palais de Triesdorf à celui de sa capitale.

avances demanderoient des fonds qu'on est loin
d'avoir ici. D'ailleurs, on trouve à peine à la cour
une douzaine de personnes qui puissent avoir une
conversation en françois, et tout le reste n'en entend pas un mot.

« Le pays est triste, rude, sans ressources d'aucun genre. Je craindrois de vous y voir périr
d'ennui, et ne point vous y avoir, est un très grand
véhicule pour accroître le désir que j'ai d'en
sortir. Patientons, je fais ici mon purgatoire, et
j'espère avoir, un jour, le prix de mes douleurs...
Je ne serai pas riche pour Paris, où cependant je
veux achever ma carrière, parce qu'il n'est que
Paris au monde! J'ai tout vendu, il faut refaire
mon économie de cette année ou je n'ajouterai
pas grand'chose à mes fonds. On ne tient compte,
ni de ce que j'ai fait, ni de ce que j'ai donné, et
comme il seroit possible que je perdisse, en partant d'ici, les deux mille livres de rente qu'on
m'y fait, que même ils ne peuvent avoir d'assurance que pendant la vie du bienfaiteur, il faut
qu'à tout événement je m'arrange pour les avoir
au moins. »

D'autres lettres nous initient aux modifica-
tions des premières impressions de la femme, et
aux variations nerveuses de ses états d'âme. En

un de ces mauvais jours de l'année 1774, parlant des femmes allemandes, elle écrit :

« *Les femmes de ce pays sont dénuées de
grâce, de ce je ne sais quoi, auquel vos yeux sont
accoutumés. La propreté n'est pas leur élément.
Elles sont sages par principe, par sottise, par
dévotion, par tempérament.* »

Puis le pays, les événements de là-bas, la
cour du Margrave, la vie plate qu'elle y mène,
fournissent si peu à la correspondance, que les
premières années de son séjour à Anspach passées, les lettres de Clairon ne parlent plus guère
d'elle, pour s'occuper uniquement de Larive et
de ce qu'il fait en France. Et c'est la reprise de
la correspondance toute affectueuse qu'elle avait
avec lui, lors de son séjour à Bruxelles, et où
cette fois la passion amoureuse semble tuée tout
de bon, et où il ne demeure que la tendresse
d'une vraie mère, une tendresse qui dit au jeune
acteur, qu'il *passe avant tous ses amis de Paris,*
qu'il est l'homme qu'elle regarde comme son
ouvrage, qu'il est enfin celui sur lequel elle veut
*épancher le besoin, qu'elle se sent continuellement
d'aimer.*

Elle se plaira bien encore un peu à causer des

amourettes de son protégé, mais avec un intérêt qu'on dirait pacifié, et qui n'apparaît plus
que comme la curiosité d'une femme pour les
faiblesses de ses pareilles. Et c'est surtout de sa
carrière, de ses engagements, de ses succès, de
son avenir qu'il sera question dans ces lettres,
où elle reprend, auprès de l'homme fait, son rôle
continu et persistant de conseillère et de guide
pratique de la vie.

Elle le félicitera de son engagement à Lyon.
Elle l'engagera à rendre visite à Voltaire. Elle
le poussera à une certaine âpreté dans ses
traités avec les directeurs. Elle le complimen-
tera sur l'éloge inattendu, que Lekain a fait de
son talent[1].

Et dans presque toutes ses lettres, l'exilée de
France caressera l'espérance d'avoir, un jour,
Larive dans la troupe française qui tous les ans
doit jouer à Anspach, et n'est jamais formée
pour une raison ou pour une autre; — et enfin
s'occupera philosophiquement de ses amours.

« *Je n'en reviens point! Quoi! proposer à une
femme qu'on aime, de la trahir pendant six se-*

---

1. « *Vous devez être content de l'éloge que Lekain a fait de
vous : la fausseté de son caractère et la jalousie que vous
êtes en droit de lui donner, ne m'en laissoient pas tant espérer.* »

maines, et cette femme y consent? J'ai vu bien des choses dans ma vie, mais j'avoue que je ne connoissois rien de semblable. L'un trompe, l'autre ferme les yeux, soit : cette proposition m'est fort connue, mais, mon cher enfant, la vôtre confond toutes mes idées, et je sens que pour rien dans le monde, je ne me prêterois à un pareil arrangement. Mais enfin tout va bien, puisque vous en êtes content l'un et l'autre. Dieu veuille pourtant que vous vous tiriez de là, sain et sauf, et que vos brillants exploits ne nuisent ni à votre santé ni à vos talents.

« Je suis bien aise que vous soyez réengagé à Lyon... Mais qu'allez-vous faire à Genève, il n'y a point là de comédie. Si vous y jouez, je vous prie de ne choisir en tragédie que des pièces de M. de Voltaire. C'est un hommage que vous devez à ce grand homme; il n'en est point que les talents et l'humanité ne lui doivent. Vous feriez bien d'aller chez lui, le prier d'aller vous entendre, et n'oubliez pas surtout de lui dire qu'il n'est personne qui le révère et l'admire plus que moi.

« S'il y a jamais un spectacle ici, et que vous aimiez assez votre pauvre mère pour lui faire le sacrifice de venir, Eugénie, que je désire infiniment, et qui sûrement seroit contente de moi, seroit tranquille sur votre fidélité. Les Alle-

mandes sont loin de la vivacité des Lyon-
naises.

« *Vous ferez bien de profiter de tous vos avan-*
tages et de ne vous engager qu'avec ceux qui vous
payeront le plus : la jeunesse et la force passent
bien vite. Il ne faut pas vieillir pour le métier
que vous faites. Profitez du temps pour vous
mettre autant à votre aise qu'il vous sera possible;
autant il est beau de savoir se passer de fortune,
quand les moyens honnêtes ne se présentent pas,
autant il est blâmable de ne pas se procurer toute
celle qu'on peut : si l'on ne s'en soucie pas pour
soi, il faut s'en soucier pour les autres. Vous avez
des charges auxquelles il faut penser, puisque
Thérèse ne peut pas faire ce que vous faites, il
faudra bien un jour l'établir. Amassez tout ce
que vous pourrez pour sa dot, je vous ai-
derai...

« *Je ne doute point, si je reste ici, qu'il ne*
vienne une troupe en 75. Alors tout seroit bien,
l'occupation du théâtre, la société d'Eugénie, qui
vraisemblablement ne refuseroit pas de vous
suivre, la mienne, qui seroit une grande res-
source, et que, malgré elle, je lui ferois chérir,
celle de Thérèse, qu'il ne seroit pas impossible de
marier honnêtement ici, pourroient vous faire pas-
ser une vie douce, mais agréable. »

31

La correspondance dure, je crois, presque
tout le temps que Clairon habite l'Allemagne.
Une lettre écrite en 1778, et faisant partie de
la collection Morrisson, est vraiment piquante
après tout ce que nous savons des bons procédés de la femme pour le jeune homme. Clairon
reproche à Larive de n'avoir pas gardé la mémoire de son nom de baptême. Oui, dans le
billet auquel elle répond, Larive l'a appelée
Marie au lieu de Claire, — c'était vraiment un
oublieur que ce Larive !

« *Et pourquoi donc me débaptisez-vous? Je
suis trop vieille, trop inutile au monde pour me
refaire un nom; si petit qu'est le mien, il faut
que je le garde. Ma patronne n'est point la reine
des cieux; une vierge en sous-ordre n'est encore
que trop pour moi. Puisque vous l'avez oublié, je
vous apprends que c'est Claire que je m'appelle,
mais sous quelque nom que ce soit, je reçois vos
souhaits et votre baiser, et vous promets de vous
rendre l'un et l'autre avec usure.*

« *Je vous fais mon sincère compliment sur le
service qu'on vous rend, en vous débarrassant du
comique, il vous a fait faire votre chemin plus
vite, mais dans la position où vous êtes, il ne pouvoit plus que vous nuire, excéder votre mémoire,*

doubler vos fatigues et vos tracasseries, et vous
laisser dans la médiocrité.

« M. d'Orcy, qui a passé dix-sept jours avec
nous, a reçu, pendant son séjour ici, une lettre des
princesses polonoises, dans laquelle on lui annonce un paquet pour vous, contenant des ornements turcs, et qu'il vous remettra lors de son
retour à Paris. Il y sera à peu près dans le même
temps que moi. Je partirai le 1er octobre, je ne
puis pas plus tôt, je réponds que ce ne sera pas
plus tard. Je suis fâché de votre brouillerie avec
Mme Vestris. C'est une chose insupportable d'être
mal avec ceux qu'on est obligé de voir sans cesse.
Le talent que vous professez, a besoin de conseils
et d'aide : quand on a perdu toute mesure, on ne
se parle point, chacun fait à sa guise, oublie l'ensemble, nuit au particulier, et le talent et l'ouvrage en souffrent toujours! On n'estime pas tous
ceux avec lesquels on vit, mais, quand on est
obligé de communiquer avec eux, il faut être
sage pour cacher son mépris : c'est le seul moyen
d'éviter les ridicules états de l'esprit de parti, et
les injustes dédains du public, qui confond toujours l'ensemble méritant avec le particulier malhonnête.

« Gardez votre façon d'être et de sentir, mais
tâchez que cela se raccommode : c'est un grand

mérite que celui de pouvoir vivre avec tout le monde, et l'on ne doit être affecté de la conduite des gens, qu'à proportion du degré d'estime qu'on leur porte. Je suis continuellement tracassée par des chiffonnages, mais le fond de ma santé est supportable.

« *Bonjour, mes enfants, recevez les compliments du M... et de MM.* Deschler *et* Waulwarth (*sic*).

« *Triesdorf, ce 23 août 1778.* »

LXVIl

Au fond, la position de favorite du Margrave avait amené à Mlle Clairon des contrariétés, des tracasseries, de noirs soucis.

Ces petites cours allemandes n'aimaient pas l'ingérence d'un étranger ou d'une étrangère près de leur souverain, elles redoutaient à la suite de cet étranger ou de cette étrangère, une invasion de compatriotes, venant prendre les places et les positions lucratives du pays.

Puis la tragédienne, selon une expression qui la caractérise bien, rencontrait à Anspach, parmi les ministres du Margrave, un Narcisse, et elle devait défendre son honneur, sa vie même, dit-elle, contre les embûches qu'il lui tendait : lutte à la fin de laquelle elle eut une maladie terrible, et ne compta plus ses jours que par de la langueur et des maux[1].

1. Dans une lettre inédite, écrite à Henri Meister en 1792

31.

Enfin Mlle Clairon rencontrait, chez les femmes
de la famille du Margrave, une hauteur germa-
nique blessante, et malgré toute l'insistance
qu'elle y apportait, elle ne pouvait jamais obtenir la faveur d'un entretien avec la duchesse
de Wirtemberg, la Margrave de Bareith. Quant
à la Margrave d'Anspach, que son mari avait
contrainte à appeler l'actrice française à sa
cour, et qui daignait la recevoir, quelquefois
l'admettre à sa table, et même lui adresser des
paroles honnêtes, Mlle Clairon sentait parfaitement que sa présence n'était pas agréable à la
princesse, et qu'elle ne la tolérait auprès d'elle
que dans la crainte de déplaire au Margrave.

La défaveur de Mlle Clairon devenait avec le
temps si marquée, qu'un jour la favorite de-

Mlle Clairon parlant d'un conseiller ou d'un ministre du Margrave, écrit :

« *La folie de M. de* W** *est une suite de son petit carac-*
tère. Sans connoissances acquises, sans principes sur les de-
voirs de sa place, vain de sa naissance, de sa figure, de son
esprit, se croyant fait pour être le Mentor et le rival de son
maître, il n'est point de peine qu'il ne m'ait coûté pour replâ-
trer ses sottises, et pour l'empêcher d'en faire de nouvelles.
C'est d'après les horreurs qu'il m'a dit de la dame (lady Craven) *que je me suis permis de le juger, et d'après sa conduite*
avec elle et ses mensonges en Allemagne, il m'est permis de le
regarder comme l'être le plus bas et le plus faux possible. Je
n'ai nulle pitié de ces gens-là... »

mandaït à l'épouse une explication [1]. Et comme
la margrave lui avouait qu'elle ne pouvait vraiment aimer la maîtresse de son mari, avant de
lui répondre qu'elle ne l'était pas, qu'elle n'avait
pour le prince que les sentiments d'une mère
et d'une amie, Mlle Clairon rappelait à la princesse que, de tout temps, elle avait été fort négligée par le Margrave et très maltraitée par
ses maîtresses, lui remettait en mémoire que le
Margrave de Bareith avait travaillé à la faire
répudier et l'aurait, si on ne lui avait arrêté à
temps le bras, bel et bien souffletée, ne craignait pas de lui dire que depuis vingt ans
qu'il en était ainsi, elle devait être faite à cela
et savoir qu'il fallait une maîtresse au Margrave, et qu'enfin elle devait un peu de son
indulgence et de sa bonté à la maîtresse qui engageait le Margrave à rendre à sa femme ses devoirs matrimoniaux, à la maîtresse qui voulait
qu'il dînât tête à tête avec elle, qui exigeait
qu'il ne sortît ou rentrât sans la voir, qui lui
procurait des attentions, des galanteries, dont
jusque-là jamais son mari n'avait eu l'idée.

Puis, sur ce que la Margrave laissait échapper que la maison de Mlle Clairon coûtait fort

1. Explication avec S. A. S. Mme la Margrave d'Anspach
demandée par moi (aux environs de l'année 1775).

cher au Margrave, celle-ci s'écriait : qu'elle ne coûtait rien... qu'elle avait beaucoup donné, et qu'elle n'avait jusqu'ici rien reçu en échange... que depuis qu'elle était en Allemagne, elle avait dépensé 14 000 francs sur ses revenus, ajoutant que ce qui se faisait chez elle, était uniquement pour le Margrave et les personnes qu'il invitait, sa santé ne lui permettant pas de goûter des mets qu'on apprête : un morceau de grosse viande, préparée le plus simplement possible, étant la seule dépense qu'elle occasionnât.

Et elle terminait, en déclarant qu'elle ne coûtait pas un florin par jour[1].

---

1. Lady Craven affirme, au contraire, que le Margrave fournissait pour sa table les meilleurs vins de sa cave, et comme elle donnait des *petits soupers* au Margrave et à ses amis, on consommait chez elle, en toutes sortes de choses, beaucoup plus qu'il ne convenait. « Ses dépenses étaient énormes, et toutes payées par la chambre des finances d'Anspach : je tiens ces faits des marchands de la Cour. »

LXVIII

Pendant cette longue expatriation en Allemagne, Clairon fait, de temps en temps, quelques apparitions, quelques petits séjours en
France.

C'est ainsi que les *Mémoires secrets*, à la fin
de janvier 1775, annoncent qu'on attend incessamment Mlle Clairon, qui vient à Paris[1] pour
assister aux seconds débuts de Larive à la Comédie-Française, de son cher Larive, auquel,
en prévision de cet événement attendu depuis
l'automne, elle écrivait cette sage et instructive
lettre d'Anspach, datée du 2 octobre 1774 :

« *Tout ce que la cour a fait pour vous, vous
impose la loi d'obéir à l'ordre qui vous appelle.*

1. D'après la *Correspondance secrète*, Mlle Clairon se
retrouverait encore à Paris en novembre 1775 : « Mlle Clairon
est toujours ici, jouant au mieux la souveraine, et entourée

Cet ordre même est un agrément pour vous, et je me flatte que les talents, que le temps, la réflexion et l'usage vous auront fait acquérir, vous procureront à Paris tous les agréments possibles. Respectueux sans bassesse avec vos supérieurs, attentif et modeste avec le public, franc, simple, serviable avec vos camarades, sans défiance et sans abandon dans toutes vos idées : voilà, mon cher enfant, le devoirs que mon amitié vous trace. Vous avez de quoi vous passer des secours de tout le monde, mais faites tout, pour en obtenir la bienveillance, je vous le demande, et pour vous et pour moi, c'est l'unique moyen d'assurer la douceur de vos jours, et de justifier mon attachement pour vous. Ayez assez de noblesse pour ne pas vous plaindre de M. du Belloy, pour l'obliger dans tout ce qui dépendra de vous[1], et pour lui pardonner même s'il est possible. Fiez-vous entièrement à mon bon

d'humbles auteurs, qui lui font accroire qu'elle est une princesse. La lettre, datée de mai 1775, que je donne plus loin, indique que Mlle Clairon est venue une seconde fois à Paris, cette année. Enfin, dans une lettre à Henri Meister, datée du 23 avril 1776, elle lui dit : *Il m'en a coûté beaucoup de partir de Paris, sans vous faire mes remerciements...* »

1. Dans une autre lettre d'Anspach, en date du 15 octobre 1773, Clairon dit à ce propos :

« *Mais ce qui m'a beaucoup plu, c'est la judiciaire de M. le duc de Duras qui charge Lekain et Dubelloy de vous juger, et ce même Dubelloy si lâche, qui comptoit remettre le jugement de sa querelle à un autre temps.* ».

Pipelet, écoutez-le, il n'est pas un plus honnête homme au monde, ne fléchissez jamais sous M. de La Ferté, mais rendez-lui tout ce que les comédiens doivent à l'Intendant des Menus. Tâchez d'obtenir l'amitié de M. Hébert, rendez à M. le duc d'Aumont et à M. le duc de Duras les respects dus à ce qu'ils sont, et prouvez-leur votre reconnoissance pour ce qu'ils ont fait pour vous. Écoutez avec complaisance tous les avis qui vous seront donnés, tâchez de vous rappeler les miens, causez avec vous-même, et partez du compte que vous vous en serez rendu. Tenez pour nulles toutes les tracasseries qu'on a pu vous faire autrefois à la Comédie, le souvenir ne produiroit que des aigreurs inutiles. Leur injustice me poursuivoit en vous, mon éloignement vous les gagnera tous peut-être, et votre bonne conduite pourra peut-être leur faire ouvrir les yeux sur leur ingratitude envers moi. Donnez-moi des nouvelles de tout ce qui se passera de relatif à vous, je n'ai pas besoin de vous dire que j'en suis très impatiente. Ne manquez pas d'aller chez la duchesse de Villeroy, Mme l'ambassadrice de Hollande, et ceux que j'appelle mes amis. Soyez d'une extrême politesse avec les auteurs, et si quelqu'un vous fait des questions sur le comte de V... (Valbelle), répondez toujours que vous ne savez rien.

« *Bonjour, mon cher enfant, plaise au ciel de vous combler d'autant de bien que je vous en souhaite*[1].

« CLAIRON. »

Maintenant, sur la présence bien positive de la favorite du Margrave, aux seconds débuts de Larive, nous n'avons que l'anecdote racontée par Lemazurier dans sa *Galerie historique,* nous montrant l'ex-tragédienne de la Comédie-Française, présidant en personne à la fastueuse mise en scène de ces répétitions, d'un appareil dont personne n'avait encore eu l'idée, et où l'on n'entrait que sur un billet signé de Mlle *Clairon :* répétitions que dirigeait sur la scène Mlle Clairon, vêtue avec la plus grande élégance, et où assistait tout un monde de femmes de la cour en grande toilette, et accueillant, avec des éclats de rire et de méchantes plaisanteries, le *casaquin* de Mlle Dumesnil.

Il n'y a qu'un malheur, c'est que Lemazurier avance, que c'est à propos des répétitions du COMTE D'ESSEX, et qu'à ses seconds débuts

---

1. Lettre adressée à « M. Larive comédien ordinaire du Roi », faisant partie de la collection d'autographes Dubrunfaut et publiée dans le *Coureur des Spectacles* de Charles Maurice, juillet 1846.

(29 avril 1775) Larive joue le rôle d'*Oreste*, et nullement le *comte d'Essex*, et qu'il faut rapporter l'anecdote aux premiers débuts de l'acteur.

Quoi qu'il en soit de la présence ou de l'absence de Mlle Clairon, le succès des seconds débuts de Larive assuré, Mlle Clairon expédie à son protégé, d'Anspach, une lettre faisant suite à sa lettre du 2 octobre 1774, et qu'on pourrait appeler le manuel de conduite du parfait comédien. Ce sont des instructions d'une diplomatie achevée, et vraiment curieuses par l'insistance qu'elle met à lui défendre de se lier avec ces *petits messieurs* les auteurs.

« *Anspach, ce 25 mai 1775.*

« *Voilà donc votre sort décidé. Je souhaite bien qu'il vous plaise; il constate au moins votre talent, et la vanité satisfaite est bien quelque chose.* . . . .

. . . .

« *Faites l'impossible pour ne donner votre avis sur quoi que ça puisse être. Excusez-vous sur la nécessité de donner tous vos soins à vos études, et sur l'ignorance où vous êtes de toute affaire... Soyez scrupuleusement honnête avec tous les auteurs, gardez-vous de vous lier avec aucun, fuyez*

32

tous les endroits, où vous pourrez les rencontrer ;
il en est sans doute qui méritent la plus haute
considération, mais ce ne sont pas ceux qui assiè-
gent les coulisses et qui vont mendier des voix.
Lorsque nous nous verrons, je vous mettrai autant
au fait que possible de tous ces petits messieurs.
N'oubliez pas surtout que la Comédie est une
ferme que chacun doit faire valoir, ne jouez
jamais un rôle important qui ne soit de votre
emploi, mais prêtez-vous à tous les petits riens
qui sont utiles... Je tremble actuellement la
fièvre. »

Et tout le temps, de là-bas, de l'Allemagne,
Mlle Clairon dirige son protégé, le conseille, le
défend de lui-même, lui fait éviter les sottises,
en lui envoyant par la poste sa grande expérience de la vie.

« *16 décembre 1776.*

« *Votre femme a raison, mon cher enfant, si je*
me portois bien, aucun être ne seroit plus heureux
que moi, mais comme il ne fut jamais de bien
sans mélange, il faut, en jouissant de l'un, prendre
patience de l'autre. Quoique mon corps soit fort
affaibli, ma raison est encore vigoureuse... je ne
suis point étonnée de vos succès, et je crois que
vous ne douterez jamais du véritable intérêt que

*j'y prends, mais ce rôle de **Montaigu** vous fait des
ennuis... C'est à doubler Lekain, dont les caprices
commencent, dit-on, à paraître insupportables, et
dont l'affaiblissement ne permet pas une longue
carrière, c'est à débouter Molé de ses prétentions
tragiques, que vous devez constamment travailler.
Garrick, dit-on, peut tout ce qu'il veut. Eh bien
c'est le phénix! il n'en est qu'un, et quand il
seroit possible qu'un autre pût autant que lui, je
suis sûre encore que ce seroit du bien perdu : le
parterre français n'accorde point à celui qui le
fait rire, le droit de le faire pleurer.*

LXIX

Au milieu de la faveur de la Clairon, tombait, à Anspach, une jeune femme qui mettait dans cette cour ennuyeuse et ennuyée, du mouvement, de la distraction, du plaisir, qui organisait un spectacle dans un ancien manège, qui créait un jardin anglais à Triesdorf, qui fondait une petite académie pour l'encouragement des Lettres et des Arts, avec le concours de Mercier, le frère de l'auteur du *Tableau de Paris,* qui amusait même l'inamusable princesse de Saxe-Cobourg, et qui, après avoir amené la rupture du Margrave avec Mlle Clairon, la faisait vite oublier.

C'était une Anglaise de grande famille, séparée de son mari, et dont l'existence était une continuelle promenade à travers le continent. Un peu peintre, un peu sculpteur, un peu archéologue, un peu auteur dramatique, lady

Craven avait tous les talents, tous les charmes,
toutes les séductions de la virtuose du xviiie siècle, et avec cela habile à tout, et quittant la
plus délicate broderie au tambour, pour suivre,
en cavalier accompli, une chasse au cerf. Et sans
être précisément belle, elle avait une physionomie qui faisait dire à lady Montaigu, — « qu'elle
y retrouvait tous les romans qu'elle avait lus,
tous les romans qu'elle avait écrits ».

Le Margrave l'avait connue enfant, l'avait
souvent visitée au pavillon de la Joncière, à
Saint-Germain, qu'elle avait habité après sa
séparation d'avec son mari; enfin, dans un séjour
qu'il faisait à Paris avec Mlle Clairon, le Margrave la décidait à venir le retrouver, lors de son
retour en Allemagne, et à habiter Anspach, où
il lui offrait l'hospitalité.

Intriguée par les absences du Margrave, absences sur lesquelles il lui avait été déjà rapporté des choses de nature à allumer sa jalousie,
Mlle Clairon demandait, un jour, au Margrave
quelle était la personne qu'il avait si souvent
avec lui. Le prince répondait, sur un ton ferme
et froid, que c'était une personne qu'il aimait
comme son enfant, mais que c'était bien inutile
de lui nommer, parce qu'elle ne la verrait, ne
la connaîtrait jamais, et son air sérieux mettait

32.

fin à l'entretien. Clairon restait fort intriguée,
et après le départ du Margrave, sur de nouvelles révélations, envoyait quelqu'un faire le
guet à l'hôtel de l'Empereur, rue de Tournon,
afin de voir l'Anglaise, quand elle sortirait, à
l'heure du dîner, et l'affidé de Clairon, qui
apercevait lady Craven sortir en grande toilette,
lui rapportait que la jeune Anglaise était belle
et bien faite. Alors Mlle Clairon, conjecturant
que c'était une maîtresse, dans un moment de
colère, écrivait au Margrave la fameuse lettre
de rupture, qu'elle donne dans ses Mémoires :

« *A. S. A. S. Monseigneur le Margrave d'Anspach.*

« *Votre passion effrénée pour une femme[1] que,
malheureusement,* vous seul *ne connaissez pas, le
bouleversement de vos plans et de ma destinée,
votre insouciance sur l'opinion publique, la licence
de vos nouvelles mœurs, votre manque de respect
pour votre âge et votre dignité, m'ont obligée à
ne plus voir en vous qu'une âme vicieuse qui ces-
soit de se contraindre ou qu'une tête égarée qu'il
falloit plaindre et contenir. L'habitude de vous
chérir, de croire à vos vertus, m'a fait rejeter*

1. Lady Craven devenue, après la mort de la princesse de
Saxe-Cobourg, la femme du Margrave.

*tout ce qui vous dégradoit. En conséquence j'ai
tout supporté : votre inhumanité, vos outrages,
votre ingratitude, n'ont pu me faire changer le
plan de conduite que je m'étois proposé. Par mon
silence sur tout ce qui regardoit votre maîtresse,
j'ai du moins arrêté le comble que vous vouliez
mettre à vos torts, en quittant publiquement
notre maison; autant que je l'ai pu, j'ai caché
sous un front toujours calme, et quelquefois riant,
les douleurs déchirantes de mon âme et de mon
corps. J'ai permis de croire que je ne vous désap-
prouvois pas, et je vous regardois toujours comme
mon meilleur ami. Mais le temps de feindre est
fini. Vous êtes arrivé dans vos États; quoi que vous
veuillez faire désormais, je ne crains plus qu'on
m'en rende ni coupable ni comptable, et vous-même,
sans doute, conviendrez qu'il est bien temps que
je rejette vos fausses protestations d'amitié.*

« *Le voile est tombé, monseigneur, je sais à présent que je ne fus jamais que la malheureuse victime de votre égoïsme et de vos diverses fantaisies;
si vous aviez été véritablement mon ami, vous ne
m'auriez pas éconduite de vos États pour M*me *de
Ca.. M*me *Ku..., etc., etc.; vous n'auriez pas sacrifié
mes lettres, dont chaque mot peignoit ma tendresse et vos devoirs; vous m'auriez continué la
confiance que je n'ai point cessé de mériter; vous*

n'auriez point abusé des prérogatives de votre
sexe, de votre rang pour m'opprimer et m'avilir ;
vous auriez (quel·que puisse être votre nouvel
amour) respecté les sentiments et la conduite que
vous me connoissez depuis dix-sept ans ; vous auriez eu pitié de mon âge et de mes infirmités ; vous
m'auriez tenu compte de mon désintéressement et
de l'utilité de mes avis : convaincu par l'expérience de ma condescendance à vos goûts, vos fantaisies, vos passions, vous ne vous seriez pas
séparé d'une femme qui n'avoit d'autres prétentions, d'autres sentiments que ceux de la plus
tendre des mères et de la plus solide des amies. Je
ne puis concevoir comment vous n'avez pas rougi
vous-même de ne plus vous montrer à mes yeux
que comme un forcené, se délectant à m'assassiner à coups d'épingle. Juste ciel ! êtes-vous
l'homme dont j'ai tant prôné les vertus ?

« Je conviens que pendant les cinq dernières
semaines de votre séjour à Paris, vous vous êtes
montré beaucoup moins malhonnête, vous avez
pris la peine de vous contraindre ; vous m'avez
quelquefois forcée de croire que mon estime et
mon amitié importoit encore à votre bonheur ;
mais mon retour dans le monde, et le bruit que
vous y faisiez, ont détruit ce moment d'illusion.
Je sais (non sans étonnement) tout ce que vous

avez fait depuis sept ou huit ans, votre savante
et profonde dissimulation m'est enfin connue, je
vois que je n'ai plus rien à prétendre, et que nos
liens doivent se rompre sans retour. Vous vous en
applaudissez sans doute? et moi, malheureuse!
je ne m'en consolerai jamais. Mon âme, aussi
tendre qu'invariable, portera dans le tombeau les
sentiments que je vous ai voués ; je vous plains,
vous pardonne, et vous souhaite autant de bonheur
et de gloire que j'éprouve de regrets et de douleurs.

« C'est avec infiniment de peine que je remets
à vos pieds le bien que je tenois de vous. Je ne me
dissimule pas que cette démarche blesse votre dignité (et je suis loin, hélas! de vouloir vous faire
un outrage), mais vos procédés m'en ont fait un
devoir. « Rappelez-vous que je n'ai jamais rien
voulu pour moi, et que je n'ai désiré ajouter à ma
fortune que pour ajouter à vos jouissances ; que
vous n'êtes pas mon souverain, et que pour obtenir
le titre de mon bienfaiteur, vous deviez garder à
jamais celui de mon ami. Je ne suis rien, monseigneur, j'en suis toujours convenue sans honte et
sans regret, mais mon âme est quelque chose ; et
jusqu'à mon dernier soupir, je vous obligerai du
moins à m'estimer. Adieu... adieu pour jamais[1]. »

1. « Cette lettre, dit lady Craven, fut écrite cinq semaines

A cette lettre déjà connue, il n'est pas sans
intérêt de joindre deux passages de la correspondance de Clairon avec Henri Meister dans
les premières années de la Révolution, et où le
ressentiment de la tragédienne pour le prince
allemand, est resté aussi vif qu'aux premiers
jours de la rupture.

« *D'après le récit que vous me faites de la
conversation dont j'étois l'objet, j'ai cru qu'il
étoit convenable de mettre dans un écrit particulier le pourquoi de ce que j'ai dit et fait.
J'abandonne à votre sagesse l'usage qu'on peut
faire de ce papier, envoyez-le, gardez-le, brû-
lez-le, tout ce que vous ferez sera bien fait. Au
demeurant j'ai brûlé toutes les lettres que j'avois
du maître et de ses serviteurs. Quoique ce commerce fût bien antérieur à nos troubles, j'ai
craint qu'un mouvement de curiosité ne le fît
feuilleter. Il ne faut jamais permettre que la
confiance et l'épanchement du cœur de deux amis
soient jugés par les indifférents. Si, contre mon
attente, je vis assez pour revoir ces personnes-là
dans ma patrie, sûre de l'esprit de la dame, je la*

après que le Margrave eut quitté Paris, pour revenir en Allemagne, et à l'époque précise où je mandais à la princesse, sa
femme, que je consentais à aller demeurer avec elle. »

verrai pour peu qu'elle le désire, mais pour M.,
jamais. S'il est changé, je veux lui épargner la
honte dont ma seule vue doit le pénétrer, et s'il
est le même, il me feroit horreur! Je suis assez
généreuse pour lui souhaiter autant de bien qu'il
m'a fait de mal, mais je suis trop juste et trop
sensible pour ne le pas mépriser, autant qu'il le
mérite.

« *Je ne suis pas étonnée qu'on ait oublié l'his-*
toire de mes apparitions[1] *puisqu'on ne s'est pas*
souvenu de mes services, de mon attachement, de
ce qu'on doit à l'humanité, de ce qu'on se devoit à
soi-même. Cette chétive mémoire ne se rappelle
même pas que mon âme juste et sensible doit
s'offenser du titre d'amie qu'il me donne; je ne
le suis pas, je rougirois de l'être. C'est avec toutes

---

1. A propos de l'histoire de ses apparitions que le Margrave
avait complètement oubliée, et que Henri Meister tenait à
connaître, voici un fragment de lettre à son cher Henry :

« *Vous me demandez l'histoire de mon revenant, elle a des*
détails si minutieux, si longs, qu'elle deviendroit insupportable
à lire. Ce ne seroit qu'un plat conte de vieille à lire, qu'il
faudroit arranger, mais où est ma tête, je ne l'ai plus. Toutes
mes facultés sont anéanties, et la crainte d'accélérer la perte
de ma vue, ne me permet pas d'écrire et de profiter du peu
d'étincelles qui, de loin en loin, sortent du tas de cendres;
dicter seroit encore plus impossible, et la brave Berthet est oc-
cupée chez notre amie, laissons-le là réparer son âme et son
corps... Je vais tâcher de ranimer le peu qui me reste pour
vous le consacrer. »

les réflexions que je suis en état de faire, que je
voue le mépris le plus profond et le plus durable
à l'être ingrat et barbare qui n'a craint, ni ma
ruine, ni ma mort, dont l'âme atroce a tenté de
m'avilir, et qui, depuis huit ans, compte ses jours
honteux sans remords. Le mépris est tranquille,
je lui pardonne, mais je rends grâce au ciel de
m'avoir séparé du plus grand, du plus lâche en-
nemi que j'eus jamais. »

LXX

Malgré sa bienfaisance qu'elle vante souvent dans des lettres à Larive, la grande tragédienne[1] a laissé peu de souvenirs en Allemagne. Et de la mémoire de la femme illustre qui séjourna dix-sept ans à Anspach, le rappel le plus vivant, à l'heure actuelle, est un petit pain qu'elle avait l'habitude de manger, et qui s'appelle Clairons wek[2] !

1. Dans une de ses lettres on lit : « *Je me console autant que je peux, en venant au secours de l'humanité; la confiance et l'amitié du souverain me mettent à portée de faire en grand ce que je ne pouvois faire qu'en petit. C'est une occupation bien chère à mon cœur.* »

Lemontey dit, dans sa notice, que Mlle Clairon a élevé une fontaine monumentale et fondé un hospice à Anspach.

2. *Beiträge zur geschichte der Anspachen und Beirent her Laude*, par le D. Julius Mayer. Anspach, 1885.

LXXI

A la fin du mois de septembre 1786, les *Mémoires secrets de la République des Lettres* annoncent la réinstallation en France de Mlle Clairon, en ces termes :

« Mlle Clairon, dont on ne parlait plus depuis longtemps, semble être venue se réfugier dans sa patrie pour y mourir. Elle a loué une superbe maison à Issy[1]. »

Les *Mémoires secrets* se trompent, la maison n'était pas louée, mais bien dûment achetée par Mlle Clairon[2]. Et cette propriété qui, en sortant

---

1. Les Mémoires ajoutent : « Elle est accablée de maux, et sa tête est même quelquefois affectée. Cependant son goût pour la tribaderie se manifeste encore en ce moment ; elle a pris avec elle une madame Tessier, grande et superbe femme, qui est comme sa gouvernante et qui semble s'être emparée d'elle exclusivement, et ce sera sans doute la première appelée à recueillir sa succession. »

2. Henry Céard me communique cette curieuse pièce, qu'il a relevée aux Archives des Quinze-Vingts (n° 6572) : « Une grande

de la manufacture de Javel et en remontant la plaine sur la gauche, était la première maison de campagne qu'on rencontrait, Thierry la décrit en ces termes dans son *Guide des amateurs et des étrangers voyageurs à Paris* :

« Le premier objet qui se présente à la vue, en arrivant dans ce village, situé sur la pente d'un coteau fort élevé, est la belle maison appartenant aujourd'hui à Mlle Clairon. Les murs de clôture du vaste jardin de cette maison s'étendent, sur la gauche de la plaine, percés de grilles en plusieurs endroits ; on en découvre les beau-

maison, jardin et dépendances, et deux pièces de terre à Issy près Paris, lesquelles appartiennent au sieur Antoine Brognard, ingénieur général de la marine, capitaine de vaisseau du Roi, comme les ayant acquis de M. le duc d'Orléans, lequel les avait acquis du sieur Victor Coquelin, qui en était propriétaire au moyen du retrait... exercé contre le sieur Hector-Hyacinthe Seguin et sa femme, qui avaient consenti audit retrait et qui avaient acquis lesdits biens des héritiers de Jean-François de la Fontaine, receveur général des domaines et bois de la province de Bretagne, et de Françoise Coquelin, sa femme. »

Signification au cardinal de Rohan de la vente d'une maison, sise à Issy, faite le 2 mai 1786, par Antoine Brognard, ingénieur général de la marine, *à Charles-Alexandre, Margrave d'Anspach, et à Claire-Joseph Legris de la Tude* (Mlle Clairon) *moyennant le prix de 80 000 livres*. Le sieur Brognard avait acquis cette maison du duc d'Orléans et ce prince, pour procurer la mainlevée de toutes les oppositions à la vente, avait fait déposer chez le notaire Rouen ladite somme de 80 000 livres.

La signification fut faite chez M. Arnould, notaire, rue Cha-

tés au-dessus de la route. Ils sont ornés de pièces
d'eau, de statues, de treillages et de pavillons.
L'entrée de la maison est magnifique, sa principale façade est à l'exposition du levant. »

Le choix de la localité d'Issy avait-il été motivé chez Mlle Clairon par son ancien goût de
collectionneuse d'objets d'histoire naturelle. On
trouvait dans les carrières d'Issy beaucoup de
coquilles fossiles, et les étudiants en médecine,
tout le xviiie siècle, y venaient herboriser avec
messieurs leurs démonstrateurs, pendant la saison des simples [1].

banais, pour le prince d'Orléans, et chez M. Pierre-Louis
Forme, sous-procureur au parlement de Paris, rue de l'Obser-
vance près Saint-Côme, pour le duc d'Orléans.

Cette maison, la plus belle maison d'Issy, j'ai tâché de la
retrouver, mais vainement. Il ne reste aucun souvenir à Issy
de Mlle Clairon, et après beaucoup de recherches, lorsque je
croyais enfin avoir réussi, je tombais sur une propriété de
Mlle Raucourt, l'élève formée par Mlle Clairon, qu'elle avait
sans doute achetée, séduite par la beauté du pays, à la suite
de visites rendues à sa maîtresse et à sa protectrice.

M. Louis Baron, l'auteur des Environs de Paris, aurait été
plus heureux que moi. Il dit dans son livre : « En face de
l'hospice des Petits-Ménages, une grille monumentale attire
l'attention, elle ouvrait sur l'hôtel luxueux de la plus fameuse
comédienne du xviiie siècle. »

1. Dictionnaire historique de la ville de Paris et de ses
environs, par HURTAUT, Paris, 1779, vol. III.

LXXII

Dans ses Mémoires, Mme Lebrun nous a laissé un croquis écrit de Mlle Clairon, vers le temps de son retour en France. L'aimable artiste avait une grande curiosité de se rencontrer avec a tragédienne, qu'elle n'avait jamais vue jouer, et elle demandait à Larive, qu'elle savait intimement lié avec elle, de lui faciliter cette rencontre. Larive invitait Mme Lebrun à dîner, en ce bel hôtel qu'il s'était fait construire au Gros-Caillou, et où l'on se promenait dans un grand jardin sous des vignes grimpantes à la manière antique, comme il s'en voit aux environs de Naples[1].

1. C'est la propriété magnifique que les journaux de la Révolution nous peignent, à une dizaine d'années de là, ornée de grilles magnifiques, entourée de fossés, avec son immense jardin, ses écuries, sa valetaille galonnée, ses appartements dorés, cette résidence qui semble une seigneurie de fermier général.

Au moment où les invités allaient se mettre
à table, on annonçait Mlle Clairon. Mme Lebrun
était frappée à la fois de sa petitesse et de sa
maigreur. Et l'artiste-peintre nous représente
l'actrice, s'exprimant avec une extrême emphase,
et tout le temps qu'elle parlait, tenant la tête
fort élevée, et apportant dans une conversation
familière le ton d'une princesse tragique, mais
se montrant instruite et spirituelle.

LXXIII

Ici commencent les années silencieuses, les
années muettes, où rien ne parle plus de ces
vies, tout à l'heure si retentissantes de publicité, où le papier imprimé a cessé de s'occuper
de ces existences, qui n'ont plus l'intérêt du
talent en exercice ou de la beauté, des années
où la grandeur tragique des bouleversements
distrait même de l'attention des individus, des
années où le biographe rencontre, à tout moment, dans sa poursuite de l'être choisi par son
étude, l'obscurité, la pleine nuit, et ne retrouve
l'homme ou la femme qu'il tâche de montrer
vivants jusqu'au bout, que, par-ci, par-là, dans
un bout de lettre, un méchant bout d'une
bienheureuse lettre, lui racontant encore un
petit rien de cette vie, sur laquelle déjà, et
d'avance, semble s'être refermée la tombe.

C'est un bout de lettre comme cela, qui nous

apprend que la tragédienne, après sa rentrée en
France, s'est rapprochée de ses anciens camarades de la Comédie-Française, et qu'elle vit
maintenant avec eux dans les termes les plus
cordiaux :

« Messieurs,

*« C'est au Théâtre-Français que j'ai dû mes
protecteurs, mes amis, ma fortune et l'avantage
d'un peu de célébrité! Je ne me le rappelle jamais qu'avec attendrissement et reconnoissance
et je vous remercie, messieurs, de me mettre à
portée de manifester l'un et l'autre.*

*« Agée, infirme, je dispose difficilement de
moi, mais je serai continuellement à vos ordres,
soit pour avoir l'honneur de vous recevoir chez
moi, soit pour me rendre où mes anciens camarades et vous, messieurs, jugerez à propos de vous
rassembler.*

*« J'ai l'honneur d'être, messieurs, votre très
humble et très obéissante servante*[1].

« CLAIRON. »

Et ces relations amicales semblent continuer
jusqu'aux dernières années de la vie de Clairon,

---

1. *Archives du Théâtre-Français*, 12 novembre 1792.

ainsi que le témoigne une lettre de Hua, adressée aux artistes du Théâtre-Français après sa
mort[1].

1. « Messieurs, j'ai appris, avec la plus grande reconnaissance
les témoignages de vif intérêt que vous avez donnés pour la
santé de Mlle Clairon. Au moment où vous les manifestiez,
déjà elle n'existait plus.

« HUA. »

LXXIV

Et ce sont encore deux ou trois lettres de cette année, qui nous renseignent sur la brouille de Clairon avec un ami de trente ans, avec le peintre Doyen[1], auquel elle avait demandé un portrait ou un dessin allégorique[2], que l'artiste, après lui avoir fait attendre cinq ou six ans, semblait ne plus songer à faire du tout.

Écoutez la vieille tragédienne dans son indignation spirituelle :

. . . .

« *Actions, paroles, intentions, m'élèvent égale-*

1. Mlle Clairon semble avoir eu des relations assez intimes avec quelques artistes du temps. Dans une lettre à Henri Meister, écrite de Triesdorf, à la date du 12 juin 1780, en même temps qu'elle prie de la rappeler aux bontés de Mme Necker, qui lui sont aussi chères que son respect pour ses vertus est profond, elle le prie de faire ses tendres compliments *à notre cher M. Houdon.*

2. Dans la vente du cabinet de Mlle Clairon, en mars 1773, avait passé, sous le n° 23, un tableau ovale de Doyen, repré-

ment à mes yeux au-dessus de tout reproche. Ex-
pliquez-vous donc? Quel est votre sujet de plainte?
Je ne le connois pas. Il n'est pas impossible que
j'aie des moments d'impatience et de vivacité!
Vous m'avez, je l'avoue, longtemps excitée à l'un
et à l'autre, comme vous le dites vous-mêmes,
Monsieur, trente-deux ans de liaison, d'intimité,
de considération réciproque, me permettoient de
croire que vous auriez plus de condescendance
pour mes désirs. Vous ne l'avez pas fait. Vous êtes
sans doute le maître de vos talents, je n'ai ni le
droit ni la volonté de les forcer, mais j'ai la sensi-
bilité et la réflexion pour apprécier le refus et le
manque de complaisance, et s'il m'est permis d'être
blessée d'un manque d'égards, de douter d'une
amitié qui, six ans de suite, élude toutes ses pro-
messes, et qui vous abandonne après, comme une
chemise sale, vous avouerez que c'est à moi de se
plaindre, et point à vous[1]. »

Cette lettre est du 6 septembre 1790. A deux
mois de là (le 30 octobre), Clairon adresse à
Doyen une seconde lettre, où elle lui annonce

sentant, en buste, la Muse de la poésie lyrique, et sous le
nº 24 se vendait le dessin de la composition peinte. — De-
mandait-elle une répétition du portrait ou du dessin?

1. Extrait d'une lettre de Clairon, de la collection de M. Bo-
vet, vendue le 23 juin 1885.

que, dans la gêne où l'ont réduite les circonstances présentes, elle a été obligée d'envoyer
son argenterie à la Monnaie, et est forcée de lui
réclamer le payement de flambeaux d'argent,
qu'il avait sans doute acceptés, comme un
acompte, sur la commande du portrait[1].

Enfin, le 12 novembre, elle lui adresse une
lettre, où elle affirme son droit à se plaindre de
l'ami et du peintre, et termine son épître par
de l'ironie et de la plus hautainement charmante :

« *Je ne nie point, Monsieur, le propos dont
vous vous plaignez, mais je nie que vous ayez
raison de vous en plaindre. Quoi donc, je demande
un ouvrage à un artiste, je presse mon ami de
constater mon talent par le secours du sien. Je n'ai
point abusé de son temps, je n'ai demandé ni le
sacrifice de ses intérêts, ni celui de ses plaisirs, et
quand, au bout de plus de cinq ans de prières inutiles, je m'impatiente de l'indolence de l'artiste et
du manque d'égards de l'ami, que je me permets
de lui dire que* s'il ne veut pas faire le dessin que
je désire, je lui ferai la honte de le faire faire
par un autre. *Il prétend que je l'outrage. Eh!*

---

1. Catalogue du 15 novembre 1860.

mais, Monsieur, n'est-il donc permis qu'à vous
d'être sensible? M'ôtez-vous le droit que ma rai-
son et l'expérience me donnent de juger les hom-
mes d'après leur conduite! Prétendez-vous que le
sang ne circule pas dans mes veines, comme il
circule dans les vôtres! Apprenez de moi, mon-
sieur, que par respect pour vous-même, par res-
pect pour ce titre d'ami que vous preniez, vous
deviez faire ce que je vous demandois, vous de-
viez surtout vous expliquer sur ce qui vous bles-
soit, et non me laisser là, aussi indécemment que
vous le faites depuis sept mois.

« Je vous félicite, Monsieur, d'avoir pris l'es-
prit du temps, et de croire bonnement à l'égalité;
moi trop vieille pour changer mes habitudes et
ne me souciant pas d'une autre place que celle où
Dieu m'a mise, je ne rougirois jamais de donner
le nom de protecteurs aux personnes que leur
haute naissance ou leur toute-puissance me dé-
fend de regarder comme mes égaux.

« Je suis aussi reconnoissante que je dois l'être,
de l'assurance que vous me donnez d'honorer ma
mémoire, après ma mort. Certes, votre attention
est amicale et touchante, je vois que je puis
mourir avec tranquillité. Mais comme vous
dites avoir beaucoup d'affaires en ce moment, je
prendrai patience sur ma gloire, et vous en

34

chargerai le plus tard qu'il me sera possible.
« J'ai l'honneur d'être, Monsieur, votre très
humble et très obéissante servante[1].

« CLAIRON. »

« Paris, ce 12 novembre 1790. »

1. Cette lettre qui porte comme suscription : « A monsieur,
monsieur Doyen de l'Académie de peinture, galeries du Louvre, » fait partie de la collection de M. Morrisson.

LXXV

Après sa grandiloque épître de rupture avec le Margrave d'Anspach, toute correspondance avait cessé entre Mlle Clairon et Christian Frédéric, mais, au moment où se répandait en Europe le bruit de la résignation[1] au roi de Prusse de ses margraviats d'Anspach et de Bareith, dont il avait hérité, en 1769, après la mort de son cousin, la *bonne maman* croyait rappeler le Margrave à son honneur et à son devoir de souverain, et en mars 1791, elle lui adressait une lettre, où semblent être mis en prose les vers adressés à son prince par une noble et dévouée confidente de tragédie.

1. Voir, dans les *Mémoires de la Margrave d'Anspach*, les détails de l'entrevue entre le roi de Prusse et le Margrave d'Anspach, où furent jetées les bases de cette *résignation*, entrevue où assistait la Margrave.

« *Au Margrave d'Anspach.*

« *La profonde retraite que je me suis imposée
et l'aspect de la tombe où je vais bientôt descendre,
devroit fermer mon cœur à tous les intérêts humains ; mais n'ayant jamais pu cesser de vous chérir, de désirer votre bonheur et votre gloire, je
croirois vous manquer, en ce moment, si j'hésitois
à vous écrire ; ma démarche vous prouvera du
moins qu'aucun ressentiment ne me reste, et que je
me plais à vous croire juste et bon, comme autrefois.*

« *J'apprends que vous êtes plus vivement sollicité que jamais pour céder vos États, et l'on m'assure qu'il est possible que vous y consentiez. Je ne
puis le croire ; non, vous êtes incapable de vous
nuire, de vous outrager vous-même à ce point.
Vous ne pouvez avoir oublié tout ce que vous
m'avez dit à ce sujet, ce que vous avez répété, cent
fois devant moi, au vertueux baron de Gemmin-
gen :* « *J'aime trop mes sujets pour renoncer à les*
« *rendre heureux. Quitter un trône est prouver*
« *qu'on est indigne de le remplir. Je me serois*
« *contenté d'être un simple particulier, je rougi-*
« *rois de le devenir volontairement. Seul arbitre*
« *de ma fortune et de ma volonté, maître de*
« *disposer de tout, jouissant enfin de l'amour et*

« de la reconnoissance de sujets, auxquels j'ai
« tout sacrifié, je ne ferai ni la folie de confier
« mon bonheur, ni celle de me mettre à la pen-
« sion de qui que ce soit, etc. » Je pourrois faire
un volume de tout ce que je vous ai entendu dire
de noble, de juste, de conséquent sur ce point.
Hélas! seroit-il possible que votre volonté changeât, quand votre position ne change point?
Quand même il dépend de vous de la rendre plus
avantageuse et plus précieuse aux humains.

« La respectable princesse que vous venez de
perdre, en ne vous donnant pas d'enfants, vous
laissoit dans une indépendance très gênante :
libre aujourd'hui d'en choisir une autre, d'avoir
des successeurs qui puissent vous tirer de tutelle,
dont l'existence empêcheroit l'effusion de sang et
de larmes, que votre succession et la politique peuvent faire couler. Vous n'avez pas de choix sur le
parti que vous avez à prendre, tous les cabinets de
l'Europe ont en ce moment les yeux tournés vers
vous. Ah! pesez bien ce que vous vous devez à
vous-même, songez à l'amertume qui rempliroit
vos jours, si vous aviez un reproche à vous faire,
songez au changement que l'opinion des hommes
apportera sur votre existence physique et morale,
songez qu'étant homme vous-même, il vous est
impossible de vous promettre que vous n'aurez

34.

jamais un regret, et que, restant toujours souve-
rain, il vous reste toujours le pouvoir de cesser de
l'être! Les nœuds de l'hymen vous déplaisent, je
le sais, mais ils ne sont à craindre que pour les
femmes; votre sexe et votre rang vous permettent
de les relâcher à volonté! des égards dans l'inté-
rieur, de la décence dans le public remplissent le
cercle de vos devoirs, et de si foibles contrariétés
ne peuvent se mettre en balance avec le respect,
l'estime et l'attachement qu'un brave et digne
souverain ne manque jamais d'inspirer. Songez
enfin que c'est votre plus inviolable amie qui
vous implore pour vous-même, que je ne vous ai
jamais trompé, que le langage que je vous tiens
en ce moment, est celui que je vous ai toujours
tenu: vous connoissez mon âme, vous savez (peut-
être même plus que personne) qu'aucune idée de
haine, de vengeance, d'intérêt ne l'ont jamais
souillée. Je ne veux rien de vous, je ne dois jamais
vous revoir, je n'ai plus que quelques moments à
vivre: ma seule prétention est de vous prouver
que je n'ai point cessé de vous chérir et de m'in-
téresser à votre gloire[1].

« Ce 14 avril 1791. »

1. *Mémoires de Mademoiselle Clairon.* Le brouillon de cette
lettre de la main de Mlle Clairon existe dans les papiers de
Meister. Il est daté du 14 mars 1791.

Faisons suivre cette lettre au Margrave d'une autre lettre inédite à Henri Meister, qui est comme le post-scriptum intime et secret de la missive diplomatique, adressée par la tragédienne au prince allemand :

« *Dans une lettre que vous avez fait écrire à Berthet, j'ai lu :* « *Je ne suis pas abandonné, et* « *j'ai souvent la douce consolation de voir mon* « *bien-aimé Margrave.* » *S'il va vous voir sans suite, je vous prie de me rendre deux services. Le premier : de savoir s'il a eu connoissance de la lettre que je lui ai écrite, au sujet de ses États. Qu'il n'ait pas pu, ou qu'il n'ait pas voulu me répondre, sont deux choses si différentes, qu'il m'importe de savoir à quoi m'en tenir. Le second est de lui demander quel est le sort qu'il a fait à une boîte couverte de mes cheveux, et de deux autres avec mon portrait. L'exil de mon grand tableau m'ordonne de croire que le feu, la rivière, ou peut-être pis, est devenu leur tombeau ; cependant, il me reste des souvenirs d'une bonté, d'une sensibilité, et même d'une petite coquinerie habituelle, qui pourroient les avoir fait garder secrètement. Le premier parti ne m'étonneroit pas. Il est des moments d'effervescence qui rendent capable de tout ; mais si l'on avoit suivi le second,*

ça me seroit, je l'avoue, une grande consolation :
quelque foible que puisse être le sentiment qu'il
m'auroit conservé, il me feroit oublier bien des
peines; car enfin, malgré quelques instants que
j'ai donnés à ma colère, je ne me rappelle pas un
seul jour où je n'aie fait des vœux pour son bonheur!
Faites, je vous en conjure, tout ce qu'il dépendra
de vous, pour qu'il vous réponde sur ces deux
choses, et quant à ces bucoliques, comme il ne
peut, ni ne doit les mettre au jour, demandez-lui
s'il voudroit être assez généreux pour m'en faire
le sacrifice. Sûr de votre discrétion, il pourroit
vous les remettre.

« ... [Si par hasard il vouloit savoir l'usage
que j'en veux faire, le voici. Le petit portrait
ovale seroit pour vous, celui qui vient de M⁾ᵉ Trial,
pour moi, parce que je l'ai toujours aimé à la
folie, et la boîte de cheveux pour ma dolente Angélique, dont je suis sûre que cela dilateroit
l'âme, quelques instants, et s'il le veut, j'offre en
échange cinq à six cents de ses lettres, où l'on
peut trouver des choses plus intéressantes que
peut-être il ne le croit.

« Je ne vous dis rien pour vous, vous ne doutez pas du désir et du besoin que j'ai de vous revoir, mon âme aimante ne varie point dans les
affections qu'elle a prises une fois, et comme vous

ne m'avez jamais fâché, vous, vous devez encore
plus compter sur moi qu'un autre.

« *Issy*[1]. »

1. Lettre autographe de Mlle Clairon, portant pour suscription : *Pour Henry*. (Collection des papiers de Henri Meister
aujourd'hui en possession de M. Paul Reinhardt-Sulzer.)

LXXVI

En ces premières années de la Révolution, l'édition allemande des Mémoires de Mlle Clairon donne sur l'état des sentiments aristocrates de la tragédienne à l'égard des événements du temps, et de son horreur pour son ancien métier, et de ses idées sur l'avilissement, dans lequel tombe, à ses yeux, un homme bien né, qui embrasse la carrière du théâtre ; — l'édition allemande donne une curieuse conversation, qui n'a été reproduite dans aucune des deux éditions françaises.

Un jeune homme de famille, nommé M. de la Tour, au moment de débuter à la Comédie-Française, après avoir demandé une audience à Mlle Clairon, se présentait chez elle, un matin[1].

---

1. Nous avons la date de cette entrevue qui avait lieu le 1er juin 1791, par l'annonce du début de ce fils d'un président du parlement de Provence. Il débutait, ce jour-là, par *Gengiskhan* dans l'ORPHELIN DE LA CHINE.

— Vous, monsieur, un comédien! s'écriait
Mlle Clairon, — prise de colère à la vue du jeune
homme, lui rappelant les traits de sa vénérable
mère, qu'elle avait connue, — vous, le fils de
M. de la Tour, vous, le frère de l'évêque de Ne-
vers! Vous le beau-frère de M. de Pontcarré!
Vous le neveu de M. d'Aligre et du bon et
honnête chevalier de la Tour!... Tous ceux-là,
vous osez les offenser à ce point!

Et comme le jeune homme s'étonne que la
tragédienne traite si durement un art, dans lequel elle s'est distinguée si glorieusement,
Mlle Clairon reprend :

— Je n'étais rien. De toutes les carrières que
le malheur m'ordonnait de suivre, je choisis
celle dont l'étude pouvait agrandir mes pensées,
élever mon âme. En n'épargnant ni recherches,
ni soins, ni peine, pour comprendre les personnages que je devais représenter, d'une bourgeoise inconnue, je suis devenue une femme
célèbre. Mais vous qui avez le choix de tous les
états... pourquoi choisir ce tas de boue?... Oui,
comment pourrait-il y avoir maintenant des
créatures assez viles, pour vouloir être comédiens? Aussi, aucun d'eux n'a seulement l'ombre
du talent. Autrefois un public, éclairé par les
chefs-d'œuvre de Corneille, de Molière, de Ra-

cine, de Voltaire, pouvait former des auteurs,
des acteurs, mais que peut-on attendre de notre
nouveau public, qui applaudit l'affreuse misérable pièce de *la Nuit de la Saint-Barthélemy*[1],
une pièce qui transporte à la scène, fondée cependant pour être une école de mœurs et de
vertus, les effervescences terribles du Palais-
Royal et de la place de Grève...

Là-dessus, le jeune de la Tour, après lui avoir
dit qu'il était annoncé pour le soir même, et
que s'il ne jouait pas, ça ferait un scandale
épouvantable, demande à lui faire entendre un
morceau de l'ORPHELIN DE LA CHINE.

Clairon l'interrompt au milieu de sa tirade.

— Assez! Ceci me fait juger du reste, avec
une figure expressive, vous êtes raide comme
un pieu fiché en terre. Votre pantomime est
dure, sans noblesse, et exagérée, et sans con-
cordance avec ce que vous dites. Votre voix,
qui est cependant mélodieuse, manque de souplesse, et ne donne qu'un son fatigant pour
l'oreille. Votre prononciation, il est vrai, est
pure, mais vos périodes se précipitent trop. On
n'entend pas vos syllabes finales. Votre physionomie ne peint rien des sentiments que vous

1. CHARLES IX ou L'ÉCOLE DES ROIS, tragédie en cinq actes,
par Marie-Joseph Chénier.

exprimez. Vos beaux yeux prennent une expression féroce... vous serez sifflé !... Partez d'ici,
prenez la poste, allez vous jeter aux pieds de
votre père...

— Je vous supplie, mademoiselle, de me permettre de vous revoir.

— Dans peu de jours j'irai à la campagne.
Vous voyez que l'on emballe mes affaires.

— Allez-vous loin?

— A Issy.

— C'est comme Paris, j'irai volontiers plus
loin pour vous voir. Toutefois si mon nouvel
état ne me réussit pas, je n'aurai jamais la har-
diesse de vous revoir[1].

1. Clairon dit qu'elle n'a jamais su, depuis, ce qu'il était devenu.

LXXVII

Voici donc Mlle Clairon habitant Issy l'hiver comme l'été, habitant la campagne toujours, ainsi qu'elle l'a dit à M. de la Tour. Et c'est cependant elle qui écrivait à Larive, en 1775 :

« *Je vous remercie de l'asile que vous m'offrez, mais pour rien au monde on ne me feroit vivre à la campagne. J'ai besoin du monde, non de la solitude. Elle vous est chère pour vos études, pour vos sentiments. Mais moi, que l'âge et les infirmités laissent sans passions et sans affaires, j'ai besoin de société, et l'activité qui reste encore à mon âge me fait préférer des humains à des végétaux* [1]. »

Vers la même époque, a également lieu, dans l'intérieur de Mlle Clairon, en cette maison d'Issy,

1. Lettre de la collection Dubrunfaut.

une séparation mystérieuse dont je n'ai pas la
clef. Elle est obligée de se séparer d'une femme
qu'elle aime tendrement, et dont l'éloignement
la désole. Est-ce la Mme Tessier, que les *Mémoires
secrets* lui donnent pour gouvernante? Est-ce sa
fille adoptive Pauline? Est-ce une autre intimité,
que nous ne connaissons pas? Quelle que soit
la femme qu'elle pleure, je donne la lettre comme
un curieux témoignage de la passion de ses
amitiés :

« *Votre lettre est arrivée, elle a produit l'allé-
gement et le redoublement de peine qu'elle pouvoit exciter, et que vous pouvez plus aisément
vous peindre que je ne puis l'exprimer. Vous
n'aurez point de réponse, cherchez-la dans toutes
les réflexions que vous pouvez faire, mais ce que
vous ne parviendrez point à vous peindre, c'est la
douleur que nous éprouvons de nous séparer,
rien ne nous reste à l'une et à l'autre. Elle va
dévorer son cœur dans sa famille, et la triste liberté de gémir dans ma solitude est mon unique
consolation; celle de nous écrire n'est pas une
ressource, car je compte pour rien de se restrein-
dre à mander :* « *Je suis là, je me porte bien ou
mal.* » *On ne peut, on ne doit rien dire de plus.
Hélas! nous nous devinions si bien, qu'une larme,*

qu'un mot nous étoient d'un grand secours. Tout est fini ! Écrivez de temps en temps des lettres ostensibles, un silence absolu ne se comprendroit pas, et laisseroit trop d'inquiétude de l'autre.

« *Écrivez aussi à votre amie de la Chaussée-d'Antin ; elle a demandé de vos nouvelles et l'on ne pouvoit lui donner les détails dont son attachement a besoin.*

. . . .

« *Je n'avois pas fait partir mon billet, parce qu'on désiroit y joindre quelques mots, mais les folies et la séparation de la veille, le départ précipité de ce matin, ont rompu toutes nos mesures et je vous écris seulement d'être autant heureux, aussi bien portant qu'il sera possible, si vous voulez nous épargner d'être les plus malheureuses du monde.*

« *Ce 28.* »

« *On est allé en Normandie[1]*. »

1. Lettre autographe adressée à Henri Meister, et faisant partie de la collection. Une autre lettre de la même correspondance, relative à cette séparation dit : « *... Nous supportons avec assez de courage et notre solitude et le rabâchage de notre éternelle harpie. Mais le chef suprême, de retour pour ses affaires, et que nous avons vu deux moments, est allé faire une assemblée de famille, pour concerter ce qu'il y a de mieux à faire ; j'ai bien peur qu'on ne décide de nous séparer. Si cela arrive, plaignez-nous, nous n'avons plus de consolation dans le monde, ne pouvant sans risque avoir des correspondances hors de la France...* »

LXXVIII

Pendant les dernières années de son séjour en Allemagne et les premières années de son retour en France, Mlle Clairon occupait les heures vides de sa vie à écrire ses Mémoires [1]. Ces Mémoires terminés, elle en remettait une copie à Meister, le familier de Diderot, du baron d'Holbach, du ménage Necker, au moment où celui-ci quittait Paris, en 1792, à la condition, assure-t-elle, de les faire paraître seulement dix ans après sa mort.

Henri Meister, auquel elle remettait cette

---

1. La rédaction des Mémoires de Mlle Clairon a été faussement attribuée à deux ou trois personnes. J'ai lu dans un livre, dont j'ai oublié le titre, qu'ils avaient été rédigés par Philippe de Baumal, conseiller à la Cour de Douai, et je garde le souvenir d'un article de Jules Lecomte, dans le *Monde Illustré*, où il affirmait que les Mémoires de la tragédienne avaient été écrits par l'académicien Étienne, alors modestement logé dans un petit entre-sol, sous l'appartement de la rue de Lille.

copie de ses Mémoires, était le *cher Henry*. Une
série de petites lettres et de billets, faisant partie
des papiers du collaborateur de Grimm, nous le
font voir vivant dans l'intimité de Mme de Vandeuil, très liée avec Mlle Clairon. Et ce sont
des invitations pareilles à celle-ci :

« *Si M. Meister veut dîner avec des femmes
paisibles, dont il est chéri, il se rendra demain
dimanche, à deux heures, sur le quai des Théatins.* »

Il semble même que Meister soit des dîners
de chaque semaine de Mlle Clairon, des dîners
du samedi, à la fin remis au mardi, et qui ont
leur fin dans ce mélancolique billet :

« *Mlle Clairon désire vivement que M. Meister
lui fasse l'amitié de venir dîner avec elle, mardi
prochain. Ce sera le dernier banquet qu'elle donnera dans sa triste maison.* »

Et quand ce n'est pas un dîner qui les rap-
proche, c'est une représentation dans la salle
de spectacle de Mme de Montesson, chez laquelle
il est invité par cet aimable mot de son amie :

« *La représentation de Mme de Montesson est
remise au vendredi 9. Le billet pour le jeudi ne*

seroit pas reçu. Mme Drouin en fait un autre, et
M. Meister est prié de renvoyer le premier.

. « *Mlle Clairon lui souhaite autant de plaisir en
la tragédie, que lui en a fait sa médaille.* »

Et quand Meister a quitté la France, l'amitié
de Mlle Clairon a pour l'absent des regrets sem
blables à ceux de l'amour, assurant l'heureux
Henri qu'il n'est qu'un seul être au monde
(Mme de Vandeuil) *auquel elle accorde de désirer
son retour aussi vivement qu'elle.* Mais écoutons
la confesser sa tendresse, avec des coquetteries
de sexagénaire, qui, selon son expression, a
conservé un *cœur entre vingt-cinq et trente ans* [1].

. . . .

« *Un peu de changement doit me plaire, et la
vie que je mène m'en fait un besoin. S'il m'ar-
rivoit quelque être susceptible d'un peu d'amitié
pour moi, sans examiner s'il a votre esprit, vos*
connaissances, *la sûreté, l'amabilité de votre
âme, je le recevrois à bras ouverts; mais je serois légère, sans être infidèle. Je tiens toujours à
mes anciens sentiments. Celui du jour n'ôte rien
à celui de la veille : qui ne m'éconduit pas, est sûr
de me retrouver la même. Votre absence me*

---

1. Ces lettres non datées semblent avoir été écrites presque
toutes dans l'année 1792.

laisse un vide insupportable, votre timidité m'a donné trois ou quatre secondes d'humeur, mais quoi que vous fassiez ou ne fassiez pas, je ne cesserai jamais de vous désirer, vous estimer et vous chérir. Je suis un peu plus mal à mon aise en ce moment que de coutume, les peines de l'esprit et les douleurs du corps ne me laissent plus la moindre relâche. Mon unique consolation est d'être sûre que mes jours ressemblent au chapelet : de grain en grain, j'arriverai pourtant au dernier.

« *Vous ne me dites point le titre du livre que vous avez choisi, mais puisque vous croyez qu'il plaira, cela me suffit.*

« *Ma pauvre amie a été bien malheureuse, tout ce qu'elle a souffert d'un bras, d'une jambe, d'un œil et d'un cul malades, est inexprimable; aussi me garderai-je bien de me plaindre devant elle, de peur de lui donner le coup de grâce.*

« *Au nom de Dieu, ne vous cassez plus rien*[1] *et arrivez-nous le plus tôt possible... »*

                                 « *4 novembre 1792.*

. . . .

« *Vous êtes étranger, vous ne vous êtes jamais mêlé de rien, trop d'yeux sont ouverts pour qu'on*

---

1. Dans une autre lettre sans le spécifier, elle lui parle de son accident, accident qui lui fait craindre qu'il ne la laisse longtemps seule.

ne connoisse pas la pureté de votre conduite. Maître de choisir votre résidence dans le monde entier, la France vous a paru préférable à tout, c'est sur elle que vous avez placé votre fortune, c'est dans son sein que vous avez désiré achever votre carrière, puisque vous avez chargé tous vos amis de vous trouver un lieu de campagne, où vous puissiez vous retirer. Parti seulement depuis six semaines avec un passeport, ne suivant où vous êtes, que des intérêts de fortune et de littéra-ture, il est impossible que vous courriez le moin-dre risque, en revenant ici, et très possible que vous en courriez, en retardant... tout absent passe pour émigré, tout émigré doit s'attendre à ce qu'on posera le scellé chez lui, et que ses biens seront à l'encan. Pourquoi courir ce risque? »

Et parlant de la joie que le parti de se fixer en France causerait aux amis de Meister, elle termine sa lettre par :

« Venez, et venez le plus tôt possible, ne comp-tez plus sur notre bon ange, mon cher Henry, il me paroît impossible qu'il échappe à la proscrip-tion. Ce n'est plus que de la victoire et de la paix que nous devons attendre notre réunion : si nous pouvions précipiter l'enfer anglais au fond de la

Tamise, nous aurions beau marché du reste, et je pourrois me flatter de jouir pendant quelques instants du bonheur de ma patrie et du charme de l'amitié.

« *Mais je suis tant vieille, tant infirme. Toutes mes heures sont marquées par des douleurs et des privations si déchirantes, que mon unique consolation est de m'assurer, à la fin de chaque journée, que j'ai fait un pas de plus vers le tombeau qui doit m'anéantir. Ce n'est pas la perte de ma fortune qui m'afflige, le sacrifice que je suis obligée de faire de tous les objets de luxe ne coûte pas un regret à mon cœur, mais presque impotente, presque aveugle, je ne puis plus me suffire à moi-même : toujours seule, sans amis, sans famille, sans affaire, mon âme aimante se dévore, et ma tête bouillante succombe sous l'ennui. Sans la tendre amitié qui m'ordonne de retarder autant que possible les regrets de l'inappréciable Angélique, ceux de l'homme que vous attendiez, — car, je n'en doute pas, vous connoissez tous trois mon cœur, vous m'aimez — depuis longtemps, je ne serois plus ; le peu d'énergie qui me reste encore, m'auroit fait préférer un sommeil tranquille à la cruelle agitation qui marque tous mes moments. Que cette idée ne vous effraie pas, je sais aimer, je sais souffrir, je vous promets de prendre soin*

*de mes jours, tant que je n'aurai pas de larmes à
répandre sur vous trois. »*

. . . .

« *Le portrait que vous me faites de vos vieilles,
me fait appétit, je regrette de n'être pas de leur
nombre, nous nous disputerions, si doucement, à
qui vous rendroit plus heureux. Mes infirmités,
mes rides, ma tournure et mon accoutrement de
vieille femme, les laisseroient sans inquiétude sur
toute préférence et je l'aurois! Mon cœur est encore entre vingt-cinq et trente ans! et je saurois
au moins de qui vous parler, pour intéresser vivement le vôtre... Mais paix, j'écris, je ne parle pas.
Prenons patience, cheveux blancs ou non, reve-
nez-nous, vous serez bien tendrement embrassé.*

« *D'après la lettre que Berthet vient de me faire
lire, je puis attendre deux grands plaisirs de vous,
le premier, de vous embrasser pour mes étrennes,
ce qui me porteroit sûrement bonheur toute l'année ; le second, le bonheur d'offrir à l'amie, qui
m'est plus chère que moi-même, le petit hommage
d'un livre anglois. Je vous prie de m'apporter la
traduction de Hotwel (sic), tant cité par Voltaire,
sur la plus ancienne langue et la plus ancienne
religion des Brahmes.*

« *Je sais que votre âme est douce et pure, je
suis sûr que l'honneur et la raison sont vos*

guides. Mes foibles aperçus céderont toujours à vos lumières, et la tendre amitié que j'ai pour vous, suffiroit seule pour me faire approuver tout ce que vous faites. Cependant, mon cher Henry, cette amitié ajoute un bien rude surcroît à ma peine, et de tous ceux que je puis regretter, vous êtes certainement un de ceux que je regrette le plus. Il m'est affreux d'entrevoir que je ne vous reverrai jamais. Il est impossible de passer assez vite de la tempête, dont nous sommes encore agités, au calme, dont nous avons besoin pour nous rejoindre... O mon ami, vous ne me retrouverez plus, mes maux habituels, les maux dont je n'ai pu me défendre, les privations de tout genre, ont flétri mon âme et doublé mes années. Je ne suis plus que le fantôme de la femme que vous avez connue [1].

---

1. Cette correspondance inédite faisait partie des papiers de Henri Meister. Elle est aujourd'hui en la possession de M. Paul Reinhardt Sulzer (habitant Winterthur, dans le canton de Zurich), que je remercie bien vivement de la gracieuse communication qu'il m'en a faite, remerciant également Maurice Tourneux, auquel je dois l'indication de ces lettres, si curieuses pour les dernières années de Clairon.

LXXIX

Meister ne revenait point en France, et la correspondance, peut-être interrompue par les événements de 1793, n'était point reprise entre la vieille Clairon et Henri Meister. Les années se passaient, le Directoire succédait à la Convention, lorsqu'un jour de l'année 1798, sans être consultée, sans même être prévenue par une lettre ou avertie par l'envoi d'un volume, Mlle Clairon apprenait par un article d'un journal français, par un article du *Publiciste*, la publication de ses Mémoires en allemand [1]. Dans une

1. La préface de l'édition allemande porte la date du 19 avril 1798. Voici comment elle s'exprime : « ... Il serait superflu et peu intéressant pour le public, de raconter comment le manuscrit de cet ouvrage est tombé dans les mains du traducteur. Celui qui le lira avec attention, sera convaincu, autant par le sujet que par la forme, qu'il n'est pas sorti du cerveau d'un romancier, mais qu'il peut seulement provenir de la personne, sous le nom duquel il est donné au public, qui est en même temps l'héroïne de cette histoire... »

36

lettre de remerciement en réponse à l'article, imprimée dans le numéro du *Publiciste* du 28 thermidor an VI (13 août 1798), Mlle Clairon déclare que la connaissance qu'elle avait des principes de la moralité de l'ami, auquel elle avait confié son manuscrit, et qu'elle ne veut pas nommer, lui fait rejeter toute idée d'infidé-lité, et affirmer que cette édition d'un livre, qui ne devait paraître que dix ans après sa mort, ne pouvait être qu'un vol fait à sa délicatesse.

Là-dessus, sans plus d'explication et sans faire part à ses lecteurs de sa correspon·'ance à ce sujet avec Henri Meister, elle prend allégre-ment le parti de publier une édition française portant le titre :

Mémoires d'Hippolyte Clairon et Réflexions sur la déclamation théâtrale. A Paris, chez Buis-son, rue Hautefeuille, n° 20, an VII de la République.

Au fond, où est la vérité vraie de cette publi-cation, vérité même dissimulée par la plaignante dans cette lettre inédite, dans cette précieuse lettre jusqu'ici inconnue :

« *J'avois au moins soixante ans, Monsieur, lorsque je fis votre connoissance, et cependant,*

j'ose croire qu'aucune de vos jeunes amies n'a
jamais eu pour vous plus d'attachement, d'estime,
de confiance que vous m'en aviez inspiré. Un article de mon testament l'attestoit, en vous priant
d'accepter l'hommage de mon petit ouvrage, et
en vous laissant le maître de le garder en manuscrit ou de le faire imprimer, si vous l'en jugiez
digne, en exigeant toutefois qu'on n'en supprimât
jamais un seul mot. Je ne me rappelle rien, ni
dans nos conversations, ni dans les lettres, que j'ai
eu l'honneur de vous écrire, qui avoit trait à ce
que je viens de tracer.

« Depuis nos troubles, vous me dites, un jour,
que vous étiez très embarrassé pour votre correspondance littéraire, parce que les livres cou-
rants et les spectacles ne vous offroient rien de
digne d'être cité, et que pour rien dans le monde,
vous n'écririez un mot qui ait trait à la révolution; touchée de votre situation, et je vous le jure,
sans aucune présomption pour mes foibles talents,
je vous ai remis un des deux manuscrits que j'a-
vois, en consentant que vous y prissiez, par-ci
par-là, quelques morceaux qui pussent faire au
moins remplissage.

« En apprenant par Berthet que votre situation
devenoit, de jour en jour, aussi pénible que la nôtre,
connoissant par moi-même l'horreur de manquer

de tout, forcée par la misère de mettre une valeur
inappréciable au moindre secours, que malgré
ma répugnance pour être imprimée de mon vivant,
je consentirois à l'être, en ce moment, si vous le
désiriez, que M. de St..., en revenant de la Suisse,
m'avoit assuré qu'un imprimeur... (dont j'ai oublié le nom) en donneroit un prix considérable pour
le temps où nous sommes, que vous feriez d'autant mieux d'en profiter tout de suite, que cet ouvrage devant vous appartenir un jour, vous ne
feriez qu'en avancer la jouissance de quelques
moments. Votre réponse fut que vous vous char-
geriez de le faire imprimer pour moi, si je l'exi-
geois, mais qu'à moins d'en ôter ce qui regardoit
le Margrave, vous ne pouviez rien accepter. N'ayant
écrit que sous la dictée de la sensibilité, de la
vérité, de l'honneur, on m'ôteroit plutôt la vie
que de me faire effacer un seul mot, n'ayant point
d'autre moyen de manifester mon indignation,
j'en parle et l'emporterai dans le tombeau.

« Depuis ce temps, nous ne nous sommes point
vus, nous ne nous sommes point écrit, et notre
commune amie a pu vous assurer que j'approu-
vois votre conduite, et ne vous en estimois que
plus. D'après tout cela, Monsieur, jugez de mon
étonnement, en apprenant par les papiers publics
que mon ouvrage est imprimé, et qu'il l'est en

allemand ! lorsque j'apprends par le livre de
Mme Necker que mon manuscrit couroit les grands
chemins, lorsque je vois par votre silence qu'il vous
est égal que je vous croie le plus infidèle et le plus
léger des dépositaires. Vous avez oublié ce que
vous deviez à mon sexe, à mon âge, à mes maux,
à mes malheurs, à mon amitié, et c'est vous,
vous que j'estimois tant, qui m'imposez l'affli-
geante nécessité de me défier de tous les hommes !
Vous avez trop d'esprit pour n'avoir pas démêlé
mon caractère ; il est violent, mais loyal et sen-
sible : un mot dicté par l'amitié m'eût fait consen-
tir à tout ce qui pourroit vous plaire, mais en
disposant de moi, sans mon aveu, en vous per-
mettant de m'écrire aujourd'hui que vous aviez
désiré de complaire à d'autres, vous avez comblé
la mesure de vos torts, et blessé profondément mon
cœur ; je n'ai point la témérité d'assurer qu'il ne
vous regrettera jamais, mais j'ai la fermeté né-
cessaire pour m'assurer qu'il ne vous croira plus.

« *Ce 27 fructidor an VI (13 septembre 1798.)* »

J'avoue qu'avant la connaissance de cette
lettre, la publication des Mémoires en Allemagne
me paraissait légèrement louche, et que j'étais
tenté de croire, de la part de Mlle Clairon, à une
complicité, à un acquiescement tacite, satisfaisant

la rancune de ses vieilles haines théâtrales. Et
encore aujourd'hui, en dépit de cette lettre, je
ne trouve pas la femme assez sérieusement
fâchée, je la vois plus blessée du manque de
procédé de l'éditeur, qu'indignée au fond de l'âme
de la vilaine action. Elle ne se cache même guère
de laisser entendre qu'un *mot dicté par l'amitié*
l'eût fait parfaitement consentir à la publication.

Il y a quelque chose de plus grave, c'est que
dans toute cette correspondance avec Henry
Meister, il n'est jamais question de la publication
de ses Mémoires, dix ans après sa mort, et que
ce fragment d'une de ses lettres, fait Meister absolument le maître de la publication du manuscrit, à lui confié :

.   « *Je vous abandonne en entier mes foibles pro-
ductions, j'approuverai tout ce que vous en voudrez faire, sûre que votre sagesse et votre amitié
présideront à la révision, à l'arrangement des
phrases et des matières, et que vous vous réglerez
sur le temps, où ce rien pourra paroître supportable. Depuis longtemps, j'avois chargé Ber... de
vous dire tout cela.* »

Non, non, je crains bien que l'ex-tragédienne
n'ait eu plus de contentement que de chagrin,

de la publicité anticipée de ses Mémoires, publicité qui lui permettait d'atteindre sa rivale,
encore de son vivant, et d'empoisonner ses dernières années. Et je ne veux en donner, comme
preuve, que ce passage d'une lettre écrite à son
éditeur Buisson, où, tout en les maintenant, elle
se défend si maladroitement de ses attaques à
l'endroit de Mlle Dumesnil :

« *Il m'est revenu que quelques personnes me*
blâmoient d'avoir parlé de la citoyenne Dumesnil,
de son vivant. Je supplie qu'on se rappelle qu'elle
est âgée de plus de quatre-vingts ans, que mon
expresse volonté étoit que mes réflexions, faites
pour moi seule, ne fussent connues que dix ans
après ma mort. On sait la loi qu'on m'a imposée
de les imprimer moi-même. J'étois alors dans un
état de langueur, qui ne me permit ni de relire
mon manuscrit, ni d'en suivre l'impression.
J'ignore si la citoyenne Dumesnil se ressouvient
d'une conversation tenue entre elle et moi, dans
sa loge[1], dix ou douze ans avant ma retraite du

1. Voici, dans son invraisemblance, cette conversation que
Dussault déclare être, sur l'affirmation de Mlle Dumesnil, un
dialogue fabriqué dans le cabinet de Mlle Clairon, pour amener
une violente satire du talent de sa rivale :

Mlle Clairon, ayant remarqué que Mlle Dumesnil cherchait
à séduire le gros public avec des criailleries, des transitions

thédtre, je proteste qu'elle est de toute vérité, je l'atteste même comme une preuve des grands talents que je lui reconnoissois alors, et du désir que j'avois qu'elle les augmentât encore.

« *Plus je relis cet article, moins il me paroît possible de le supprimer ou de le changer. J'ai le désir d'aider de jeunes acteurs à reconnoître les sentiers qui mènent à la célébrité, je n'ai pu choisir un modèle plus imposant que les talents et les erreurs de la citoyenne Dumesnil* [1]. »

singulières, un débit comique, des gestes bas, allait la trouver dans sa loge, et lui demandait dans son affliction, au nom de l'art, lui demandait compte des folies qu'elle se permettait, du rire qu'elle excitait, de la confusion qu'elle faisait de Sémiramis avec la femme de Sganarelle, des tours de force qu'elle apportait à la fin de chaque couplet.

Mˡˡᵉ Dumesnil l'aurait remerciée par ces paroles : « Je t'ai bien écoutée et je te remercie, ce procédé me parait honnête... Tu cherches le vrai que tu ne trouveras pas, et que personne ne sentirait, si tu le trouvais. Le nombre des vrais connaisseurs d'une salle comble est d'un ou deux, le reste juge sur la volubilité, les éclats, la singularité du débit... Tes savantes recherches échappent à la multitude, elle reste froide... En sortant du spectacle, on se répand dans Paris, on y porte son enthousiasme. — D'où venez-vous? Quelle pièce donnait-on? Qui jouait? — Mˡˡᵉ Dumesnil et Clairon, la première a été aux nues, la seconde nous a paru froide. Nos réputations se forment là-dessus, et si tu continues, je monte au ciel, et je te laisse dans la boue. »

Là-dessus, Mˡˡᵉ Clairon finit en disant, que depuis ce temps là, Mˡˡᵉ Dumesnil n'a plus connu de frein, et que cette actrice qui aurait pu être une des meilleures qu'on ait vue... Mais la plume lui tombe des mains.

1. A propos de ce jugement de Mˡˡᵉ Clairon sur sa rivale,

La vengeance que Mlle Dumesnil tirait des
Mémoires de Clairon, trop souvent les Mémoires
de l'Envie, c'était la publication de cette lettre
d'une bonne et brave femme :

« Je suis bien sensible à l'intérêt que vous et
mes respectables amis prennent aux atrocités
que Mlle Clairon décoche contre moi. Il y a cin-

il est bon de donner les termes de l'éloge qu'en faisait Garrick :
« Comment est-il possible, disait-il, qu'un être à qui la nature
semble avoir refusé tout ce qui est nécessaire au charme de la
scène, soit si parfait, si sublime. Non, la nature a tant fait
pour elle, qu'elle a méprisé tous les secours d'un art étranger :
ses yeux, sans être beaux, disaient tout ce que les passions
voulaient leur faire dire ; une voix presque voilée, mais qui se
ployait avec flexibilité à l'expression vraie des grands sentimens, et qui était toujours au diapason des passions, une diction brûlante et sans étude, des transitions sublimes, un débit
rapide, des gestes éloquens sans principes, et ce cri déchirant
de la nature que l'art s'efforce en vain de vouloir imiter, et
qui portait dans l'âme du spectateur l'effroi, l'épouvante, la
douleur et l'admiration : tant de beautés réunies, finissait par
dire Garrick, m'ont frappé d'étonnement et de respect. »
  Et Dorat, accusé de partialité à cause de la préférence qu'il
accordait à Mlle Dumesnil sur Mlle Clairon, écrivait : « ...Elle
entraîne, elle transporte ; il semble que ses défauts mêmes ne
servent qu'à la rapprocher encore plus de la vérité. Ses gestes
sont brusques, dit-on, ses mouvements trop abandonnés, ses
inflexions dures, à la bonne heure, mais tout cela forme un
ensemble qui m'échauffe. Je pleure, je frémis, j'admire... L'une
(Clairon), c'est pour ainsi dire l'actrice nationale ; l'autre (Dumesnil) plairait au public de tous les pays. Quelques petites-
maîtresses diront que Mlle Dumesnil *fait peur*, et que son jeu
est d'un ton qui ne ressemble à rien ; les étrangers, qui en
savent moins que ces dames, diront que c'est l'actrice de la
nature. »

quante ans qu'elle s'exerce à ces jeux, qui m'ont
fait quelquefois répandre bien des larmes. Je
suis revenue de cette faiblesse, et n'étant plus en
rivalité, je me flattais qu'elle m'oublierait comme
je me suis appliquée à oublier tout ce qu'elle
m'a fait. Vous me demandez des anecdotes
contre elle, je me garderai bien d'en donner,
cela sentirait la vengeance, elle n'a jamais
trouvé place dans mon cœur; il a adopté et
chéri un sentiment moins pénible. Si ses mensonges sur mon compte peuvent ajouter un prix
à tous ceux dont son livre est rempli, et lui procurer un débit avantageux, j'aurai contribué à
son bonheur. Cela est satisfaisant pour ma façon
de penser; je ne m'occupe plus que du plaisir
d'avoir encore de vrais amis, auxquels je voue
pour la vie la plus tendre reconnaissance [1]. »

1. *Mémoires de Mlle Dumesnil en réponse aux Mémoires
d'Hippolyte Clairon*, par M. Dussault; Paris, Étienne Ledoux, 1829.

LXXX

Ces Mémoires si peu sincères, si pleins de for-
fanteries, ces Mémoires à la confession toujours
apprêtée, toujours solennisée, toujours ostenta-
toire, ces Mémoires qui ne laissent rien soupçon-
ner de la Frétillon, telle qu'elle apparaît dans les
rapports de police et dans les lettres de sa première et libertine jeunesse, ces Mémoires où
perpétuellement les gens sont portraiturés, les
événements rédigés pour la plus grande gloire
d'un orgueil sans exemple, ces Mémoires sans
détails intimes, et ne renfermant rien de révé-
lateur sur la femme, ces Mémoires où, depuis
sa naissance, la fille naturelle du sergent François-Joseph Désiré et de la Scanapiecq trompe
son public de lecteurs, ces Mémoires qui auraient pu être si curieux pour l'histoire du
théâtre, des lettres, de la grande société du
xviii° siècle, ces Mémoires sans véracité, ces

Mémoires remplis de mensonges, selon l'expression de Mlle Dumesnil, n'avaient qu'un assez médiocre succès.

En dépit de la mention : *seconde édition,* sur le titre de quelques exemplaires du volume, paru chez Buisson, ledit éditeur ne tirait en tout qu'une édition, et la vraie seconde édition ne paraissait qu'en 1822, dans la *Collection des Mémoires sur l'art dramatique,* avec une nouvelle distribution des matières, indiquée dans cette lettre inédite de Clairon, adressée à Buisson, lorsqu'un moment il avait cru faire une seconde édition :

« *Issy, ce 18 brumaire an VII*
(8 novembre 1798).

« *On m'assure, citoyen, que vous allez faire une seconde édition de mon ouvrage, c'est une preuve que le public daigne me conserver ses anciennes bontés ; elles font ma consolation sur le bord de la tombe, où je suis prête à descendre. Je voudrois pouvoir manifester ma vive et respectueuse reconnoissance par quelque addition qui pût lui plaire, et faciliter les études des chefs-d'œuvre tragiques, que possède la nation françoise, mais l'âge, les infirmités, la vente obligée des livres qui m'instruisoient, la crainte de manquer de mémoire et de force m'obligent à m'en*

tenir au peu que j'ai fait. Tout ce qu'il m'est per-
mis de vouloir aujourd'hui, est que cette nouvelle
édition soit plus conforme à mon manuscrit, il
commençoit par mon agenda — l'historique de
ma vie — les anecdotes. La dernière de toutes
étoit ma lettre à M. M... sur l'espèce de tourment
que j'ai subi plus de deux ans, ce jeu du hasard
extraordinaire, imposant même, connu, vu, en-
tendu de tous les habitants de mon quartier, con-
staté par la police, et dont j'avoue m'être ef-
frayée quelquefois, n'a jamais été jugé par ma
raison que comme hasard. Il m'a semblé digne
d'être écrit, je me suis flattée même qu'il pouvoit
être utile aux têtes foibles qui se permettent
d'avoir peur. Après cette anecdote je désire qu'on
place mes Conseils à ma jeune amie, et que le livre
soit terminé par mes Réflexions sur l'art drama-
tique.

« L'accablement dans lequel je vis, ne me per-
met pas, citoyen, d'aller causer avec vous. Au-
trefois, la galanterie françoise prévenoit les fem-
mes, quelque vieilles qu'elles fussent. J'ignore quels
sont les usages du temps présent, mais je regrette
beaucoup de n'avoir pas l'avantage de vous con-
noître et de m'expliquer avec vous, persuadée
cependant que tout barbouilleur de papier a le
droit, comme ci-devant, de manifester sa volonté

37

*sur l'ordre qu'il croit convenable à son ouvrage.
J'espère, citoyen, que vous me pardonnerez d'exiger que le mien soit imprimé dans l'ordre que je
viens de dicter.*

« *Salut et fraternité.*

« CLAIRON [1]. »

1. La lettre autographe signée est possédée par M. Caille, de Condé-sur-Escaut.

LXXXI

Clairon s'achemine lentement et douloureu-
sement vers la mort, qu'elle sent cependant
un peu plus prochaine, tous les jours, ainsi
qu'elle le dit dans un remerciement à Mérard
de Saint-Just, qui l'avait poétiquement célébrée, en compagnie de Dumesnil et de
Lekain.

« *Lekain est mort, je suis mourante. M.ᵗˡᵉ Dumesnil a quatre-vingt-six ans. Il est vraisemblable,
citoyen, que nous ne tarderons pas à nous réunir
tous les trois. Dès que je les verrai, je les prierai
de se joindre à moi, pour vous rendre grâce de vos
charmants couplets. En attendant, citoyen, je vous
prie de recevoir mes compliments pour nous trois.*

> Age, misère, infirmité,
> Absorbent esprit et courage :
> D'un instant de tranquillité

> *Recevez mon sincère hommage :*
> *Qui fait ce qu'il peut,*
> *Jamais ce qu'il veut,*
> *Ne peut vous offrir davantage[1].*

Déjà, dans une lettre écrite, quatre ans avant, à Arsène Thiébaut, Mlle Clairon faisait d'elle ce portrait, qui n'est guère le portrait d'une vivante :

« *Je suis dans ma soixante-seizième année... ma santé détruite par l'excès de la terreur et de la misère... je ne puis consentir de vous présenter un objet déchirant, le moins en état de vous parler, de vous voir, de vous entendre[2].* »

1. Lettre du 30 frimaire an VII (20 décembre 1798), publiée par M. de Manne, dans sa *Galerie historique de la troupe de Voltaire.*

2. Lettre du 9 brumaire an III (30 octobre 1794), faisant partie de la collection d'autographes, vendue le 5 février 1855.

LXXXII

Les dernières années de la Révolution, les années du Directoire, les premières années de l'Empire, comment les vécut la vieille Clairon, *retirée du théâtre et sans amour*, et privée, ainsi qu'elle le dit, des occupations que lui donnaient autrefois le théâtre et la galanterie, comment elle les vécut, elle le raconte, dans deux ou trois coins perdus de ses Mémoires.

Elle s'est d'abord donné une habitation commode, agréable, peut-être, dit-elle, trop magnifique, mais c'est un reste de ses habitudes théâtrales, de cette existence de reine, passée, pendant trente ans, dans les palais de carton.

Elle s'est encore réservé cinq ou six maisons où elle va rarement, parce que son goût et sa santé ne lui permettent pas d'aller et de venir sans cesse, et que les conversations frivoles

37.

qu'on va chercher dans le monde ne valent
guère la peine de se déranger.

Enfin il lui reste encore quelques amis,
quelques connaissances[1], dont elle constate que
l'agrandissement de Paris espace les visites.

Et, en la vie, presque toujours solitaire, et non
remplie de l'ancienne tragédienne, et parmi les
maladies et les infirmités qui n'ont pas touché à
son cerveau, à l'activité de son esprit, à la chaleur de son âme, le goût de la lecture s'accroît
tous les jours, et enfoncée dans les livres d'histoire, elle vit dans la fréquentation et la société
des illustres personnages de tous les temps, ou
parfois se console des grandeurs passées de sa
vie avec les philosophes, les moralistes, le sévère
Épictète, son auteur favori.

Elle se livre même à de petits travaux littéraires, elle jette sur le papier des « Réflexions

1. Et parmi ses relations intimes de femmes, que de mortes !
et dont je ne veux citer que Mme de Graffigny, aux lettres de
laquelle à son cher *Panpan*, elle mettait de drolatiques post-
scriptum, pareils à celui-ci :

« *Parlez donc, maître Boniface, excrément de collège, petit
grimaud, barbouilleur de papier, rimeur de halles, fripier
d'écrits, cuistre. Vous estes un temps infini à m'écrire pour ne
me dire que des impertinences. Ah ! vous aurez à faire à une
seconde mademoiselle Beauvalle. Monsieur, plus d'éloges de
votre part, car ce serait de mortelles injures pour moi !* » (*Catalogue d'autographes de feu Édouard Meaume*, 15 février 1887.)

morales », elle écrit sa lettre ironiquement
désespérée sur la recherche du bonheur, adressée
à Mme de Vandeuil, la fille de Diderot, elle rédige « prête à descendre au tombeau » ses conseils à une jeune amie, conseils qui sont comme
le manuel de conduite d'une jeune femme du
monde d'alors, elle occupe ses longues heures
d'insomnie, et cela jusqu'aux tout derniers
temps de sa vie, par des élucubrations de toutes
sortes, telles qu'un FRAGMENT (pour l'embellisse-
ment de Paris) que Mlle Clairon écrit, peu de
semaines avant sa mort, et qui a été retrouvé
dans les papiers de Meister [1].

1. Voici ce curieux mémoire, où la classique interprète de
Corneille et de Racine rêve pour Paris un décor tiré de
leurs tragédies :

*Des idées simples et pures, des dates sans critique et
sans éloges, consacrées dans des monuments, que la haine et
le temps seront forcés de respecter, peuvent devenir de puis-
santes leçons, en rappelant les maux que la France a souf-
ferts. Quelle horreur ne doivent-elles pas inspirer à tous les
peuples pour le désordre et l'anarchie!*

*Les premières pierres qu'on vient de poser dans une de nos
places publiques, assurent déjà à la nation françoise que le
monstre de la dévastation a perdu son empire, qu'un génie
bienfaisant nous guide aujourd'hui, et ce qu'il projette consta-
tera sa gloire et notre bonheur.*

*Peut-être devrois-je attendre, dans un respectueux silence,
qu'il manifeste ses intentions, supérieures sans doute à mes
foibles projets. Mais oser dire ce que je pense est, ce me semble, le plus grand hommage que je puisse lui rendre.*

Les colonnes sont, de tous les monuments, ceux qui résistent

Puis, peu à peu, avec les années qui se succèdent, avec l'exiguïté des ressources qui défen-

*le plus aux ravages des dissensions civiles, au bouleversement
des empires, tandis que les statues élevées aux grands hommes
pour immortaliser leur gloire, sont souvent renversées par la
haine et l'envie des ambitieux qui leur succèdent, et quelquefois même par le peuple, dont ils ont été les idoles.*

*En Égypte, à Rome, ne voit-on pas encore aujourd'hui des
pyramides et des colonnes respectées par les conquérants de
la terre et par le temps. Il ne reste presque rien de cette foule
immense d'autres monuments, élevés par l'amour et la reconnaissance aux hommes qui ont illustré les siècles où ils ont
vécu.*

*Si ces résultats, d'une antique expérience, déterminoient le
gouvernement à préférer le genre de monuments dont la durée
paroit le plus assurée, c'est sur les trois plus belles places de
Paris qu'il feroit élever des colonnes, vouées au souvenir des
trois grandes époques de la Révolution françoise. La première
rappelleroit les événements qui, depuis les États généraux
jusqu'à l'établissement du Consulat, ont successivement changé
la forme du gouvernement; la seconde, l'histoire militaire; la
troisième, le retour aux principes de toute civilisation raisonnable, au bon ordre, à la justice, suite heureuse du 18 brumaire.*

*· La première de ces colonnes seroit élevée sur la place ci-de-
vant Louis XV, à laquelle on conserveroit le nom de place de
la Révolution; elle porterait les dates des époques les plus mé-
morables de la Révolution; par ordre chronologique, et présenteroit ainsi, à la face du ciel, et aux yeux de l'Europe entière,
les traits les plus frappants de cette sombre histoire; elle prou·
veroit aux races futures quels crimes ont été commis, au nom de
la liberté, par les factions qui, tour à tour, se sont arraché l'autorité, ont désolé le peuple françois sans l'avilir. On destine-
roit une des faces de la base ou du piédestal à recevoir un
bas-relief représentant la France dans l'attitude de la douleur,
appuyée sur une urne dédiée aux cendres des victimes inno-
centes immolées, sur cette place, à la fureur des partis. L'imagination de l'artiste donneroit à cette idée tout le développe-*

dent d'avoir table ouverte, avec le peu de facilité
que la propriétaire d'Issy apporte à s'accom-

*ment dont elle est susceptible, et pourroit l'étendre aux trois
autres faces de la base. Une statue de la Liberté seroit placée
sur cette colonne. On verroit à ses pieds l'histoire des erreurs,
des crimes et des sacrifices, faits pour parvenir à la connoître
et à la posséder. Ne seroit-ce pas indiquer aux nations qui la
désirent tout ce qu'il en coûte pour l'obtenir? Peut-être, aussi,
comment on pourroit y arriver, sans s'égarer dans les routes
que nous avons suivies.*

*La seconde colonne, dédiée à l'histoire militaire de la Ré-
volution, seroit élevée sur la place des Victoires. Elle repose-
roit sur des trophées d'armes avec tous les attributs de la
guerre. Les dates des grandes batailles, les noms des généraux
qui ont conduit les armées françoises à la victoire, seroient
inscrits sur cette colonne. L'espace qui ne seroit pas rempli
pourroit être orné, à la paix, de branches d'olivier, qui seroient
enlevées, lorsque la France se verroit forcée de recommencer la
guerre, pour inscrire à leur place les victoires qu'elle remporte-
roit sur ses ennemis. Elle seroit ainsi, pour les François, ce
qu'étoit le temple de Janus pour les anciens Romains. Une statue de la Renommée surmonteroit le chapiteau.*

*Enfin la troisième colonne seroit élevée sur la place Ven-
dôme, à laquelle on donneroit le nom de place de la Justice.
Elle porteroit la date de tous les bienfaits de l'administration
publique actuelle, l'abolition du gouvernement directorial, au
18 brumaire, la pacification des départements insurgés, le
rappel des proscrits, la radiation de trente mille François de
la liste des émigrés, la reconstruction de la ville de Lyon, le
rétablissement des académies, des collèges, du culte, etc.; elle
seroit le thermomètre de la sagesse du gouvernement, de la
reconnoissance de la nation françoise, et la table de la véritable déclaration des droits de l'homme et du citoyen. Sur
le chapiteau de cette colonne, on verroit la statue de la
Justice.*

*Pour attacher à ce monument un plus grand caractère de
vénération, quelque chose de plus imposant et de plus solennel,*

moder de tous et de toutes, avec une maison qui
n'est ni un lieu de galanterie ou d'intrigue,

on placeroit à sa base deux grandes figures, représentant la
Morale et la Religion.

Les trois monumens indiqués dans ce projet ont entre eux
un intérêt qui les lie, et chacun, quoique avec un objet particulier, appartient également, ce me semble, à l'harmonie de
l'intention principale, comme les trois séries dont ils présentent le tableau, forment, par leur réunion ou leur rapprochement, l'histoire complète de la Révolution.

J'ai d'abord approuvé le choix de la place de la Révolution
pour l'emplacement de la colonne nationale, mais cette première impression s'est affaiblie, à mesure que le modèle du monument prenoit la forme qu'il doit conserver. Je reproche à
son énorme et lourde base, d'obstruer les nombreux et riches
points de vue dont cette belle place est le point central, et dont
la perte excite d'autant plus de regrets, que l'art et la nature
semblent s'être entendus pour les créer.

Un monument colossal détruira toujours, sur cette belle
place, infiniment plus de beautés réelles qu'il n'en pourra
produire, et le sacrifice de ces beautés sera le reproche à
faire éternellement à tout ce qu'on essaiera de leur substituer.

Des différents emplacements proposés jusqu'ici, celui qui me
paroît réunir le plus d'avantages et de convenances, est celui
de l'Étoile, au delà des barrières. Placée dans ce lieu, la colonne sera aperçue de toutes parts, rendra l'entrée de Paris
par Neuilly, déjà si belle, encore plus imposante et plus majes-
tueuse, et sera le comble de tous les embellissements que, de ce
côté, la capitale est susceptible d'acquérir. Lorsque je me la
représente élevée sur ce point, mon imagination me la montre
tantôt sur un fond d'azur, tantôt enveloppée de brillants
nuages, ou le soir d'un beau jour, plongée dans les riches couleurs que laisse le soleil en quittant l'horizon.

C'est à conserver les agréables points de vue qui ont été
ménagés à la belle place de la Révolution, que l'on doit s'attacher, toutes les fois qu'il s'agira d'y établir un monument. Une

enfin avec les amis qui s'éloignent ou qui meurent, elle arrivait, sans trop s'étonner ni trop se
plaindre, à trouver presque naturel, qu'une vieille
femme, inutile et souffrante, vécût, la plupart
du temps, seule, abandonnée, oubliée. Et là-
dessus la vieille tragédienne de s'exclamer
fièrement : « A peu de chose près, il ne me reste
plus que moi... Comme la Médée de Corneille
j'oserais dire : *C'est assez !* »

fontaine, par son peu d'élévation, étant d'ailleurs très propre
à recevoir de riches ornements en marbre ou en bronze, paroit
devoir mériter la préférence.

Un bassin duquel s'élèveroit un grand vase, dont l'eau
retomberoit en cascade, ajouteroit un merveilleux effet à celui
de la colonne, vue de la grande allée des Tuileries, en ce qu'il
se confondroit avec sa base par la perspective, et formeroit en
quelque sorte le premier plan d'un tableau.

(*Intermédiaire des Chercheurs et des Curieux*, 10 septembre 1884.)

LXXXIII

Une vieillesse au fond peu sympathique que celle de Clairon. Une vieillesse aux ardeurs mal calmées, aux ressentiments non apaisés, et sans amollissement du cœur et sans charité de l'âme. C'est chez elle un hautain stoïcisme, et toujours et toujours, des sentiments cornéliens, et jamais rien d'humain. La vieille tragédienne, en sa maison d'Issy, m'apparaît comme Athalie à Sainte-Périne. Non jamais, chez Mlle Clairon, un joli regret du passé, une de ces souriantes mélancolies de vieille pécheresse à la Sophie Arnould, non jamais une légère et spirituali- sante moquerie de la douleur de son corps, mais des plaintes s'élevant de sa solitude, avec quelque chose de l'exaspération concentrée d'un Phi- loctète, penché en son île de Lemnos, sur la plaie et la laideur de sa blessure.

LXXXIV

La femme malingre depuis sa puberté, la
femme malade, toute sa vie de femme, la
femme, passé soixante ans, en proie aux douleurs les plus aiguës et les plus incessantes, la
femme qui a écrit en tête de son agenda : *Mon
état habituel est la souffrance,* la femme qui,
chaque année, maintenant voit une nouvelle
maladie mortelle s'ajouter à celles qui déjà tra-
vaillent son pauvre et minable corps, la femme
qui, tous les mois, se sent devenir un peu plus
sourde, un peu plus aveugle, un peu moins vivante, un jour de l'année 1801, un jour d'automne, croyant sa fin tout à fait prochaine, se
met en sa maison d'Issy à écrire ses dernières
volontés.

« *Dieu créateur, rémunérateur et vengeur, vous
m'avez soutenue dans ma misère, vous m'avez*

38

garantie du malheur d'être complice ou victime des crimes qui se sont commis ; tout mon être est profondément soumis aux décrets de votre Providence ; daignez permettre encore que j'implore, en ce moment, votre miséricorde, sur les jours qui me restent et sur la mort qui m'attend.

« *Je soussignée Claire-Josèphe-Hippolyte Leris, surnommée Clairon Delatude* [1] *(sic) ai fait mon testament comme il suit :*

« *Je prie qu'on ne m'ensevelisse qu'après s'être assuré par le temps et les expériences qu'en effet je n'existe plus.*

« *Je demande qu'on m'enterre le plus simplement possible, et je supplie le curé de la paroisse sur laquelle je décéderai, de vouloir recevoir la somme de douze cents francs, pour la distribuer aux plus souffrants infortunés de la paroisse.*

« *Je donne et lègue à la femme de chambre qui sera à mon service, au jour du décès, mon linge de corps, de nuit, de toilette et mes vêtements, dans lesquels ne seront point comprises mes perses et mes dentelles, et cent écus une fois payés.*

« *Je donne et lègue à mon cuisinier, qui sera à mon service au jour de mon décès, cent écus, une fois payés.*

---

1. Je n'ai trouvé nulle part la raison de ce nom de la Tude.

« Je donne et lègue au laquais qui sera à mon service au jour de mon décès, cent écus, une fois payés.

« Je donne et lègue au citoyen Alexandre Gay, mon ami, une boîte d'écaille garnie d'or, ayant un tableau de plantes et de plumes naturelles, et cinquante louis une fois payés.

« Je donne et lègue à Mme *de Vendeuil*[1] *(sic),*

1. Les relations admiratives l'un pour l'autre, du père de Mme Vandeuil et de Mlle Clairon, sont connues. C'est Diderot qui, après l'avoir louée en mille endroits, constatant, dans le *Paradoxe sur le Comédien,* l'inégalité des actrices comme la Dumesnil, qui *jouent d'âme,* fait du jeu de sa rivale l'éloge qui suit :

« Quel jeu plus parfait que celui de la Clairon ! Cependant suivez-la, étudiez-la, et vous serez convaincu qu'à la sixième représentation, elle sait par cœur tous les détails de son jeu, comme tous les mots de son rôle. Sans doute, elle s'est fait un modèle, auquel elle a d'abord cherché à se conformer ; sans doute, elle a conçu ce modèle le plus haut, le plus grand, le plus parfait qu'il lui a été possible ; mais ce modèle qu'elle a emprunté de l'histoire, ou que son imagination a créé, comme un grand fantôme, ce n'est pas elle ; si ce modèle n'était que de sa hauteur, que son action serait faible et petite ! Quand, à force de travail, elle a approché de cette idée le plus près qu'elle a pu, tout est fini ; se tenir ferme là, c'est une pure affaire d'exercice et de mémoire. Si vous assistiez à ses études, combien de fois vous lui diriez : *Vous y êtes !...* Combien de fois elle vous répondrait : *Vous vous trompez !...* C'est comme Le Quesnoy, à qui son ami saisissait le bras, et criait : *Arrêtez, le mieux est l'ennemi du bien : vous allez tout gâter...* Vous voyez ce que j'ai fait, répliquait l'artiste haletant au connaisseur émerveillé, mais vous ne voyez pas ce que j'ai là et et que je poursuis.

« Je ne doute point que la Clairon n'éprouve les tourments

fille de l'immortel Diderot, mon portrait en pastel
représentant une muse et deux bagues gravées en
creux, l'une de calcédoine orientale, représentant
un sacrifice à la lune, et l'autre de cornaline
orientale, représentant une couronne de laurier.
Je la prie de ne jamais oublier les profonds senti-
ments d'estime et d'amitié que j'avois pour elle.

. « Je n'attribue qu'à l'indulgence de ma nation
l'espèce de célébrité dont j'ai joui, je la réclame .
encore en ce moment, pour qu'elle daigne accepter
le don que je lui fais de mon buste, exécuté par
l'aimable et savant ciseau de Lemoine, et la mé-
daille d'or que des protecteurs et des amis respec-
tables ont fait frapper pour moi : le ministre qui
préside aux arts, en accordant un prix à mes étu-

du Quesnoy dans ses premières tentatives, mais, la lutte passée,
lorsqu'une fois, elle s'est élevée à la hauteur de son fantôme,
elle se possède, elle se répète, sans presque aucune émotion
intérieure ; ses essais ont tout fixé, tout arrêté dans sa tête :
nonchalamment étendue dans sa chaise longue, les yeux
fermés, elle peut, en suivant en silence son rôle de mémoire,
s'entendre, se voir sur la scène, se juger et juger les impressions qu'elle excitera... »

De ces relations entre le critique et l'actrice, le hasard me
fait tomber, à cette heure, sur un curieux fragment d'une lettre
de Diderot (vente d'autographes du 5 décembre 1889) où il
refuse, à la date du 23 avril 1757, les entrées à la Comédie-
Française, que lui fait offrir Mlle Clairon, qui les a déjà fait
obtenir à d'Alembert, et écrit à l'ami de Mlle Clairon : « *Il faut*
que vous lui demandiez autre chose que j'accepterai volontiers
et que je serais bien aise de lui devoir. »

des, peut en faire un objet d'émulation pour d'autres.

« Je nomme et institue pour ma légataire universelle Marie-Pauline Ménard, veuve de la Riandrie, à laquelle je lègue tout ce qui pourra me rester, les legs ci-dessus acquittés, et qu'elle en ait l'administration pleine et entière.

« Je nomme pour mon exécuteur testamentaire, le citoyen Hua, homme de loi, demeurant rue Croix-des-Petits-Champs, bureau de garantie des hypothèques n°s 38 et 55, et je le prie d'accepter une boîte, doublée d'or, portant le portrait d'une muse qui tient l'urne de Voltaire, et la somme de douze cents livres, une fois payée.

« Je révoque tous les testaments, codicile ou autres dispositions que je pouvois avoir faits avant le présent testament, auquel je m'arrête comme contenant ma dernière volonté.

« *Signé :* Claire-Joseph-Hyppolite Leris
surnommée : Clairon Delatude [1].

« *Fait à Issy-l'Union ce 17 vendémiaire an X de la République (9 octobre 1801).* »

1. Testament olographe de Mlle Clairon, déposé pour minute à M° Hua et son collègue, le 11 pluviôse an XI (1er janvier 1803). — Dans une lettre à Henri Meister, de l'année 1792, Clairon parle d'un testament qui aurait été détruit, et sans doute remplacé par celui-ci.

LXXXV

La petite fille qui ne connaissait, à onze ans, que son livre de prières et son catéchisme, la petite fille élevée par une mère superstitieuse emplissant sa cervelle enfantine de terreurs de l'enfer et d'apparitions de l'autre monde [1],

1. Ce sont sans doute ces contes de revenants qui disposaient l'imagination de la tragédienne au merveilleux, et lui faisaient raconter, aussi longuement que sincèrement, cette histoire invraisemblable :

En 1743, Mlle Clairon était sollicitée d'assister aux derniers moments d'un jeune homme, très amoureux d'elle, pendant plusieurs années, et qu'elle avait secouru dans sa ruine, sans qu'il n'y eût jamais rien entre eux. Ses entours l'empêchaient de se rendre au désir du mourant. Il logeait sur le Rempart, près de la Chaussée-d'Antin, où l'on commençait à bâtir, et Mlle Clairon, rue de Bussy. Ce jour-là, elle avait du monde à souper, et elle était en train de chanter, quand, au coup de onze heures, succédait un cri à la modulation la plus déchirante, et qui lui faisait perdre connaissance. Et ce cri, toujours à la même heure, elle affirme qu'il a été entendu par le président de B***, par son camarade Roselly, par Mme Grandval, partageant le logement qu'elle avait pris, à Versailles, pour les fêtes du mariage du Dauphin. Puis, dans le récit de l'actrice,

garda, toute sa vie, un fonds de religiosité.

A l'époque de son existence la plus désor-
donnée, la persistance passionnée qu'elle met à
obtenir, avec l'aide de Huerne de la Motte, que
les comédiens soient relevés de l'excommunication, témoigne, en dépit du libertinage de l'actrice, qu'elle est au fond une *catholique* respectueuse, intérieurement inquiétée dans sa
profession par les censures de l'Église. Et ne la
voyons-nous pas, aussitôt qu'elle a quitté la
Comédie-Française, rendre le pain bénit[1].

Même le milieu sceptique de cette *époque
philosophique,* dans laquelle elle vit, même Vol-

le cri devient un coup de fusil dans ses fenêtres, dont il ne
casse pas cependant les carreaux, un cri qui se répète, trois
mois durant, sans que la police avertie pût découvrir d'où il
venait. Attendez, ce n'est point encore fini. Un jour qu'elle se
rendait à une petite fête de nuit, chez Mlle Dumesnil à son
hôtel de la Barrière-Blanche, et qu'elle passait devant la maison où elle supposait qu'était mort son revenant, un coup de
fusil traversait la voiture, et le cocher se croyait attaqué par
des brigands. Mais Dieu merci, à partir de ce jour, le coup
de fusil était remplacé par un bruit, ayant quelque ressemblance avec des claquements de mains, avec des applaudissements, et qui persistait à se faire entendre, rue de Bussy,
encore pendant deux ans et demi.

1. D'Alembert écrit à Voltaire, le 26 juin 1766 : « ... J'oubliais
de vous dire que Mlle Clairon a déjà rendu le pain bénit :
voilà ce que c'est de quitter le théâtre. » Et Voltaire répondit
ironiquement : « Vous m'enchantez de me dire que Mlle Clairon a rendu le pain bénit, on aurait bien dû la claquer à
Saint-Sulpice. »

taire et les encyclopédistes, et les grandes âmes
incrédules, et les abbés au rabat couleur gros-
bleu qu'elle fréquente, n'entament en aucune
façon ses principes religieux, sa *petite morale,*
ainsi qu'elle l'appelle ; et le bon air d'alors qui
pousse toute la haute société à déclarer *mau-*
vais, pitoyable, tout ouvrage qui défend la religion, et à porter aux nues tout ouvrage qui l'attaque, n'a pas d'action sur elle, et ne peut la
décider à *afficher l'esprit* fort.

Et voulez-vous avoir l'opinion de la femme
de théâtre sur les deux livres anti-religieux les
plus populaires du siècle ? Cette opinion, nous la
trouvons dans une lettre écrite d'Allemagne, en
l'année 1774 :

« *Vous oublier, mademoiselle ! Eh ! comment*
le pourrois-je ? J'aime à croire que je ne vous suis
pas indifférente et que je ne suis pas ingrate.
L'intérêt que vous m'avez souvent inspiré, votre
esprit, votre position, votre singularité même,
vous donnent des droits à mon souvenir. Vous
voyez que je suis en Allemagne, telle que vous
m'avez vue à Paris, bonne et franche créature.

« *Mon premier soin a été de demander de vos*
nouvelles à Françoise. J'avois tenté d'en appren-
dre par plusieurs de mes amis qui n'avoient pu

me satisfaire, et je vous remercie de m'en donner
vous-même. Vous ne me parlez cependant ni de
votre santé, ni de votre façon d'être, ni de vos
projets. Je ne sais si c'est bon signe, mais je vous
prie d'être sûre que je souhaite ardemment que
vous soyez heureuse !

« Pour moi, je suis aussi bien, aussi contente,
qu'il est possible de l'être, loin de ma patrie et de
mes anciens amis. Ayant toujours été malade, et
convaincue qu'il faut souffrir en vieillissant, je
n'impute rien au climat que j'habite. Je viens d'y
faire une maladie assez longue et assez inquiétante, sans effroi pour la mort, sans dégoût pour la
vie : mon sort me trouvera toujours résignée à tout.

« Je vous remercie de vous être souvenue de
mon goût pour la littérature, c'est un ami de tous
les temps, je le cultive autant qu'il est possible.
J'ai trouvé le livre que vous m'indiquez, d'après
votre jugement, je vais le lire avec confiance. Je
me rappelle pourtant que nous n'avons pas toujours été du même avis. Le Systhème de la nature, qui détruit tout, le livre de l'Esprit, qui
fait tout haïr, étoient fort de votre goût, et point
du tout du mien. Foible, je ne veux pas rejeter
mon appui ; sensible, j'ai besoin d'aimer ; et si
vous causiez autant avec votre âme que vous causez avec l'esprit du jour, je suis sûre que vous se-

riez de notre avis. Notre sexe est physiquement et
moralement si foible, notre éducation si négligée,
notre toilette, nos passions, nos petites intrigues,
nous prennent tant de temps, que j'ai toujours
envie de rire, lorsque je vois une femme afficher
l'esprit fort. Il nous est permis sans doute de ré-
fléchir; la grandeur du courage peut se trouver
en nous au point le plus éminent, mais les grandes
questions de métaphysique sont infiniment au-
dessus de nos lumières et de nos forces. Notre
partage est l'honnêteté, la douceur, l'humanité,
les grâces; les connoissances aimables sont les
seules que nous devons rechercher. Mais, pardon,
je songe que ma petite morale peut vous paroître
bien mesquine. Je ne voulois d'abord vous par-
ler que de vous. L'esprit de dispute, qui ne nous
a jamais quittées, vient de me reprendre, en vous
écrivant, mais ma lettre finira comme nos con-
versations, en vous assurant, mademoiselle, de
l'intérêt le plus réel, le plus durable[1]. »

A mesure que Mlle Clairon vieillit, que ses infirmités s'accroissent, que dans l'isolement la
souffrance devient son état habituel, la vieille

---

1. Lettre de Clairon, donnée dans la *Correspondance litté-*
raire de Grimm, à la date de février 1774, sous le titre de :
Lettre de Mlle Clairon à une de ses amies dont on ignore le nom.

femme éprouve de plus en plus le besoin de se
faire une conviction de l'existence de Dieu, du
bon Dieu de son enfance, ainsi qu'elle le pro-
clame dans ses *Conseils à une jeune amie.*

Et un jour, elle arrive à vouloir convertir la
fille de Diderot (Mme de Vandeuil), qu'elle met
au-dessus de toutes les femmes, et qu'elle aime
avec l'*effervescence* d'une jeune amitié, elle arrive à vouloir la convertir par une lettre :

« *Je suis persuadée qu'on ne peut avoir plus
d'esprit et de lumières que vous. La pureté de vos
mœurs, la bonté de votre caractère, l'égalité de
votre humeur, la sûreté, l'amabilité que vous
mettez dans vos rapports, font de vous l'être le
plus rare et le plus intéressant; aussi vous aimé-
je autant que je suis capable de le faire. Cependant, je trouve en vous des contradictions qui
blessent ma foible raison, et je vous conjure, au
nom de l'humanité, de l'amitié, de vouloir bien
me les expliquer. Je cherche en vain quel est l'intérêt que vous pouvez retirer de ce monde. Des
peines toujours renaissantes que vous éprouvez
depuis que vous existez, et dont l'état présent des
choses assure la durée dans toute l'étendue de vos
jours. L'estime des hommes? Mais outre qu'elle
est douteuse, elle s'ensevelira avec eux. L'histoire*

ne consacre les vices et les vertus que des puis-
sants de la terre, et quand même elle vous cite-
roit, qu'y gagneriez-vous? Songez à l'univers,
songez au peu de gens qui lisent. Si tout meurt
avec nous, qu'importe à notre insensible cendre
les éloges et les critiques des marionnettes qui nous
succéderont? Cette chétive illusion peut-elle com-
penser les peines réelles de la vie? Vous êtes trop
sage, trop spirituelle pour le penser. La croyance
d'un Dieu rémunérateur et vengeur peut et doit
porter aux plus grands efforts de la patience, du
courage, de la vertu. On peut se résoudre à souf-
frir avec l'espérance d'être mieux[1]. »

Oui, cette idée de la croyance à un « Dieu
créateur, rémunérateur et vengeur » hante
maintenant la maison solitaire d'Issy.

Et dans son AGENDA, ce petit cours de philosophie, rédigé à son usage, Mlle Clairon déclare
qu'elle s'abstient de se mêler aux conversations
sur la religion, disant que, d'ailleurs, presque
toujours les femmes en parlent mal, bien plus
pour se donner un air d'indépendance que par

---

1. Fragments de la lettre autographe de Mlle Clairon, faisant
partie des papiers de Henry Meister, et publiée dans l'édition
allemande. Je ne donne pas la lettre dans laquelle Mlle Clairon demande à Mme de Vandeuil de lui dire si vraiment le
bonheur existe, lettre imprimée dans les Mémoires.

suite d'une conviction arrêtée. Puis elle confesse
que, pour sa part, elle a beaucoup lu, réfléchi.
écouté, et que les lectures, les réflexions, les
conversations, l'ont laissée dans le doute, un
doute que n'ont jamais pu dissiper les contro-
verses des gens les plus éloquents et les plus
sincères dans leur foi ou leur incrédulité.

Elle s'est donc interrogée elle-même, et elle
a reconnu que la faiblesse de ses organes la tenait dans une continuelle crainte de ne pouvoir
se suffire à elle-même, et que, dans l'insuffisance de ses lumières, elle ne se trouvait pas
assez forte pour rejeter un appui, un secours,
un renfort. Elle n'a point non plus, écrit-elle,
« l'assurance dans le vice qui fait braver tout »,
elle est tendre, craintive, malheureuse, et elle
trouve un peu effrayant de penser que rien là-
haut ne s'intéresse à votre personne, et ne vous
tient compte des sacrifices, auxquels on se sou-
met pour bien faire, et elle ne peut s'empêcher de
ramener sans cesse sa pensée à la croyance qu'un
être tout bon et tout-puissant veille sur elle.

Et Mlle Clairon finissait la *Huitième Réflexion*
de son AGENDA par ces mots :

« Doute pour doute, préférons au moins celui
qui console et soutient le courage en lui promettant un prix. »

39

LXXXVI

Dans les toutes dernières années de la vie de
Clairon, dans ces années, pendant lesquelles la
solitaire et renfermée habitante d'Issy a rompu
toutes relations avec le monde du théâtre, du
journal, des lettres, semble ne plus voir qui que
ce soit de son ancienne intimité, paraît n'avoir
gardé un commerce épistolaire avec personne,
un inconnu, un citoyen Dupoirier[1] force sa
porte à coups de lettres admiratives, pénètre
dans son intimité, nous livre dans les lettres
qui lui sont adressées, les idées encore *roma-*
nesques, les sentiments exagérés, l'état d'âme

1. Ce citoyen Dupoirier, est-ce Dupoirier, l'avocat au parlement, auquel Collé, en juillet 1772, accuse réception d'une
comédie en vers, intitulée Le Faucon, et ne serait-ce pas l'auteur des *Essais de poésie,* par M. D. P. (Paris, Hérissant, 1771),
le rédacteur des Éloges de Chevert de l'abbé Prevost dans
la *Galerie Françoise* (Hérissant, 1771-1772) — et Mlle Clairon
n'en aurait-elle pas fait un secrétaire, un rangeur de ses
papiers, un retoucheur de ses Mémoires?

toujours exalté, toujours furieusement passionné
de l'actrice sexagénaire.

A une première déclaration d'admiration de
Dupoirier, tout d'abord la vieille femme — dans
une lettre qui a l'air d'une fuite de jeune amoureuse derrière les saules, — la vieille femme se
défend de recevoir ce monsieur à la sensibilité
réservée, délicate, pure, toutefois ingénieuse, et
qu'elle a cherchée vainement chez ses semblables,
tout cela en s'inquiétant de l'âge du monsieur,
au milieu de phrases pleines d'une sentimenta-
lité à la Rousseau.

*D'Issy-l'Union, près Vaugirard, n° 44. Le
20 Brumaire an X (11 novembre 1801).*

« *J'ai reçu beaucoup de lettres, dont je suis
aussi contente, aussi flattée que je dois l'être, mais
j'ose vous confier que la vôtre a fait plus d'effet
sur mon cœur que toutes les autres. Plus je la relis, plus il me semble qu'elle est dictée par cette
sensibilité, réservée, délicate, pure et toutefois ingénieuse, que j'ai vainement cherchée chez vos
semblables. Je ne puis vous dire combien il me
seroit doux de savoir qui vous êtes, et de vous voir,
qui que vous soyez. L'éloignement des lieux que
nous habitons, la rigueur du temps, votre âge,
que je suppose approcher du mien, et l'état de*

douleur qui me défend de calculer même pour le lendemain, m'ordonnent également de réprimer mon désir, de me contenter de vous relire quelquefois, et de vous assurer que je ne vous oublierai jamais.

« CLAIRON.

« *Je n'ai pas la force de répondre à vos obligeantes questions*[1]. »

A la seconde missive de Dupoirier — la sympathie s'établit vite entre les deux correspondants — Clairon lui répond, en lui proposant de mettre en commun leur amour des lettres, leur philosophie et leur misère. Et à la fin de sa lettre, elle fait un tableau de sa vieillesse, si chargé, qu'on y perçoit la coquetterie d'une femme qui se calomnie pour, encore un rien, étonner et surprendre l'homme qui tombe chez elle.

« *Accoutumée à sacrifier toujours mon plaisir à mon devoir, insuffisante maintenant à la multiplicité des affaires, j'ai dû me refuser quelques jours à la douceur de vous répondre, mais nos*

---

1. La lettre originale appartient à M. Caille, à Condé. Elle porte au dos : Au citoyen Dupoirier, rue Guillaume, n° 976, devant la Fontaine de Grenelle.

âmes sont comme nos corps, plus leurs besoins sont
retardés, plus ils sont pressants.

« Votre seconde lettre me fait un plaisir sensible. Je craignois d'après la première, ou plutôt
d'après les idées romanesques dont je ne suis pas
encore complètement corrigée, que vous étiez
un de ces méchants enfants qui se refusent
à nos nouvelles lois, et dont on s'empare pour
les empêcher de nuire... On cherche... on arrête... on punit... ces mots me faisoient trembler, je n'ai respiré qu'en apprenant que vous
n'étiez rien et que vous ne vous mêliez de
rien. Heureux! cent fois heureux l'être qu'on
ignore.

« Vous êtes plus jeune que moi de plus de vingt
ans, tant mieux j'en aurai moins d'inquiétude
pour la perte de vos forces et de vos jours. Les
grands vous ont trompé, et moi aussi, mais con-
venez que c'est plus notre faute que la leur. Avons-
nous pu lire quatre pages d'histoire, avons-nous
observé quelque société, sans nous assurer que
toutes les classes fourmillent de vices, et que rien
n'est plus rare qu'une âme noble et vertueuse.
Adulés dès le berceau, possédant tous les moyens
de séduction, sûrs de l'impunité, quels qu'ils soient,
parvenant à tout par leurs noms ou leurs richesses,
les grands sont les êtres sur lesquels on doit le

39.

moins compter. Vous aimez les lettres, et moi
aussi, elles ont fait ma consolation, nous aide-
rons réciproquement nos mémoires, et vous m'ai-
derez à débrouiller beaucoup de choses; que je
trouve quelquefois au-dessus de ma chétive con-
ception.

« Vous n'avez pas de fortune, et moi, je suis
bien pauvre, oh bien pauvre! Nous philosophe-
rons, tout ce qui soutient l'âme aide au besoin
du corps.

« Vous me demandez quels sont mes maux?
Tous ceux qu'on peut avouer sans honte. Trente
ans de travaux destructeurs, le poison qu'on a
fait couler dans mes veines, les chagrins que
m'ont causés l'envie et l'ingratitude, la misère la
plus absolue, la terreur, l'horreur de l'abandon,
l'ennui de la solitude ne m'ont laissé d'entier que
la tête et le cœur. Il est vraisemblable que je suis
restée dans votre mémoire, brillante, fraîche, entourée de tous mes prestiges. Changez, changez
vos idées, je vois à peine, j'entends mal, je n'ai
plus de dents, les rides sillonnent mon visage, une
peau d'écorchée couvre à peine ma foible struc-
ture. En me venant voir, vous imiterez ces anciens héros qui descendoient aux Enfers pour
communiquer avec les âmes, vous ne trouverez
ni de Cerbère, ni d'Euménides; la sensibilité

vous recevra : elle est toujours ma fidèle com-
pagne.

« *Ce 3 frimaire…*[1] »

Plus d'enveloppes.
Plus de signature.

1. La lettre originale fait partie de la collection de M. Morrisson. Cachetée d'un cachet de cire rouge, où deux couronnes
entrelacées renferment une légende illisible, elle porte comme
suscription : « Au citoyen Dupoirier à Sully, par Gien-sur-
Loire. »

Le citoyen Dupoirier serait une ancienne connaissance
de Clairon, dont elle aurait oublié l'écriture. En effet, l'*Artiste*
a publié, en 1844, une lettre de la Clairon, à la date de 1768,
où elle complimente Dupoirier sur ses portraits, et le félicite
sur le bonheur qu'il a de faire un séjour à Sully, localité où
se trouve adressée cette dernière lettre :

« *A Paris, ce 30 octobre.*

« *Vous êtes, en vérité, bien aimable, mon cher ami, de
m'avoir donné de vos nouvelles : elles m'ont plu infiniment
par plus d'un endroit. Mais ce qui me fâche, c'est que vous vous
amusiez beaucoup où vous êtes; j'ai bien peur que la bonne
compagnie avec laquelle vous êtes journellement, ne vous engage à faire un plus long séjour à Sully que vous n'aviez
espéré y en faire. J'aime vos portraits à la folie et je suis persuadée, mon cher ami, que si vous eussiez vécu du temps des
Chapelle et des Chaulieu, ils vous auroient reçu dans leur
sanctuaire et vous auroient nommé le peintre de la nature.
En effet, vos tableaux ont un air de vérité qui enchantera toujours les connoisseurs. Ne m'avouerez-vous pas, mon cher
ami, qu'il faut être né dans la colère des dieux, pour être ainsi
privé du bonheur dont vous jouissez présentement? Goûtez-en
bien à longs traits tous les charmes, et soyez bien persuadé que
tous les temps de la vie ne sont pas toujours les mêmes; pro-*

En effet, Dussault, comparant la vieillesse de
Dumesnil et de Clairon, dit que Dumesnil,
quoique âgée de près de dix ans de plus, ne
porte aucune marque prononcée des ravages
des ans, tandis que Clairon, il nous la donne
« comme l'emblème de l'*éternité ambulante,* le
type de la décrépitude pittoresque, un visage
ciselé par les griffes incisives du Temps, une
caricature de Téniers ».

Enfin comme final de ce petit roman, assez
obscur, dont nous ignorons le nombre de lettres,
un billet, ou peut-être même quelques lignes
d'un billet, nous montre la vieille Clairon, en
dépit de ses rides, de son manque de dents, de sa
peau d'écorchée, encore terriblement sensible :

« *Quels qu'aient été les maux dont la nature et
le sort m'ont accablée, vous m'avez encore plus*

filez donc bien des temps heureux que les destins nous accor-
dent, mais surtout n'allez pas en perdre la tête, vous savez
mieux que moi que la félicité consiste dans le choix et la mo-
dération de ses plaisirs, et songez toujours que l'espérance est
la vie du sage.

On a donné samedi, à la Comédie, le Misanthrope et les
Fourberies de Scapin. Le roi de Danemarck y étoit. S'il est
sensible aux applaudissements, comme je le crois, il doit être
bien content de la nation, car on m'a dit que le parterre avoit
battu des mains à outrance, à son arrivée et à son départ. Un
chacun s'empresse de lui faire fête. C'est un bon lot à la loterie des hommes que le billet de roi! Adieu, mon cher ami, je
vous embrasse de tout mon cœur. »

maltraitée qu'eux, seule, aveugle, mourante, vous m'avez permis de tout craindre pour vous, et de croire que je ne vous intéressois plus. O mon ami, je vous laisse le soin de vous juger vous-même.

« J'ai été à la mort, je l'ai vivement désirée. Ce que je souffre encore est au-dessus de mes forces. Plaise au ciel que je puisse pousser ma triste carrière jusqu'au moment où vous pourrez vous transporter chez moi! »

LXXXVII

Le testament que rédigeait Mlle Clairon, le 9 octobre 1801, est le testament d'une personne riche, d'une femme qui a une maison montée. Elle laisse des legs à une femme de chambre, à un laquais, à un cuisinier [1]. Que se passe-t-il depuis cette année, 1801 à 1803, dans cet espace de temps, où elle aurait écrit cette triste lettre donnée par l'*Isographie des hommes célèbres*, lettre qu'adresse à un ministre la misère pressante, et en marge de laquelle Chaptal écrivait : « Bon pour deux mille francs à payer de suite. »

« *Citoyen ministre,*

« *Je cherche en vain, depuis un mois, un protecteur qui m'approche de vous, mais s'il est vrai*

---

1. Il a passé en vente une lettre autographe de Clairon, adressée à M. Pérignon, avocat, à la date du 26 fructidor an III, au temps où l'argent est le plus rare, et où l'ancienne actrice le charge de faire un placement de 24000 livres.

que l'humanité vous soit chère, c'est à vous seul
que je dois m'adresser. Agée de soixante-dix-
neuf ans, prête à manquer du nécessaire, célèbre
autrefois par quelques talents, j'attends à votre
porte que vous daigniez m'accorder un instant.

« Clairon. »

Puis ce testament est écrit dans une maison,
qui est sa propriété, dans la belle habitation dé-
crite par Thierry, et où Clairon ne meurt pas,
ainsi que meurent d'habitude les vieilles gens,
dans la résidence qui a souri à leur vieillesse,
à moins qu'ils n'en soient chassés par d'affreux
revers de fortune. Et à ce propos, je ne sais sur
quelle sérieuse autorité M. de Manne, dans sa
seconde édition de la *Troupe de Voltaire*, affirme
que la maison d'Issy[1], dont le baron de Staël
avait fait cadeau à Mlle Clairon, et qu'il s'était
engagé à entretenir, n'étant pas entretenue par
lui, vint à tomber dans un tel état de délabre-
ment, que le toit, percé à jour, ne défendait plus
la vieille femme contre l'eau du ciel, et la forçait
à chercher un refuge ailleurs.

1. L'assertion de M. de Manne doit être fausse. J'ai donné
l'acte par lequel Mlle Clairon, conjointement avec le Margrave
d'Anspach, se rend acquéreur de la maison d'Issy, moyennant
80 000 francs.

LXXXVIII

Mme Marie-Pauline Ménard, veuve de la
Riandrie, la légataire universelle de Mlle Clairon, c'est la Pauline à laquelle sont adressés
les *Conseils à une jeune amie*. C'est la jeune
femme dont Mlle Clairon célèbre les qualités de
bonne fille, de bonne épouse, de bonne maîtresse de maison, de bonne amie, et de future
bonne mère, grâce au plan d'éducation qu'elle
lui trace pour sa petite fille, encore tout enfant [1].

1. Sur cette Pauline, voici une curieuse lettre autographe, faisant partie de la collection des papiers d'Henri Meister, et assez
mal traduite dans l'édition allemande, lettre écrite sans doute
un jour d'injustice ou de mauvaise humeur (cette lettre, adressée à Mlle de Vandeuil, n'a point été donnée dans l'édition
française) :

« *Votre tranquillité sur votre fils me débarrasse d'un
énorme poids. Capable de beaucoup de fermeté sur ce qui me
regarde, je ne connois rien d'aussi foible que moi sur tous les
dangers des personnes qui me sont chères. Tout ce que j'ai
maintenant de sensibilité se réunit sur Pauline; soit qu'elle
obéisse à son mari, soit qu'elle suive sa propre volonté, je vois*

Cette Pauline, regardée à tort par le monde
comme sa fille[1], et qui n'est qu'une sorte de

*que cette malheureuse famille va se perdre. La continuité de
mes avis ne peut rien depuis quinze mois. Ma fortune diminuée
de moitié, ce qui reste livré au hasard des événements et dont
la plus forte partie doit nécessairement finir avec moi, ma vie
même, prête à s'éteindre, ne me laissent pas l'espoir d'être sa
ressource et sa consolation dans l'avenir. Cette jeune femme
n'a point et n'aura jamais la grandeur de courage, qui peut
permettre de dédaigner les titres et la fortune; quoi qu'elle
en dise, elle n'agit que par eux, et malgré la lenteur de ceux
dont elle espère et l'activité de ceux qu'elle dédaigne, tout
entière à son opinion, la raison ne pourra rien sur elle, et son
malheur aura d'autant plus d'amertume, qu'elle sera forcée de
se le reprocher. Je ne puis définir le pressentiment qui me
dit que je ne la reverrai plus, je l'ai depuis longtemps, vous le
savez, puissé-je, hélas! me tromper; il me sera bien plus doux
d'être une imbécile, qu'une inspirée pour tous les malheurs de
tous ceux que je ne connois pas. Je les apprends comme nous
apprenions tous, autrefois, la perte d'une bataille, avec un
peu plus de sensibilité cependant, car je n'ai ni l'Opéra,
ni le joli souper, ni l'amant chéri, qui dissipoient si facilement
nos têtes françoises; j'ai mis, à la place de cela, un petit chien
charmant, gai, caressant, que j'appelle Maurice. Ce Maurice
m'a fait impression, le cœur est toujours jeune... et puis mon
cabinet est presque fini, j'ai fait, par-ci par-là, quelques enjo-
livements; j'ai fait une provision de bois, j'ai écrit beaucoup de
lettres, réglé plusieurs affaires. Je rends au temps ce qu'il me
fait, je le tue autant que possible, et sans l'amas d'humeur
qui s'est posé sur ma poitrine et mon estomac, qui sans relâche
me fait tousser et qui m'étouffe, je serois assez passablement.*

« *Ce* 21 *août* 1792.

« P. S. — *Mille amitiés à votre voisin quand vous le verrez.* »

1. Dans ces *Conseils à une jeune amie*, Mlle Clairon affirme
n'avoir jamais eu d'enfants.

fille d'adoption, Mlle Clairon l'avait mariée, ainsi
que l'indique cette phrase de ses *Conseils* :
« entrée dans une famille, dont les respectables
aïeux ont accueilli ma jeunesse, et dont tous les
individus me sont chers, c'est par leur confiance
en moi, par la liberté qu'ils m'ont donné de
vous choisir, que vous êtes devenue femme,
sœur, mère de tout ce qui la compose aujour-
d'hui... » Mlle Clairon l'avait mariée à un Monsieur de la Riandrie, officier aux gardes françaises[1].

Alors la vieille femme, chassée de chez elle,
et la jeune veuve, prennent ensemble un loge-

---

1. Je possède une lettre de Mlle Clairon, adressée au mari
de sa jeune amie, où elle lui donne des nouvelles de sa mère,
en ce moment très malade :

« *Je voudrois bien, Monsieur, pouvoir vous envoyer la lettre
que je viens de recevoir, mais je la garde pour la faire voir à
M. Weisse; elle est encore bien inquiétante; mais cependant
elle annonce du mieux, et j'ose espérer que nous reverrons Madame votre mère bien portante. Je vous manderai demain ce
que je saurai. Le lait d'ânesse passe à merveille et dès lors on
doit tout espérer.*

« *J'ai tant d'affaires dans ce moment que je vous prie de me
pardonner le griffonnage et la tournure de ma lettre.*

C.

« *Ce vendredi, à 2 heures.* »

L'adresse porte : « *A Monsieur de Lariandrie, officier aux
Gardes Françoises de garde. Versailles* » — et dans un coin :
» *12 sols au porteur, si la lettre est rendue à cinq heures, ce
vendredi.* »

ment, rue de Lille, un logement donnant sur un grand jardin, dépendant de l'hôtel d'Ozembray[1].

Et là, ces deux femmes vivant en commun, l'antique tragédienne passait les derniers jours de sa longue vie de souffrances, entourée de soins pieux.

Écoutez le récit d'une entrevue que Lemontey a eue avec elle, un an avant sa mort : « Je me souviens d'avoir fait, avec quelques personnes, une visite à Mlle Clairon, dans l'année qui précéda sa mort. Je trouvais une très petite vieille, sèche, ridée et maladive ; sa personne offrait tous les signes de la caducité, à l'exception de sa voix grave et sonore, sans aigreur et sans dureté. Elle s'exprima avec lenteur et majesté, en termes purs et bien choisis, sur les détails domestiques dont nous avions à parler. Ayant aperçu un enfant qui était venu avec nous, elle prononça ces paroles avec solennité : « Faites approcher cet enfant, il sera bien aise un jour de dire qu'il a vu Mlle Clairon et qu'il lui a parlé. »

Revenant à son art, aussitôt que la maladie lui laissait un peu de répit, Mlle Clairon aimait en-

1. Dans l'article du *Monde illustré*, du 14 novembre 1863, consacré au comte Henri de *** qui avait repris le bail de Mlle Clairon, Jules Lecomte dit qu'il racheta une grande partie du mobilier de l'actrice, de Mme de la Riandrie, son héritière.

ccre à se faire entendre, aimait à dire, de sa bouche édentée et de sa voix affaiblie, les morceaux qui lui faisaient revivre, un moment, son glorieux passé. C'est ainsi que, quelques mois même avant sa mort, elle récitait à Kemble, le grand acteur tragique de l'Angleterre, une scène de Phèdre, et faisait encore admirer la grandeur et la force, avec lesquelles cette femme du commencement de l'autre siècle, déclamait les vers de Racine [1].

Mlle Clairon mourait le 31 janvier 1803.

Un peu malade et alitée, elle se laissait tomber de son lit, et cette chute amenait son décès [2].

---

1. *Journal de Paris*, 2 février 1803.

2. « Du onzième jour du mois de pluviôse, de l'an onze de la République française. Acte de décès de Claire-Joseph Leris, dite Clairon, décédée le jour d'avant-hier, à dix heures du matin, profession, artiste du Théâtre-Français, âgée de quatre-vingts ans, née à... département... demeurant à Paris, rue de Lille, 512, division de Grenelle, fille de... et de..., célibataire, sur la déclaration à moi faite par le citoyen François Darbaud, demeurant à Paris, rue de Verneuil, 433, profession, jurisconsulte, âgé de cinquante-quatre ans, qui a dit être ami de la défunte, et par le citoyen Georges Bonnaire, demeurant à Paris, rue et numéro susdits, profession, fabricant de bas, âgé de trente-sept ans, et qui a dit être ami de la défunte, et ont signé avec l'officier de santé, chargé de constater le décès, en approuvant le nom Hippolyte rayé comme nul et renvoi bon.

« Darbaud, Bonnaire et Dubreuil.

« Constaté par moi, Joseph-Fulcrand Fabre, adjoint au

maire du dixième arrondissement de Paris, faisant les fonc-
tions d'officier public de l'état civil, soussigné. »

En marge est écrit : « Par un jugement du Tribunal de première instance du département de la Seine, section des vaca-
tions, rendu le dix-sept vendémiaire, présent mois, il a été
ordonné que dans l'acte de décès de mademoiselle Leris, écrit
ci à côté, elle sera dénommée Claire-Joseph Leris au lieu de
Claire-Joseph-Hippolyte Leris de Latude-Clairon. En conséquence, après avoir, aux termes de la loi, inscrit le jugement
au registre courant (38e) de décès, no 171, à la date d'aujour-
d'hui vingt-quatre vendémiaire, an quatorze, moi, adjoint au
maire du dixième arrondissement de Paris, ai fait à l'instant
par la radiation des mots *Hippolyte De la Tude Clairon*, la rec-
tification ordonnée et la présente mention que j'ai signée.

                                        « Duquesne. »

Extrait des registres des Actes de décès de l'an XI, Xe arrondissement (ancien).

LXXXIX

Vers 1820, Delort, en une de ses promenades d'historien et d'antiquaire aux environs de Paris, entrait dans le cimetière de Vaugirard, et avait le regard attiré par une pierre portant gravé :

ICI REPOSE
LE CORPS DE CLAIRE-JOSÈPHE-HIPPOLYTE
LERIS CLAIRON DE LATUDE
NÉE A SAINT-WANON DE CONDÉ
DÉPARTEMENT DU NORD,
LE 25 JANVIER 1723,
DÉCÉDÉE LE 9 PLUVIOSE AN II
29 JANVIER 1803.
ELLE TRAÇA AVEC AUTANT DE VÉRITÉ
QUE DE MODESTIE
LES RÈGLES DE L'ART DRAMATIQUE,
DONT ELLE SERA A JAMAIS LE MODÈLE.

La tombe se trouvant placée contre la muraille, qui longeait le boulevard, reliant la barrière de

Sèvres à la barrière de Vaugirard, et une rec-
tification du boulevard ayant amené, en 1837, une
emprise de quelques mètres dans le cimetière,
la translation du corps de Clairon dans un autre
cimetière, était une nécessité.

Le 19 avril 1837, les artistes du Théâtre-Français escortaient au Père-Lachaise les restes de
la grande tragédienne, dont Samson prononçait
l'éloge, et on déposait au milieu d'un entourage
en bois, sans aucune assise, la pierre tumulaire
du cimetière de Vaugirard.

Dix ans s'étaient écoulés, lorsqu'en 1856,
M. Caille, un habitant de Condé, se rendait à
cette tombe, qu'il ne pouvait retrouver que sur
les indications du conservateur, et dont la pierre
brisée se trouvait reliée par deux agrafes de fer.

En 1861, M. Caille qui avait jusque-là veillé
à l'entretien de la tombe, retournant dans sa
ville natale, avant de quitter Paris, allait trouver
M. Thierry qui lui promettait que cet entretien
serait continué par les soins du comité de la
Comédie-Française.

Dans un séjour à Paris, lors de l'Exposition
en 1877, M. Caille retrouvait, mangée par les
ronces et les orties, la pauvre pierre tumulaire,
dont l'inscription n'était plus lisible.

Enfin l'année dernière, sur les sollicitations

de cet ami de la mémoire de Clairon, les sociétaires de la Comédie-Française votaient une somme de mille francs pour la restauration du tombeau, où doit se voir, de grandeur nature, le profil de la tragédienne, modelé d'après le médaillon ordonné par MM. de Villepinte et de Valbelle.

FIN

ICONOGRAPHIE

DE

MADEMOISELLE CLAIRON

Salon de 1759

Carle Vanloo. Un sujet de Médée et de Jason, dans lequel Mlle Clairon est peinte en Médée. Ce tableau a 10 pieds de large sur 7 de haut.

Ce tableau, où Carle Vanloo avait représenté Mlle Clairon, sous les traits de Médée, dans les airs, sur un char magique, une torche d'une main, un flambeau de l'autre, et montrant à Jason, son perfide époux, ses enfants égorgés à ses pieds, ce tableau avait été commandé, avons-nous dit, par la princesse Galitzin au premier peintre du Roi, pour en faire cadeau à

sa grande amie. Et ce tableau de la même grandeur que celui du *Sacrifice d'Iphigénie*, exécuté
précédemment par le Maître pour le Roi de
Prusse, avait un immense succès, un succès
non pareil, au dire des brochurettes d'art du
temps.

Écoutez celle-ci :

« Le tableau de M. Carle Vanloo, où Mlle Clairon
est peinte en Médée, n'étoit point encore achevé,
qu'il avoit une grande réputation. A peine l'atelier de cet artiste a-t-il été ouvert, que tout
Paris est venu en foule admirer son chef-
d'œuvre. Jamais ouvrage n'a obtenu d'éloge
plus unanime [1]. »

Écoutez celle-là qui présente un tableau si
amusant des *jugeurs* préventifs et *curiolets* du
temps :

« Vous ignorés quel est le mérite, quel est le
bon ton du jour, c'est d'avoir vu le tableau de
Médée dans l'atelier de M. Vanloo. J'ai ren-
contré un petit-maître, qui, pour l'avoir lorgné
un instant, s'en croyoit trois fois plus impor-

1. *Le Tableau de Mlle Clairon, par M. Carle Vanloo.* — Pièce
manuscrite, faisant partie de la curieuse collection du Cabinet
des Estampes, cataloguée par Georges Duplessis, sous le titre :
*Catalogue de la collection des pièces sur les Beaux-Arts, im-
primées et manuscrites, recueillies par Mariette, Cochin, Deloynes... 1881.*

tant. Quel est donc ce tableau, dont la simple
entrevue produit un effet si étrange, vous allez
l'apprendre après quelques instants d'un prélude
nécessaire.

« La princesse Galitzin, que son goût naturel et
son amour pour les arts, promènent dans les
principales villes de l'Europe, est venue dans cette
capitale, pour saisir l'idée du beau et le transporter dans son pays. Elle a été principalement
frappée de l'art théâtral et du jeu de Mlle Clairon;
elle ne voit, n'entend, n'admire qu'*Ariane,
Idamé, Iphigénie, Hypermnestre.* Elle ne peut
plus vivre sans ces illustres héroïnes, veut les
posséder toutes, en la personne de Mlle Clairon;
et après l'acquisition de ce trésor, compare fièrement Pétersbourg à Paris. M. Vanloo est
entré dans ses vues, il a choisi ses meilleurs
pinceaux.

« Un petit nombre d'amis avait déjà eu cet
avantage. Tout Paris se rendoit au Louvre
pour le voir. Mais ce tableau avoit déjà passé
à Versailles. Je ne connois rien de si morti-
fiant que la curiosité trompée. Tous ceux qui
ne l'avoient pas vu, se trouvoient humiliés.
« Est-il bien possible, disoit un abbé, qui étoit
l'âme de plusieurs cercles. Je perds en un jour
la réputation de vingt ans, c'est de moi que

Paris avoit toujours reçu ses nouvelles, ses goûts, ses décisions ! « Je vais m'ensevelir à Longchamps, disait une jeune comtesse, puisqu'on m'enlève aujourd'hui le droit incontestable de faire le sort des ouvrages de goût ! » Un jeune marquis jura tout bas qu'il n'en auroit pas le démenti, et soutenoit tout haut qu'il avoit vu, examiné et corrigé le tableau de Médée[1]... »

Et le concert des deux brochures au sujet de la ressemblance de l'actrice :

Le tableau de Mlle Clairon par M. Vanloo, disant : « Mais le comble de l'art est dans la figure même de Médée, ou la joye atroce de la vengeance assouvie est exprimée à faire frémir, sans altérer dans le portrait de l'inimitable actrice, la ressemblance qui est frappante et dans toute sa beauté. »

La lettre d'un Artiste sur le tableau de Mlle Clairon, disant : « Je vous dirai que Mlle Clairon qui devoit être encore plus difficile, puisque c'est son portrait, et son portrait saisi dans une situation théâtrale, loin de juger que le peintre fût au-dessous, se plaint qu'il a sur-

1. *Lettre d'un Artiste sur le tableau de Mlle Clairon,* 1759. — Pièce manuscrite de la collection des pièces sur les Beaux-Arts, recueillie par Mariette, Cochin, Deloynes, 1881.

passé l'art du théâtre, et ajoute poliment qu'il
faudra que l'*original étudie longtemps sa copie.*
« *En vérité, M. Vanloo,* dit-elle avec un ton
d'humeur, *vous devriez brûler vos pinceaux ou
établir des manufactures, où je puisse trouver la
fraîcheur, la vivacité et la délicatesse de vos
couleurs*[1]. »

Le roi Louis XV, raconte Mlle Clairon dans
ses Mémoires, avait voulu voir le tableau, et
après avoir fait l'éloge le plus flatteur du peintre,
et de la tragédienne représentée sur la toile, il
disait : « Il n'est que moi qui puisse mettre un

---

1. Il y eut toutefois du tableau de Médée et de Jason, des
critiques, des critiques assez vives, pour forcer Vanloo à retou-
cher le personnage de Jason. Du reste, voici la page imprimée
la plus sévère sur le célèbre tableau ; une page de la LETTRE
CRITIQUE A UN AMI, *sur les ouvrages de Messieurs de l'Académie,
exposés au Salon du Louvre, 1759 :*

« Le tableau de Médée et de Jason de Carle Vanloo en est
une preuve ; digne de la réputation du maître, par les figures
dessinées d'une vérité étonnante, les contours en sont purs et
décis, le nud se fait sentir sous les draperies heureusement
jetées, mais à travers l'enthousiasme d'un coloris qui plaît
d'abord, à la vérité, on aperçoit des fautes, d'autant plus frap-
pantes qu'elles partent d'un grand homme. Les figures sont
trop resserrées, celle de Médée paroît contrainte, elle n'annonce,
ni sur son visage, ni par son attitude, cette fureur qu'une vengeance aussi noire doit produire, au contraire, elle semble roide
et embarrassée. » *La réponse à un écrit anonyme, intitulé :*
LETTRE CRITIQUE A UN AMI, attribue ces sévérités à l'envie, et dit qu'on reconnaît dans le critique le *petit élève d'a-
telier.*

41

cadre à ce tableau et j'ordonne qu'on fasse le plus beau possible. » Et le cadre, offert par le Roi à Mlle Clairon, avait coûté 5000 livres[1].

Au moment de sa vente, et dans le temps où le Margrave d'Anspach la sollicitait de se retirer dans ses États, Mlle Clairon s'était résolue, à son grand regret, à se défaire de ce tableau de prix, et Randon de Boisset était venu chez elle, lui en offrir 24 000 livres. Elle avait demandé à l'amateur quelques jours de réflexion pour se décider, quand le Margrave lui écrivait que, si son intention était de vendre ce tableau, il lui demandait la préférence, et la Clairon lui en faisait hommage. Il lui en coûtait encore 50 louis, pour le nettoyage, le démontage, l'emballage et le transport à Strasbourg. Et Mlle Clairon termine en disant : « Il est placé dans le château du Margrave, j'ignore s'il le regarde quelquefois, mais je suis sûre qu'il ignore au moins de quel prix il peut être. »

Et voici la fin de l'historique de ce tableau, donnée par Mlle Clairon dans une lettre inédite,

---

1. Le fait est vrai et confirmé par ce passage de la brochure : Le Tableau de Mlle Clairon. « Le Roi a mis le comble à la gloire de l'artiste en demandant à voir cet ouvrage. Sa Majesté a fait à Mlle Clairon la grâce de dire qu'il donnait la bordure. »

datée du 22 septembre 1792, et adressée à Henri
Meister :

« *Au milieu de toutes les inquiétudes et des embarras que cela me donne* (la crainte du remboursement des créances au marc le franc), *ce tableau
que l'ingratitude la plus honteuse, et l'oubli le
plus entier du respect qu'on se devoit à soi-même,
avoient fait reléguer au garde-meuble, va me
valoir quatre mille écus de Prusse ; si ce n'est pas
assez pour ce qu'il vaut, c'est beaucoup pour la
situation où je me trouve, et je vous en remercie,
car je vous dois l'idée de cette ressource* [1].

Une esquisse de Mlle Clairon en Médée, peinte
par Carle Vanloo, existe au musée de Saint-
Quentin. Elle fait partie des toiles de quelques
artistes français, légués par Latoura vec ses pas-
tels à sa ville natale.

En mars 1773, on vendait, sous le n° 23, à la
vente de Mlle Clairon, un portrait allégorique de

---

1. M. Dussieux, dans son livre sur les *Artistes français à
l'étranger*, publié en 1856, nous indique le tableau de « Médée
et de Jason » parmi les *tableaux français du palais du Roi*
à Berlin.

la tragédienne par Doyen, ainsi décrit : Le buste
d'une femme, dont la tête est vue de trois quarts,
et couronnée de roses, représentant la Muse de
la poésie lyrique ; l'expression est noble et fière
et ne dément en rien le talent de l'habile artiste
qui en est l'auteur : la forme de ce tableau est
ovale, et porte 24 pouces de haut sur 19 de large,
non compris sa bordure surmontée d'une guir-
lande de fleurs. Ce portrait peint se vendait
104 livres.

Un assez médiocre portrait de Mlle Clairon,
grandeur nature, représentée en tunique blanche,
sur laquelle est jeté un manteau rouge, et tenant
à la main un sceptre, se voit dans le foyer de la
Comédie-Française.

Ce portrait de Clairon fait pendant à un portrait de Larive, et tous deux seraient un don,
fait à la Comédie-Française, par l'élève et le jeune
ami de la tragédienne.

M. Thubert, avoué près la cour d'appel de
Poitiers, arrière-petit-fils de Larive, possède un

pastel de Mlle Clairon par La Tour, donné par la
tragédienne à son élève aimé.

Dans ce pastel, dont M. Thubert a bien voulu
m'envoyer une photographie, la grande artiste
tragique a eu la fantaisie de se faire représenter
en une sorte de bergère d'opéra-comique, et
plus joliment que ne le fait d'ordinaire le maître
sévère. Elle est coiffée d'un chapeau de paille,
posé sur ses cheveux relevés, ayant au cou un
petit cordonnet noir, dont la double ganse se
perd dans l'entre-deux de ses seins. Décolletée,
les bras nus, elle est vêtue d'un corsage lacé,
au-dessus duquel une chemisette de gaze, aux
rayures argentées, se tuyaute en plis mous et
s'arrange en hauts de manche transparents. Et
elle porte au côté gauche un énorme bouquet de
roses, que touche sa main droite.

La Tour aurait peint au pastel un autre portrait de Mlle Clairon, et qu'il lui aurait légué dans
un projet de testament. Et ce pastel serait sans
doute celui qui se trouva, un moment, entre les
mains de Saint-Prix.

Dans son testament, Mlle Clairon lègue à la

fille de Diderot, à Mme de Vandeuil, son portrait
au pastel représentant une Muse.

Enfin, après la rupture de Mlle Clairon avec le
marquis de Ximenès, les vers épigrammatiques
accompagnant le renvoi du portrait, redemandé
par l'actrice, les vers commençant par : *Tout
s'use, tout périt...* disent que le portrait était un
pastel.

Passons aux dessins.

Salon de 1757 .

Carle Vanloo. — Un dessin, esquisse du portrait de Mlle Clairon qu'on se propose de peindre,
de grandeur naturelle, en Médée.

C'est la première idée du tableau exposé au
Salon de 1759.

Ce dessin du Salon de 1757 a tout l'air d'être
le dessin donné par M. Philippe de Saint-Albin
au Théâtre-Français, et qui représente, grandeur nature, la tête de la Clairon avec son diadème et son collier de perles, de la Médée de
Longepierre. Le dessin non signé, mais où le
faire de Vanloo se reconnaît parfaitement, est
aux crayons blanc et noir, sur papier gris.

L'éloge de Carle Vanloo, publié dans l'*Ordre chronologique des Deuils de cour* de 1766, indique, dans la liste de ses principaux ouvrages, un grand dessin de Médée et Jason, en la possession de Le Brun. Est-ce le dessin du tableau, ou un dessin terminé exécuté pour la gravure? Car la différence de l'estampe avec le tableau, exposé au Salon de 1759, avait fait dire que Vanloo avait peint un autre tableau : ce qui n'est pas. Mais peut-être a-t-il fait un dessin propre à faire plus d'effet en gravure, et qui serait le dessin autrefois possédé par M. Le Brun.

Sous le n° 24 se vendait, à la vente de Clairon, le dessin par Doyen du portrait allégorique peint à l'huile, sous le numéro 23, par le même peintre.

Il est ainsi décrit : La même tête dessinée sur papier gris, aux crayons noir et blanc, montée sous verre dans une bordure dorée. Ce dessin se vendait 38 livres.

Dans la collection de M. M... se trouve aujourd'hui un portrait, de forme ovale, dessiné sur papier gris, aux crayons noir et blanc. Ce portrait, ressemblant beaucoup au portrait-vignette

de Gravelot, dans l'estampe commandée par Garrick, me semble correspondre parfaitement à la
description du dessin de Doyen, représentant
Mlle Clairon en Muse, et vendu à la vente de
l'actrice sous le n° 24... sauf cette différence
cependant que, dans le dessin, elle est couronnée de lauriers, et que, dans la peinture d'après
laquelle a été fait le dessin, de la vente, elle
est couronnée de roses.

Enfin, dans la collection de M. Rodrigues, on
rencontre une étude de tête de Mlle Clairon, à la
sanguine, sur papier chamois, avec rehauts de
blanc. Cette tête de trois quarts, le regard tourné
à gauche, est bien certainement un document
pour la Clairon, agenouillée dans la vignette
commandée par Garrick à Gravelot, et gravée
par Lemire; mais ce n'est pas, je crois, un dessin de Gravelot, mais un dessin devant venir de
Vanloo ou de son atelier.

Dans le *Livre des Saint-Aubin,* appartenant à
M. Destailleur, se trouve une merveilleuse page
de Gabriel de Saint-Aubin, consacrée tout entière à diverses portraitures de Mlle Clairon. Je

cite la description que j'en ai faite dans l'*Art du*
XVIIIᵉ *siècle :*

« Sur une feuille de papier, tout en haut, à une
extrémité, une tête de femme de trois quarts,
tournée à gauche avec le regard dirigé à droite.
A l'autre extrémité la même tête de femme, encore plus de trois quarts, mais avec le regard
dirigé à gauche. La femme représentée a un collier de perles qui lui fait deux fois le tour du
cou, et son visage est bien la figure représentée
par Pougin de Saint-Aubin, dans son portrait
d'Hippolyte de Latude Clairon. Enfin, au bas de
la feuille de papier, la Clairon, des perles dans
les cheveux, les épaules décolletées, les bras
dans des manches bouffantes, touche de la
harpe de côté, avec la figure de face. Ce portrait
est en buste, mais il est répété en pied encore
d'un autre côté du papier, dans un croqueton
grand comme un domino.

« Sur la feuille de papier blanc (haut. 23 c. ; larg.
17 c.), le premier portrait de la Clairon est légèrement pastellé ; le second, exécuté à la pierre d'Ita-
lie, avec quelques touches de carmin dans les
cheveux, montre toute l'habileté et la puissance
du maître dans un portrait du format miniature ;
et le troisième est entièrement fait à la pierre
noire, avec un joli crayonnage roulant. A côté du

second portrait, Gabriel a tracé avec le crayon
qui l'a dessiné : *Clairon,* 1773. Et dans un coin,
Augustin de Saint-Aubin, de sa jolie écriture si
reconnaissable, a écrit : *Trois portraits de Clairon par Gabriel de Saint-Aubin.*

Il faudrait encore voir un portrait en pied de
Mlle Clairon, dans le dessin de Cochin, que je possède, et qui a pour titre : *Concours pour le prix
de l'étude des Têtes et de l'Expression, fondé à
l'Académie royale de Peinture et de Sculpture,
par M. le comte de Caylus, honoraire amateur,*
en 1760 — dessin gravé en réduction sous le
même titre, par Flipart, en 1763.

Le modèle, cette femme couronnée de lauriers,
d'après une légende consignée dans un livre,
dont je ne me rappelle plus le titre, serait
Mlle Clairon. Et en effet, la tête de la poseuse
ressemble à Mlle Clairon, et il n'y aurait rien
d'impossible à ce que la tragédienne, célébrée
comme si savante dans l'art de rendre toutes les
expressions de la physionomie, ait été prise par
Cochin comme le parfait modèle de la tête d'expression.

Voici maintenant les miniatures :

Dans son testament, Mlle Clairon lègue à
M. Hua, son exécuteur testamentaire, une boîte
doublée d'or, portant le portrait d'une Muse qui
tient l'urne de Voltaire : son portrait en miniature. Qu'est devenue cette boîte ?

M. Groult, avec son obligeance accoutumée,
veut bien me communiquer une miniature,
portant au dos, d'une écriture ancienne :

CLAIRON

célèbre actrice des Français,
en habit d'Indépendante,
peint par Belin en 1786.
Cabinet du président Baras (sic).

La femme représentée est peinte, les cheveux
roulés en grosses boucles annelées, la gorge
couverte d'un fichu de gaze bouffant, et habillée
d'une robe aux reflets changeants, à reversis
bleu de ciel sur les épaules et la poitrine, dans
un costume historiquement très curieux ; —
mais la femme est bien, bien, bien jeune, — et il
faut se rappeler qu'en 1786, Mlle Clairon avait
soixante-quatre ans.

BUSTES — MÉDAILLES — MÉDAILLONS
EN PORCELAINE.

Salon de 1761.

Jean-Baptiste Lemoine fils (n° 116). — Le portrait de Mlle Clairon, sous l'idée de Melpomène invoquant Apollon. Buste en marbre.

La lettre du chevalier M... à Milord K... dit que ce buste de Lemoine, dans lequel il a transmis les traits de la tragédienne, est son chef-d'œuvre.

C'est le buste légué à la Nation par Mlle Clairon dans son testament, et qui est en ce moment au foyer des Comédiens du Théâtre-Français.

La tragédienne est sculptée dans le marbre blanc, une branche de laurier courant sur le haut de sa chevelure, un pli de tunique ondulant sur la naissance de sa gorge, et vous admirez ses grands yeux intelligents, son nez à la courbure finement aquiline[1], sa bouche aux re-

1. Il existe à la *Galerie historique* de la Société d'agriculture de Valenciennes, un moulage en plâtre de ce buste, dont un second exemplaire a passé à la vente de Mlle Rachel. Cette galerie possède aussi un portrait moderne de Picot, et je crois qu'il existe encore un buste et un portrait modernes de la tragédienne chez M. Dervaux, conseiller général à Condé,

troussis sensuels des coins, et dont le serpente-
ment est comme *pétillant ;* cette bouche enfin, à
la lascivité toute particulière, et célébrée au
XVIIIe siècle. Au dos du buste on lit, incisé en
très gros caractères : *Mademoiselle Clairon, par
J.-B. Lemoyne,* 1761.

Le nez du buste de Lemoyne, d'après une tradition du théâtre, cassé par un coup de canne
de Beauvallet, qui avait la déplorable manie de
faire du bâton, toujours, et n'importe où il se
trouvait, a été assez passablement restauré.

Le Théâtre-Français possède également la
terre cuite du buste de Lemoyne, où, dans le pé-
trissement facile et de premier coup, se voit encore mieux que dans le marbre, toute la finesse,
toute la nervosité délicate des traits de l'actrice.

Maintenant quel était le buste de Clairon,
vendu en 1777, à la vente de Randon de Boisset,
et dont Sophie Arnould, aux applaudissements
du public de la vente, doubla de prime abord la

mais je ne veux pas, dans mes études, descendre aux figurations
et aux images d'un temps où les personnages n'ont pas vécu.

Enfin indiquons que dans cette *Galerie historique* de la
Société d'agriculture de Valenciennes doit être exposée une
aquarelle de M. Louis Rossi, représentant la maison où est
née Mlle Clairon, avant sa démolition, qui a eu lieu, il y a
vingt-cinq ans.

première enchère? Serait-ce le buste en marbre
de la Comédie-Française dont la chanteuse aurait fait cadeau à la tragédienne, ou que cette
dernière aurait racheté à la chanteuse, au temps
de sa misère noire?... Enfin Sophie Arnould
n'était-elle qu'une fausse acheteuse, une allu-
meuse de la vente? Le curieux de cette anecdote,
cependant racontée par toutes les gazettes du
temps, c'est que dans le catalogue très détaillé
de la vente Randon de Boisset, il n'existe pas la
moindre mention d'un buste de Clairon.

A la vente du comte de la Béraudière se vendait, sous le nº 769, un buste de Mˡˡᵉ Clairon, le
sein couvert en partie par une draperie, et portant sur le dos le haut d'un carquois garni de
flèches, retenu par une banderole traversant
la poitrine.

Ce buste était signé *J.-B. Defernex* 1766.

HIPPOLYTE CLAIRON DE LA TUDE

C'est l'inscription qui court en rondissant autour du profil de Mˡˡᵉ Clairon, dans la médaille

frappée en son honneur par MM. de Valbelle et de Villepinte. Au bas se lit : *Lundberger f.*

Au revers de la médaille existe la légende : *L'Amitié et Melpomène...* qu'a reproduite l'estampe gravée de Littret d'après la médaille.

La médaille mesure 0ᵐ,044. L'exemplaire en or légué à la Nation, dans le testament de la tragédienne, ne se trouve pas au Cabinet des médailles, qui possède seulement un exemplaire en argent et en bronze. Le coin de la médaille est conservé aux archives du Théâtre-Français.

La lettre du chevalier M... à Milord K... qui nous apprend que la médaille a été frappée aux galeries du Louvre, en parlant de l'estampe de Vanloo et de cette médaille, dit que ces honneurs-là valent bien un mausolée à Westminster.

Avec la médaille de Lundberger, le Cabinet des médailles possède deux autres, mais bien énigmatiques médailles de la Clairon, et qui semblent devoir être, dans leur genre, des sortes d'épigrammes métalliques, dirigées contre la femme et sa glorification un peu exagérée, et venir à l'appui des fameux vers de Sainte-Foix :

> De la fameuse Frétillon
> A bon marché se va vendre le médaillon :
>   Mais à quel prix qu'on le donne,
> Fût-ce pour douze sous, fût-ce même pour un,
> On ne pourra jamais le rendre aussi commun
>   Que le fut jadis sa personne.

La première médaille, qui porte Hippolyte Clairon de la Tude, montre, en face du profil de l'actrice tournée à droite, un tout petit buste d'homme en perruque, dans une espèce de gaine ou carquois. Sur le revers, où sont répétées à peu près les deux têtes de la face, on déchiffre à peu près : *Victoire à celui qui m'achètera, victoire.*

Sur l'autre médaille, au lieu de la tête à perruque, accolé au profil de Clairon se voit un petit homuncule nu, peut-être obscène. Il semble qu'il existe le mot *Normandie,* dans la légende du revers, complètement illisible.

Ces médailles qui sont en plomb, et du travail le plus grossier, mesurent $0^m,040$. La première provient de l'ancien fonds, la seconde de M. Morel-Fatio.

Les registres et les catalogues de la manufacture de Sèvres ne contiennent aucune trace
de la fabrication d'une statuette en biscuit ou
en porcelaine émaillée de Mlle Clairon, et la statuette de Melpomène, conservée dans la collection de biscuits de la Comédie-Française, n'a
nullement le caractère d'une statuette allégorique de la tragédienne, représentée sous la
tunique de la Muse de la tragédie.

Tout au contraire le *Catalogue des Camées,
Intaglios, Médailles, Bas-reliefs, Bustes et Petites
Statues par Josias Wedgwood, à Etrurie,* 1788;
ce rarissime catalogue de figurines, de reliefs,
de médaillons en biscuit, se détachant en blanc
sur fond bleu, à la série X, parmi les *Têtes d'Illustres modernes,* indique entre un médaillon de
la marquise de Pompadour et de la comtesse de
Barré (*sic*) un médaillon de Mlle Clairon.

BURINS — TAILLE-DOUCE — EAUX-FORTES

Je ne donne pas, comme un portrait de Mlle Clairon, la petite image en tête de mon édition de :
Histoire de Mlle Cronel, dite Frétillon, de 1741,
image de convention, qui a l'air d'une estampe

42.

du xviie siècle, publiée en Allemagne. Cette estampe, où elle est représentée en corps et en
grand panier, et qui est gravée par A. Reinhardt
fils, a pour légende :

Simpliciter, tibi me, quodcumque est, dicere oportet
Natura est quoniam, semper aperta mihi.
Quisquis habet nummos securâ naviget aurâ :
Quod peto si dederit, quod petit accipiet

Vetro.

HIPPOLYTE DE LA TUDE CLAIRON

CINQUIÈME ACTE DE MÉDÉE

Gravure donnée par le Roy à Mademoiselle Clairon, exécutée
d'après le tableau original de M. Carle Vanloo, premier
peintre du Roy et Chevalier de son Ordre. Par Laurent Cars
et Jacques Beauvarlet, graveurs du Roy.

A Paris, chez Beauvarlet, rue Saint-Jacques vis-à-vis celle de Mathurins

C'est la grande estampe, dont le tirage demandait une feuille de papier grand aigle.
L'œuvre de Laurent Cars, du Cabinet des Estampes, contient une épreuve avant la lettre.
Une autre épreuve avant la lettre, encadrée dans
un magnifique cadre sculpté, est conservée au
petit foyer de la Comédie-Française.

Le Roi ne faisait pas seulement cadeau à

Mlle Clairon d'un cadre de 5000 francs pour son portrait; il ordonnait qu'il fût gravé à ses dépens, et faisait cadeau à l'actrice de la planche et des produits qu'elle devait procurer. Mais c'est toute une histoire que la gravure de ce portrait, où la tête de Médée-Clairon, au dire de Wille, fut effacée et recommencée quatre fois.

Dans le principe, ce fut Jardinier, auquel avait été réservée la gravure de la tête, et elle était terminée, lorsqu'un jour — c'est le *Philotechne français*[1] qui parle — Clairon rendit visite à l'artiste, guidée par un talon rouge, qui déclarait qu'il manquait à son portrait un certain enjouement, un je ne sais quoi... Et la brochure faisait dire par Mlle Clairon à Jardinier « qu'ayant tant entendu parler de son mérite et de ses talents, et de son goût pour le beau sexe, elle s'étonnait qu'il ait eu le malheur de la rater ». A quoi Jardinier repartit vivement : « Madame, vous êtes en vérité la première, et je ne me souviens pas d'une pareille catastrophe. » La tragé-

---

1. Petite brochure sur l'art français des plus rares et des plus instructives. Voici le titre : *le Philotechne français ou Recueil d'éloges et de critiques et d'anecdotes remarquables sur les artistes qui se sont distingués dans ce siècle, par M. K...* A La Haye et se trouve chez Durand le neveu, rue Saint-Jacques, 1766. — La brochure dit que le graveur Jardinier peint en miniature et au pastel, est bon musicien, joue de plusieurs instruments, chante avec autant de goût qu'il danse.

dienne, piquée, retirait la planche à Jardinier.

Le travail de Jardinier effacé, la planche était reprise par Cochin, et mise au point où on la voit dans un certain nombre d'épreuves d'un morceau de la planche, représentant la Clairon jusqu'au genou, le bras droit coupé à la naissance de la main, et la tête seulement recouverte d'un travail d'eau-forte.

Il y aurait même un graveur inconnu, qui aurait préparé, avant Cochin, ce portrait, car une épreuve d'une pointe très légère, et aux vigueurs non accentuées de ce fragment de gravure, conservé au Cabinet des estampes, porte : *Celle-cy est je crois, celle avant que M. Cochin n'y touchât.*

Au fond, Cochin qui n'était qu'un aquafortiste et pas un burineur, et qui était paresseux, et incapable de l'effort que demandait cette gravure, allait trouver, en compagnie de Clairon, Wille, qui raconte ainsi son entrevue avec l'actrice, à la date du 2 février 1763 :

« Le 2, Mlle Clairon accompagnée de Cochin vint chez moi. Ils firent, tous deux, tout ce qui est possible pour m'engager à faire le portrait de cette fameuse actrice, dans la grande planche que grave M. Cars, d'après Vanloo... Je me suis défendu longtemps, malgré les discours séduisants et les éloges de l'un et de l'autre. La plan-

che resta chez moi, mais le lendemain j'allai
chez M. Cochin, lui représenter qu'il m'était
impossible de faire la tête, à cause de ma vue
trop courte pour atteindre au haut de cette
planche, et le résultat fut que je lui renvoyai
la planche, au retour de chez moi. »

Enfin, les *Mémoires secrets* disent, à la date
du 19 août 1764, que tout le monde court après
là nouvelle estampe qui coûtait un louis.

Et au mois de mars 1773, à la vente de
'Mlle Clairon, se vendait 960 livres, sous le n° 286 :
« La planche gravée d'après le tableau de Carle
Vanloo, par Cars et Beauvarlet, qui représente
Mlle Clairon dans le rôle de Médée, avec une
douzaine d'épreuves au plus, qui se trouvent
rester de l'impression qui en a été faite[1]. »

HIPPOLYTE DE LA TUDE CLAIRON

*Comédienne Françoise, Pensionnaire du Roi, a débuté le 19 sep-
tembre 1743 par le role de Phèdre, dans la pièce de Racine
du même nom : reçue le 22 octobre suivant.*

Pouqia de S. Aubin pinx.   *J.-B. Michel sculp.*

Mlle Clairon, la tête diadémée sur des cheveux
épars, la tunique entr'ouverte, est représentée

1. On vendait également dans cette vente, sous le n° 287,

en buste, dans un cadre soutenu par deux dragons, sous les griffes desquels se déploie une draperie, où se voit la scène cinquième du dernier acte de la Médée, de Longepierre. Sur le soubassement d'une colonne on lit : *J.-Bapt. Michel fecit* 1767.

PORTRAIT DE MADEMOISELLE CLAIRON

Sans nom de dessinateur ni de graveur. Portrait en couleur, où elle est représentée de trois quarts, tournée à gauche, le diadème de Médée sur la tête, avec sur les épaules une tunique tigrée sur laquelle est jeté un manteau rouge. Ce portrait a été publié sous le n° 33, dans la 2ᵉ année des Costumes des grands Théatres.

MADEMOISELLE CLAIRON

Sans nom de dessinateur ni de graveur. Mauvais petit portrait de Clairon en Médée, colorié à l'aquarelle.

douze mains de papier grand aigle, ouvert pour l'impression de ladite planche.

Portrait publié dans la GALERIE DRAMATIQUE de Saint-Sauveur. Paris, v^{ve} Hocquart, 1809.

Grand portrait de Clairon, d'après un dessin de Schenau, où sur un piédestal est écrit :

> *Qui dans les traits de Ciceron*
> *Croit voir l'éloquence romaine,*
> *Doit dans le portrait de Clairon*
> *Retrouver ceux de Melpomène.*

Et tout en bas :

Schenau del.   *Littret sculp. 1766.*

A Paris, chez Bligny, cour du Manège.

Dans cette estampe, Mlle Clairon est représentée de trois quarts, tournée à droite, le front ceint d'un diadème, un collier de perles au cou ; elle est vêtue d'une tunique sur laquelle est jeté un manteau. Sous le médaillon où elle est dessiné, se voient sculptés la coupe et le poignard tragiques.

MADEMOISELLE CLAIRON

Célèbre actrice de la Comédie Françoise, dédié à Son Excellence M. le chambelan, Jean Ivanowitsch Schuvalow, curateur de l'université et de l'académie des Arts de Moscou. Par son très humble et très obéissant serviteur Schmidt.

Eau-forte dans laquelle Mlle Clairon est représentée en buste de profil, tournée à droite, coiffée d'un croissant, s'élevant au-dessus d'un fil de perles et d'une écharpe entremêlée à ses cheveux. Elle est vêtue d'une robe, bordée de fourrures courant sur la peau de sa gorge. Eau-forte d'une très grande finesse, montrant Mlle Clairon dans le rôle d'*Idamé,* de l'ORPHELIN DE LA CHINE.

Il y a une copie en réduction de l'eau-forte de Schmidt portant dans la tablette en bas :

MADEMOISELLE CLAIRON

et en bas à la pointe :

Dessiné par Cochin le fils,   Gravé par Berger.

HIPPOLYTE CLAIRON DE LA TUDE.

C. A.Littret del.et sculp. 1766.
A Paris chez Esnauts et Rapilly.

C'est la gravure de la médaille d'or, offerte par MM. de Villepinte et de Valbelle à Mlle Clairon, et dans laquelle la tragédienne est représentée de profil, tournée à gauche, une branche de laurier dans les cheveux, un pli de tunique courant sur la naissance de sa gorge.

Au-dessous du profil de Clairon est reproduit le revers de la médaille, revers où se lit :

L'AMITIÉ

ET MELPOMÈNE

ONT FAIT FRAPPER

CETTE

MÉDAILLE

EN 1764.

HIPPOLYTE CLAIRON DE LA TUDE
(à la pointe).

Gravé d'après le modèle en cire de Lungberger par G. Benoist.

C'est une autre reproduction du portrait de la médaille, mais en plus grand et d'un travail plus artiste. En cette estampe, le portrait se voit dans un cadre ovale, surmonté d'un écusson, et la tablette du bas porte :

Une médaille est dans nos mœurs
Ce que jadis était un temple.

VOLTAIRE.

43

HIPPOLYTE CLAIRON

et sur les côtés de l'ovale : *Bornet del. — Tassaert sculp.*

Autre reproduction du portrait de la médaille gravée au pointillé :

CLAIRON.　　　　　　　DUMESNIL.

Enfin une estampe, sans nom de dessinateur et de graveur, donne sur la même planche, avec le portrait de Dumesnil, le portrait de la Clairon, toujours d'après la médaille, mais le profil tourné à droite, au lieu d'être tourné à gauche. On lit sous le profil de la Clairon : *Tout jusqu'à l'art, chez elle, a de la vérité.*

Décrivons encore une estampe allégorique, où il existe une vraie portraiture de la Clairon : l'estampe commandée par Garrick à Gravelot.

En haut d'un cadre, sur un ruban enroulé autour d'une branche de laurier, on lit :

PROPHÉTIE ACCOMPLIE.

Dans la tablette du bas du cadre se trouvent
les quatre vers :

J'ai prédit que CLAIRON *illustreroit la scène,*
Et mon esprit n'a point été déçu :
Elle a couronné Melpomène,
Melpomène lui rend ce qu'elle en a reçu.

GARRICK.

Et tout au bas de la planche est gravé :
H. Gravelot inv. N. Le Mire sculp. A Paris chez
Le Mire, rue Pavée S.-André des Arts.

L'histoire de cette grande vignette, représentant la Clairon en tragédienne et déclamant agenouillée, un coude appuyé sur les œuvres de
Corneille, de Racine de Voltaire, pendant que
Melpomène la couronne, cette histoire la voici :

Garrick, étant venu passer quelques jours à
Paris, en 1751, pressentit le grand talent futur
qu'il y avait en germe chez Mᴵᴵᵉ Clairon, et de retour en France, cette année, il avait l'aimable
idée de faire faire par Gravelot le dessin de sa
prophétie. Toutefois le bruit fait par les gazettes
autour de ces vers aurait un peu gêné le tragique anglais, qui avouait à Grimm que, ces vers, il
les avait fabriqués avec l'aide d'un *teinturier,*
dans un souper chez Clairon, et que les vers et
l'estampe d'après Gravelot n'étaient qu'une

galanterie, en remerciement des prévenances
de la tragédienne.

A propos de cette gravure, nous trouvons ce
curieux passage dans une lettre de Monnet, du
15 juin 1765, adressée à Garrick :

« Le dessein que vous avez donné à Mlle Clairon
est gravé : on le vend, et M. de Crébillon est
fâché de ce que l'on a mis son père après Voltaire, c'est-à-dire au-dessous : le dernier des
volumes sur laquelle Mlle Clairon est appuyée.
J'ai jeté la faute sur M. Gravelot, en lui disant
que vous faisiez trop de cas du talent de son père,
pour avoir fait une erreur de cette nature [1]. »

Le 26° cahier de *Costumes François,* publié
chez Esnauts et Rapilly, en 1779, à la ville de
Coutances (20° suite d'*Habillements à la mode*)
contient dessiné par Leclerc, gravé par Dupin,
le : *Vêtement d'Idamé dans l'Orphelin de la
Chine, donné par Sarrazin, costumier ordinaire
des princes.*

Ce vêtement est très curieux, parce que c'est
le costume en pied, tel qu'il a été commandé et
porté par Mlle Clairon, ainsi qu'on peut s'en assurer par la coiffure et le haut du costume que

---

1. *The private Correspondence of David Garrick,* London, 1831.

Mlle Clairon montre dans le profil gravé à l'eau-
forte par Schmidt.

Mlle Clairon est coiffée d'une aigrette, et habillée d'une espèce de dolman, garni de fourrures,
et s'ouvrant sur une robe de dessous à arabesques, entremêlée de dragons. Elle porte, sous la
robe, une sorte de jupe qui dessine le pantalon,
et est chaussée de mules à haut talon. Voici le
costume chinois, dont la couleur ethnographique
a fait une révolution chez nos pères.

Les *Métamorphoses de Melpomène et de Thalie* contiennent *dessiné d'après nature* d'après
Whirsker, le costume de Clairon dans Électre.
On la voit dans une espèce de robe de cour de
deuil, les cheveux épars, une grosse chaîne aux
poignets. Nous avons déjà dit que Dussault
s'émerveillait de la couleur du costume, parce
que la robe n'était pas montée sur panier, et que
l'actrice ne portait pas de rouge [1].

1. Enfin, pour compléter l'iconographie de Mlle Clairon, ci-
tons la vignette satirique, commandée par Voltaire à Gravelot,
où l'on voit Mlle Clairon, sous l'allégorie d'une harpe sonore,
attachée à une branche d'arbre, et au-dessous de laquelle brait
un âne, avec au bas, dans un cartouche de chardons, ces vers :

> Que veut dire
> Cette lyre?
> C'est Melpomène ou Clairon,
> Et ce monsieur qui soupire
> Et fait rire
> N'est-ce pas Martin F... (Fréron)?

43.

Parmi les gravures modernes de portraits inédits, je ne citerai que la petite eau-forte d'Hillemacher, d'après un dessin du cabinet de M. Soleirol dans la *Troupe de Voltaire*. Et encore est-on fixé sur le peu d'authenticité des portraits d'acteurs et d'actrices de la collection Soleirol, lorsqu'on a connu la fabrique qui a exploité la crédulité de l'amateur, et les faussaires lui apportant, tous les jours, pour des portraits du siècle dernier, des portraits fabriqués dans la matinée.

TABLE DES PARAGRAPHES

XIII

XIV

XV

XVI

XVII

XVIII

XXIX

Pariss. — Typ. G. Chamerot, 19, rue des Saints-Pères — 25078

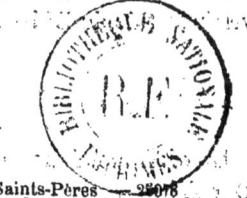

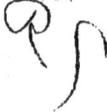

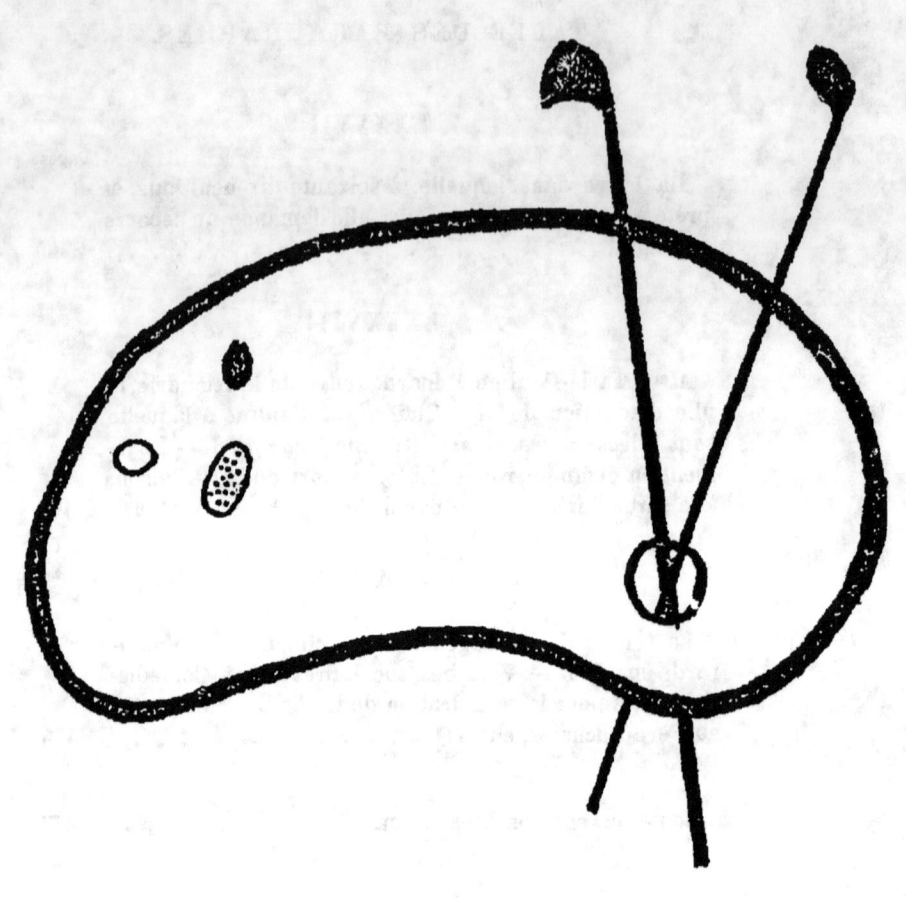

ORIGINAL EN COULEUR
NF Z 43-120-8